弁理士 酒谷誠一 著

最初からそう教えて
くれればいいのに！

知財実務の
ツボとコツが
ゼッタイにわかる本

［第2版］

秀和システム

はじめに

　本書を手に取って頂きまして、ありがとうございます。

　本書は、

・これから技術開発型の企業を起業する方
・IT系を含む技術開発型のスタートアップ・ベンチャー企業の経営者・技術者の方
・知的財産部がない中小企業の経営者・技術者の方
・大学の研究者・学生

など、知財の初学者を想定して解説しています。

　知財の実務において疑問が生じる部分についてフォーカスを当て、各節で、

・疑問
・疑問に対する回答
・回答の前提となる知識の紹介と回答の解説

という構成で解説しています。

　本書の構成ついては大きく3つの部に分かれており、それぞれ以下の内容を解説しています。

第1部　知財の基礎知識
　　第1章　知財の基礎知識を整理しよう
　　第2章　IT企業の知財の基礎知識を整理しよう
　　第3章　製造業の知財の基礎知識を整理しよう
　　第4章　化学・医薬・食品の知財の基礎知識を整理しよう

第2部　事業に沿った知財の注意点
　　第5章　会社立ち上げ段階の注意点を押さえよう
　　第6章　企画・開発段階の注意点を押さえよう
　　第7章　提携段階の注意点を押さえよう
　　第8章　販売後の注意点を押さえよう

第3部　知財戦略
　第9章　知財戦略の基本を押さえよう

　本書は、Ｑ＆Ａ方式にすることにより、知財業務で疑問に思った点、または関心がある点から読み進めることができるようになっており、知りたい内容に短時間でたどり着けるようになっています。ですので、本書は、執務で常に傍らに置き、必要に応じて参照するという使い方を推奨します。

　また、知財の基礎知識が分かっている場合には、第2部または第3部から読み進めることをお勧めします。

　第2部では、会社の立ち上げから、企画・開発、提携、製造・販売という段階ごとに知財における留意点について説明しています。ご自身の会社の段階に応じた章を読むことによって、知財における留意点を把握することができます。

　第3部では、事業を有利に進めるために、取り得る知財戦略について紹介しています。ご自身の会社に応じた知財戦略を考える際に、参考にするという使い方を推奨します。

　第2版では、令和元年の意匠法改正のポイントを第1章17節に追加し、令和元年の意匠法改正に伴う意匠権の保護拡充を踏まえたSaaSの知財戦略のポイントを第9章8節に追加しました。

　更に令和元年特許法改正で導入された査証制度を踏まえた特許出願戦略と他社特許に対する防衛策のポイントを第9章10節に追加しました。

　なお、わかりやすさを優先したため、定義等については一部簡略化、概略化しているところがありますので、この点はご了承ください。

　本書が、知財実務を行うにあたって、少しでもみなさんのお役に立てば幸いです。

弁理士　酒谷　誠一

最初からそう教えてくれればいいのに！

知財実務のツボとコツがゼッタイにわかる本

［第2版］

Contents

第2章　ＩＴ企業の知財の基礎知識を整理しよう

第3章　製造業の知財の基礎知識を整理しよう

第6章　企画・開発段階の注意点を押さえよう

第7章　提携段階の注意点を押さえよう

第8章　販売後の注意点を押さえよう

第9章　知財戦略の基本を押さえよう

第1章

知財の基礎知識を整理しよう

特許についてまず知っておくべきことは？

特許についてまず知っておくべきことは何かな？

まず知っておくべきことに、特許制度の意義、特許で保護される発明、特許権を取るメリットがあるよ

特許制度の意義

　特許制度とは、新規で有用な発明を出願した者（出願人）に対して、その発明の実施の独占権を出願から20年間認める制度です。仮に出願人に独占権を認めないとすると、発明が他人に模倣されてしまうために、出願人は発明を秘密にし、その結果、発明が社会的に活用されないことになります。このため、新規で有用な発明を世の中に提供した代償として、一定期間、その発明を排他的に独占的に実施する権利（特許権）を国が付与するというものです。

特許で保護される発明とは？

　日本の特許で保護される発明は、特許法上の発明に該当し、産業上利用できる発明である必要があります。

● 1　発明の定義

　日本の特許法において、保護の対象となる発明は、「自然法則を利用した技術的思想の創作のうち高度のもの」と定義されており、この定義にいう「発明」に該当しないものに対しては特許が付与されません。そこでまずは、その新しい技術が発明であるか検討する必要があります（特許法2条1項）。

　特許法上の発明に該当するものとして、機械、電子機器、電子デバイス、コンピュータプログラム、化合物、化学組成物などの物の発明、物の製造方法に特徴がある製造方法の発明、検査方法など方法に特徴がある方法の発明などがあります。一

方、特許法上の発明に該当しないものについて、特許庁の**審査基準**に具体例が示されています。以下、特許庁の審査基準（https://www.jpo.go.jp/system/rule/guideline/patent/tukujitu_kijun/document/index/03_0100.pdf）を抜粋して説明します。

①発明に該当しないもの

（ア）自然法則自体（例：①自然法則以外の法則（例：経済法則）、②人為的な取決め（例：ゲームのルールそれ自体）、③数学上の公式、④人間の精神活動、上記①から④までのみを利用しているもの（例：ビジネスを行う方法それ自体））

（イ）単なる発見であって創作でないもの（例：万有引力の法則の発見）

（ウ）自然法則に反するもの（例：永久機関）

（エ）自然法則を利用していないもの

（オ）技術的思想でないもの

①技能（例：フォークボールの投げ方）

②情報の単なる提示（例：マニュアル、音楽が録音されたCD、画像データ、運動会のプログラム、コンピュータプログラムリスト（コンピュータプログラムの、紙への印刷、画面への表示等による提示（リスト）そのもの））

③単なる美的創造物（例：絵画、彫刻等）

（カ）発明の課題を解決するための手段は示されているものの、その手段によっては、課題を解決することが明らかに不可能なもの

● 2　産業上利用できない発明

日本の特許法では、特許の付与対象としては、産業上利用することが発明であることが条件の1つですが、通常は、製造・販売できるものであれば、該当します。

日本では、以下に該当する技術は、産業上利用することができないとみなされ、特許の対象とはなりません。以下、特許庁の審査基準（https://www.jpo.go.jp/system/laws/rule/guideline/patent/tukujitu_kijun/document/index/03_0100.pdf）を抜粋して説明します。

①人間を手術、治療又は診断する方法の発明

②その発明が業として利用できない発明

（ア）個人的にのみ利用される発明（例：喫煙方法）

　　（イ）学術的、実験的にのみ利用される発明

　③実際上明らかに実施できない発明（理論的にはその発明を実施することが可能であっても、その実施が実際上考えられない発明）

　　（ア）例：オゾン層の減少に伴う紫外線の増加を防ぐために、地球表面全体を紫外線吸収プラスチックフイルムで覆う方法

　但し、①の「人間を手術、治療または診断する方法」は、日本の特許法では特許対象にはなりませんが、米国の特許法では保護対象になりえますので、保護対象は国によって異なる点に注意が必要です。

特許権を取るメリット

● 1　他社の模倣を排除～参入障壁の構築～

　特許法では、特許権を付与された場合には、その特許権者は、出願日から20年間独占的に実施する権利が得られます（特許法68条）。

　特許の権利範囲に該当する技術の実施は、特許を侵害する行為であり、特許権者は、その行為を差し止める権利（差止請求権）を有します（特許法100条）。

　更に、特許権者は、当該特許権を侵害した者に対して、特許権者（又はその法定代理人）が損害及び加害者を知った時から3年間分については、民法709条に規定された損害賠償請求権に基づいて、損害賠償金を相手方に請求することができ、直近10年～直近3年までの間については、民法703条の不当利得返還請求権に基づいて、相手方がその特許で得た不当利得を請求することができます。この不当利得返還請求において得られる不当利得は、通常、ライセンスをした場合に受け取れる金額です。

　このように、特許権は非常に強い権利であるので、仮に競合他社が、ある会社の特許発明を真似することによって、その会社の特許権の侵害になる場合に、原理的に真似した製品またはサービスが差し止めされて実施できなくなり、過去の実施分について損害賠償金または不当利得返還請求に係る金を請求されることになります。

　よって、特許を取ることによって、競合他社によるその後の模倣を予防することができ、競合他社が参入しにくくなるというメリットがあります。よって、新規技術の製品については、その製品のリリース前に、その新規技術について特許出願をするこ

とをお勧めします。

● 2 宣伝・広告効果の向上

製品・サービスのリリース時に、特許権取得も一緒に発表すると、その技術に独自性があり新規であることについて特許権という裏付けが付くことによって、メディアが取り上げやすくなり、広告・宣伝効果が高まります。

● 3 資金調達に有利

・ベンチャーキャピタルなどの投資家からの出資に有利

主な特許の取得要件として新規性と進歩性があります。新規性とは従来の技術とは異なっている新しい技術であることであり、進歩性とは従来の技術から、その技術分野の者が容易に想到したものではないことです。ベンチャーキャピタルなどの投資家から資金を提供するか否かの判断基準の１つに、その製品・サービスは、本当に自社独自の製品・サービスなのか（言い換えれば、他社が本当にやっていないサービスなのか）ということがあります。それに対して、特許権を取っていれば、その特許の対象となった製品・サービスが新規性があり且つ進歩性があるからこそ特許権が取れているのであり、特許権が取れていることが独自の製品・サービスであることの証明になります。

ベンチャーキャピタルなどの投資家が資金を提供するか否かの別の判断基準として、他社（特に大手企業）が追従して、類似の製品・サービスを展開しないかどうかということがあります。他社（特に大手企業）が簡単に模倣できてしまいますと、価格競争に陥り、資金の余裕がないベンチャー・中小企業は、勝ち残ることができません。その点、特許を取得できているのであれば、特許が参入障壁として働きますので、特許で有効に製品・サービスの模倣を排除できるように特許権を取得できていれば、模倣されることを未然に防止することができます。

このように、特許取得はベンチャーキャピタルなどの投資家から資金を調達するときに、有利に働きます。

・日本政策金融公庫の資本性ローンの審査に有利

日本政策金融公庫の資本性ローンは、以下の特徴があります。

（ｉ）対象が技術・ノウハウ等に新規性が見られるかた。例えば、<u>特許権などの知的財産権を利用して事業を行うかた</u>、経営多角化・事業転換を図る方などです。

（ⅱ）「無担保・無保証人」で利用可能です。

（ⅲ）ベンチャーキャピタルからの出資と異なり、株式が希薄化することなく、資金調達ができます。

（ⅳ）新規開発の投資期間などで赤字が続いており一般的な銀行融資がおりない場合であっても、事業の新規性や社会必要性の観点から審査されるので、資本性ローンがおりる可能性があります。

（ⅴ）直近決算の業績に応じた、1年ごとの金利が適用され、赤字期間は金利が抑えられます。

（ⅵ）期限一括返済（最終回の一括払い）となり、それまでの間は、利息のみの支払となります。そのため、融資期間中は元金の返済負担がなく、月々の資金操り負担を軽減することができます。

　日本政策金融公庫の資本性ローンは、対象が「技術・ノウハウ等に新規性が見られるかた」ですので、特許権を取得していれば、技術の新規性を証明でき、審査に有利に働きます。

●4　事業譲渡のときの評価額の向上

　特許権を取得していればその事業を独占でき、利益が上がっている事業であれば、その利益の独占構造を維持することができるので、事業譲渡のときの評価額の向上が見込めます。

用語の解説

審査基準：審査官が特許法等の法律を特許出願の審査において適用するための指針であり、審査の公平性や透明性を担保するためのものです。
実施：発明について「実施」とは、（1）物（プログラム等を含む）の発明にあっては、その物の生産、使用、譲渡等（譲渡及び貸渡しをいい、その物がプログラム等である場合には、電気通信回線を通じた提供を含む）、輸出若しくは輸入又は譲渡等の申出（譲渡等のための展示を含む）をする行為、（2）方法の発明にあっては、その方法の使用をする行為、（3）物を生産する方法の発明にあっては、前号に掲げるもののほか、その方法により生産した物の使用、譲渡等、輸出若しくは輸入又は譲渡等の申出をする行為である（特許法2条3項各号）。

新しく開発したビジネスオペレーションは特許で保護できないの？

新しく開発したビジネスオペレーションは特許で保護できないの？

そのビジネスオペレーションが、特定の物品又は機器を、課題を解決するための技術的手段とし、全体として「自然法則を利用した技術的思想の創作」に該当する場合、特許で保護できる可能性があるよ！

ビジネスオペレーションは特許の保護対象？

特許庁の審査基準では、特許法上の「発明」に該当しないものの類型の1つとして「自然法則を利用していないもの」が挙げられており、請求項に係る発明が以下の①から⑤までのいずれかに該当する場合は、その請求項に係る発明は、自然法則を利用したものとはいえず、「発明」に該当しないとされています。

①自然法則以外の法則（例：経済法則）
②人為的な取決め（例：ゲームのルールそれ自体）
③数学上の公式
④人間の精神活動
⑤上記①から④までのみを利用しているもの（例：<u>ビジネスを行う方法それ自体</u>）

よって、ビジネスを行う方法それ自体は、特許法上の発明に該当せず、特許を受けることはできません。それでは、小売り等で新しく開発したビジネスオペレーションを特許で保護することができないでしょうか？

審査基準では、「発明特定事項に自然法則を利用している部分があっても、**請求項**

に係る発明が全体として自然法則を利用していないと判断される場合は、その請求項に係る発明は、自然法則を利用していないものとなる。逆に、発明特定事項に自然法則を利用していない部分があっても、請求項に係る発明が全体として自然法則を利用していると判断される場合は、その請求項に係る発明は、自然法則を利用したものとなる。どのような場合に、全体として自然法則を利用したものとなるかは、技術の特性を考慮して判断される。」とされております。

このことに鑑みれば、ビジネスオペレーションに係る発明の一部に自然法則を利用していない部分があったとしても、発明が全体として自然法則を利用していると判断される場合には、特許の保護対象となる発明に該当しえます。

このことについて、以下では平成29年（行ケ）第10232号特許取消決定取消請求事件（以下、「いきなりステーキ事件」といいます）を用いて説明します。

いきなりステーキ事件

「いきなりステーキ」を運営する株式会社ペッパーフードサービスは、名称を「ステーキの提供システム」とする発明につき、特許設定登録を受けた（特許第5946491号。以下、「本件特許」といいます）。

この特許について特許異議申立てが特許庁にされたのに対し、特許庁は，ペッパーフードサービスによる特許請求の範囲の訂正を認めましたが、特許法上の発明に該当しないとして特許を取り消す決定をしました。

いきなりステーキ事件は、この特許取消決定の取り消しを求める（すなわち特許権の維持を求める）訴訟で、特許取消決定が覆り、本件特許発明の発明該当性が認められたものです。訂正後の本件特許の請求項1に係る発明の特許請求の範囲の記載は，次のとおりです。

● 1 本件特許発明1

便宜上、分説して示します。以下、付された符号に従って「構成要件A」のようにいいます。

【請求項1】
A お客様を立食形式のテーブルに案内するステップと、お客様からステーキの量を伺うステップと、伺ったステーキの量を肉のブロックからカットするステップと、カットした肉を焼くステップと、焼いた肉をお客様のテーブルまで運ぶステッ

プとを含むステーキの提供方法を実施するステーキの提供システムであって、

B 上記お客様を案内したテーブル番号が記載された札と、

C 上記お客様の要望に応じてカットした肉を計量する計量機と、

D 上記お客様の要望に応じてカットした肉を他のお客様のものと区別する印しとを備え、

E 上記計量機が計量した肉の量と上記札に記載されたテーブル番号を記載したシールを出力することと、

F 上記印しが上記計量機が出力した肉の量とテーブル番号が記載されたシールであることを特徴とする、

G ステーキの提供システム。

　このように構成要件Aは、ステーキを提供するステップについて規定しており、構成要件B〜Fは、物に係る構成を規定しています。

　また、本件特許の図面には、お客様を案内したテーブル番号が記載された札として下記の図1のHに例示されていました（図1）。

▼図1　本件特許の図1

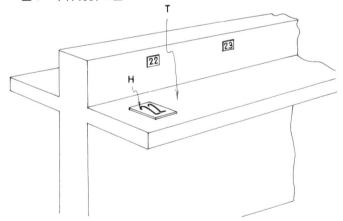

　また、お客様の要望に応じて肉をカットすることについては図2に例示されていました（図2）。

▼図2　本件特許の図2

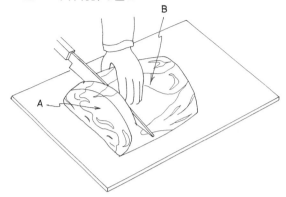

更に、計量機が計量した肉の量と上記札に記載されたテーブル番号を記載したシールについては、下記の図3のSに例示されていました(図3)。

▼図3　本件特許の図3

● 2　裁判所の判断

　裁判所は、本件ステーキ提供方法の実施に係る構成(構成要件A)は、「ステーキの提供システム」として実質的な技術的手段を提供するものであるということはできないと判断しました。その一方で、裁判所は、次のように判断しました。

> 本件特許発明1の技術的課題，その課題を解決するための技術的手段の構成及びその構成から導かれる効果等の技術的意義に照らすと，本件特許発明1は，「札」，「計量機」及び「シール(印し)」という特定の物品又は機器(本件計量機等)を，他のお客様の肉との混同を防止して本件特許発明1の課題を解決するための技術的手段とするものであり，全体として「自然法則を利用した技術的思想の創作」に該当するということができると判断しました。更に裁判所は，「札」，「計量機」及び

「シール（印し）」は，単一の物を構成するものではないものの，いずれも，他のお客様の肉との混同を防止するという効果との関係で技術的意義を有するものであって，物の本来の機能の一つの利用態様が特定されているにすぎないとか，人為的な取決めにおいてこれらの物を単に道具として用いることが特定されているにすぎないということはできないと判断しました。

特許の保護対象

この裁判例を前提にすれば、特定の物品又は機器を、課題を解決するための技術的手段とするものであり、全体として「自然法則を利用した技術的思想の創作」に該当するということができる場合には、特許の保護対象となる発明に該当しえます。

よって、この裁判例を前提にすれば、小売り等のビジネスオペレーションに係る発明であっても、特定の物品又は機器を、課題を解決するための技術的手段とし、全体として「自然法則を利用した技術的思想の創作」に該当するということができる場合には、特許の保護対象となりえます。

特に新たなビジネスモデルに基づいて開発したビジネスオペレーションに係る発明は、特許を取得できる可能性があるものと思われますので、特許出願を検討することが望まれます。

用語の解説

特許請求の範囲：特許を受けようとする発明を特定するための事項の記載、またはその事項を記載した書類です。
請求項：「特許請求の範囲」に記載される、保護を受けたい発明を記載した項のこと。

特許出願の手続きの流れはどのようになっているの？

 特許って出願すれば自動的に特許が取れるの？

 そうではなく、審査請求が必要だよ！　まずは、特許出願の手続きの流れを押さえよう！

日本における特許出願手続きの流れ

　よく特許は出願すれば、自動的に取れるものだと勘違いされている方がいます。しかし、日本では、特許は出願しただけでは、権利を取得することができません。日本における特許出願の手続きの流れについて、次の特許出願フロー図に沿って順に説明します（図1）。

▼図1　特許出願手続きの流れ

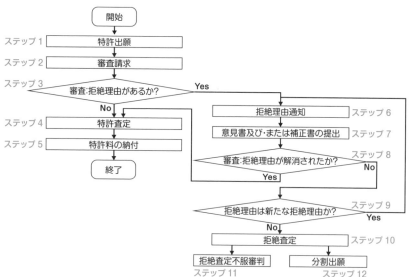

(ステップ1) 特許出願

　まずは、特許出願書類を特許庁に提出します。この特許出願書類には、願書、明細書、特許請求の範囲、図面が含まれます。願書には、出願人及び発明者の名称等を記載します。特許請求の範囲は、出願人が希望する特許権の権利範囲を記載します。明細書には、特許請求の範囲に記載された発明について、当業者が実施できるように具体的な技術内容が記載され、図面は明細書とともに技術内容を説明するために用いられます。

(ステップ2) 審査請求

　次に、特許出願の日から3年以内に審査請求をします。特許出願の日から3年以内に審査請求しなかった場合には、その特許出願は取り下げたものとみなされます。

(ステップ3) 審査

　審査請求をすると、審査官が審査を開始します。通常、審査請求をして約1年後に審査結果が返ってきます。この審査期間は、別途、**早期審査**または**スーパー早期審査**を申請することによって短縮することができます。これについては後の章で説明します。審査官は、拒絶理由に該当すれば拒絶理由通知を発行し、拒絶理由がなければ特許査定を発行します。

(ステップ4) 特許査定の受領

　審査結果が特許査定であれば、特許査定謄本送達後から30日以内に特許料を納付する（ステップ5）ことによって、特許権を取得できます。拒絶査定がされた場合には拒絶査定不服審判を請求して争うことができますが、この拒絶査定不服審判後に特許査定になった場合以外は、この特許査定謄本送達後から30日の期間に、分割出願をすることができます。この期間を逃すと分割出願ができなくなるので気をつけましょう。

　特許査定謄本送達後から30日以内に特許料を払えない事情がある場合（例えば、分割出願を検討しているがその検討に更なる時間がかかる場合など）、この期間が過ぎる前に、延長申請をすることによって、この期間を30日間延長することができます。

(ステップ6) 拒絶理由通知の受領

　返ってきた審査結果が拒絶理由通知であれば、拒絶理由通知の発送日から60日以

内に、反論を記載した意見書、及び／または請求項などを補正した補正書を提出します（ステップ7）。補正をしなくても拒絶理由が解消できそうであれば、意見書の提出だけで済みます。一方、請求項を補正しないと拒絶理由が解消しない場合には、拒絶理由通知で挙げられた拒絶理由が解消するように、請求項を補正しましょう。なお、この拒絶理由通知期間内に、期間延長申請をすることによって、この期間を2か月間延長することができます。

　意見書及び／または補正書を提出すると、その内容について更に審査官が審査し、拒絶理由が解消されたと判断されれば（ステップ8　YES）、特許査定が発行されます（ステップ4）。

　一方、拒絶理由が解消されていないと判断されれば（ステップ8　NO）、その拒絶理由が新たな拒絶理由であれば（ステップ9　YES）、新たな拒絶理由通知が発行されますが（ステップ6）、その拒絶理由が新たな拒絶理由でなければ（ステップ9　NO）、拒絶査定が発行されます（ステップ10）。

（ステップ10）拒絶査定の受領

　拒絶査定を受領した場合には、拒絶査定不服審判を請求するか（ステップ11）、分割出願するか（ステップ12）の2通りの対応があります。更に軽微な補正することによって、拒絶査定に記載された拒絶理由を解消できそうであれば、拒絶査定不服審判を請求する方が良いでしょう。拒絶査定不服審判と同時に補正することによって、同じ審査官がもう一度、審査するので、その審査で特許可能と判断されれば早期に特許権を取得することができるからです。一方、軽微な補正だけでは特許権を取得できる可能性が低い場合には、分割出願することをお薦めします。拒絶査定不服審判時の補正は、軽微な補正しかできないからです。

　軽微な補正とは、請求項の削除、既に記載された構成について更なる限定をすること（但し、補正の前後で利用分野と課題が同一であるもの限る）、誤記の訂正、または明瞭でない記載の釈明です（特許法第17条の2第5項）。

拒絶理由

　拒絶理由は「限定列挙」であり、この列挙された拒絶理由に1つも該当しなければ審査官によって特許査定がなされます。拒絶理由通知で挙げられる主な拒絶理由について説明します。

1 新規性

審査において審査官は、出願に係る発明と同一または類似の技術が記載された文献を検索します。請求項に係る発明が、1つの文献に記載された技術内容と同じ場合に、新規性がないとする拒絶理由が通知されます。

2 進歩性

請求項に係る発明が、1つの引用文献の技術から当業者が容易に想到できる場合、1つの引用文献に係る技術に当業者が適宜取り得る設計事項を組み合わせることにより同じ発明になる場合、または複数の引用文献に記載された技術内容を組み合わせることができ、組み合わせると同じ発明になる場合などに、進歩性がないとする拒絶理由が通知されます。但し、発明の構成に容易に想到できたとしても、予測できない顕著な効果がある場合には、進歩性が認められます。

3 明確性

請求項に係る発明について、意味が不明である場合、複数の解釈が取り得る場合、または技術的にどのように処理されているのか不明な場合などに、明確でないとする拒絶理由が通知されます。

4 実施可能要件

請求項に係る発明について、当業者が明細書を読んでも実現できるように記載されていないとき、または実現不可能な発明が含まれるときに当業者が実施可能でないとする拒絶理由が通知されます。

5 サポート要件

請求項に係る発明について、その発明の課題を解決する程度にその発明が明細書及び図面に記載されていない場合、請求項に係る発明が明細書及び図面によって裏付けられていないとするサポート要件違反の拒絶理由が通知されます。

6 新規事項追加

特許請求の範囲、明細書または図面を補正することによって、出願時における特許請求の範囲、明細書及び図面に記載された範囲に記載されていない技術事項を導入することになった場合、新規事項追加の拒絶理由が通知されます。

特許請求の範囲には複数の請求項を記載することができますが、1つの請求項に記載された特別な技術的特徴が、別の請求項に記載された特別な技術的特徴と共通していない場合には、発明の技術的特徴に単一性がないとする拒絶理由が通知されます。

特許出願手続きの要点

このように、日本では、特許出願をしただけでは特許権は取得できず、少なくとも審査請求が必要になります。多くの場合、審査で拒絶理由が見つかりますので、拒絶理由通知を受領したら、意見書及び／または補正書の提出が必要になります。また特許査定を受領した後にも、特許料を納付しなければ、特許権を取得することができない点に注意しましょう。

用語の解説

当業者：発明が属する技術分野における通常の知識を有する架空の人物。
特別な技術的特徴：先行技術に対して新規で技術的進歩の貢献がある特徴。
拒絶理由：出願された発明が、「特許を受けることができる発明」の条件を満たしていないと、審査官が実体審査において判断する根拠。出願された発明が特許法第49条各号に限定的に列挙された事項に該当する場合に「拒絶理由」となります。
拒絶査定不服審判：特許審査の結果、拒絶査定を受けた特許出願人が、特許庁に対して不服を申し立てる審判手続きです。
分割出願：2以上の発明を包含する特許出願（原出願）の一部を原出願の出願日への遡及効を有する新たな特許出願とすること。もともと1つの特許出願に包含された複数の発明を複数の特許権として保護するための制度。

新しく開発した技術は全て特許出願した方がよいの？

新しく開発した技術は全て特許出願した方がよいのかな？

特許出願を控える方がよい場合もあるよ！

出願公開制度

特許制度の根幹として、一定期間、その発明を排他的に独占的に実施する権利（特許権）を国が付与するのは、発明者またはその承継人が、新規で有用な発明を世の中に提供した代償であるという側面があります。具体的には、特許出願すると、未だ特許登録されていない全ての特許出願について、特許出願から1年半後に特許庁からその全ての内容が記載された特許公開公報が発行されます（特許法64条）。また、特許登録されたものは、特許登録後速やかに、特許庁からその全ての内容が記載された特許公報が発行されます。

なお、特許出願後、**優先日**から1年4か月以内に出願を取り下げた場合には、出願が公開されません。一方、出願と同時に審査請求をし、且つ**早期審査**または**スーパー早期審査**を請求すると審査結果を早期に（1～3か月で）得ることができます。審査の結果、特許権を取得できなそうであれば、その特許出願自体を優先日から1年4か月以内に取り下げて、その特許出願を公開しないようにすることで秘匿化することもできます。

特許出願を控える方がよい技術

このように、特許出願すると特許出願から1年半後に特許庁からその全ての内容が記載された特許公開公報が発行されてしまい、競合他社にその発明の内容が知られてしまうというデメリットがあります。このため、競合他社がリバースエンジニア

をしようとして、自社の製品を解析しても、その技術内容が分からない可能性が高いものについては、基本的には特許出願を控えるほうが望ましいです。例えば、製品の製造方法に特徴がある発明については、競合他社は製品の外観及び仕様からは一般的に分かりませんので、競合他社がその製造方法について真似することは難しいです。特許出願書類に製造方法を記載してしまうと競合他社にもその製造方法が分かってしまい、簡単に真似されてしまいますので、基本的には特許出願を控えるほうが望ましいでしょう。

但し、製品を見れば、競合他社が容易に作り方まで分かってしまうもの（もしくは容易に想像ができるもの）は、後日、他社にその製品の製造方法について特許を取得されないように、製品の構成に加えてその製品の製造方法の概要についても特許出願の明細書に記載しておくのが望ましいでしょう。ここで注意すべきことは、製造方法のノウハウが極力、公開しないように、製品の製造方法の概要については特許出願書類で記載するものの、詳しい作り方や製造時の詳しいパラメータは記載しないようにすることです。

このようにすれば、出願が1年半後に公開されることにより、この公開後に競合他社が全く同じ製造方法で特許をとることを阻むことができます。また、競合他社が全く同じ製造方法について自社出願の公開前であるが自社出願日より後に出願した場合であっても、自社出願が公開されれば、特許法29条の2に基づいて、競合他社が特許を取ることを阻むことができます。

なお、競合他社の特許取得を阻むという観点からは、自社技術を論文や自社技術を紹介する技術報告書などで公表してしまうという方法もありますが、あまりお勧めできません。この場合には、公表より後の他社の特許出願について特許を取ることを阻むことができますので、他社が特許出願によってその技術について特許を取ることを阻むという観点からは公表はなるべく早い方がよいことになりますが、公表を早めてしまえば、他社にその分、早く自社技術の内容を知らせてしまうことになり、競合他社による自社技術への追従が早期に実現されてしまうからです。

不正競争防止法上の「営業秘密」としての管理

一方、製品を見ても、競合他社が容易にその製造方法まで分からないものは、その製造方法については特許出願書類には記載せず、不正競争防止法上の**営業秘密**として社内で厳重に管理することが望まれます。ここで、不正競争防止法上の営業秘密に該当するには、それが以下の3つの要件を満たす必要があります（不正競争防止法

第2条6項)。

①有用な営業上または技術上の情報であること (有用性)
②公然と知られていないこと (非公知性)
③秘密として管理されていること (秘密管理性)

有用性を満たすには、当該情報自体が客観的に事業活動に利用されているか、利用されることによって、経費の節約、経営効率の改善等に役立つものであることが必要です。現実に利用されていなくてもかまいません。

①有用性を満たす例
　(ア) 設計図、製法、製造ノウハウ
　(イ) 顧客名簿、仕入先リスト
　(ウ) 販売マニュアル

②有用性を満たさない例
　有害物質の垂れ流し、脱税等の反社会的な活動についての情報

これらの情報は、法が保護すべき正当な事業活動ではないため、有用性があるとはいえません。

非公知性を満たすためには、保有者の管理下以外では一般に入手できないことが必要になります。第三者が偶然同じ情報を開発して保有していた場合でも、当該第三者もその情報を秘密として管理していれば、非公知性を満たします。

①非公知性を満たさない例
　(ア) 刊行物等に記載された情報
　(イ) 特許として公開された情報

秘密管理性を満たすためには、営業秘密保有企業の秘密管理意思が、秘密管理措置によって従業員等に対して明確に示され、当該秘密管理意思に対する従業員等の認識可能性が確保される必要があります。
　一般的には、新しく開発した技術であれば、多くの場合、有用性は満たされ、非公

知性は満たされます。よって、秘密管理性を満たすように管理することが重要になります。

　この新しく開発した技術内容を営業秘密として管理する際には、将来、競合他社がその技術内容について特許権を取得した場合に、**先使用による通常実施権**（以下**先使用権**という、特許法79条）を主張できるように、先使用権を立証するための資料を残しておくことが望ましいです。

用語の解説

先使用による通常実施権：特許を取得しなかったとしても、他者の特許出願の際に、日本国内においてその発明の実施である事業をしている者又はその事業の準備をしている者が、その実施または準備をしている発明を事業の目的の範囲内おいて実施できる権利。
優先日：先に出願した別の出願に対して優先権を主張している出願の場合にはその先に出願した別の出願の日、優先権を主張していない場合には現実の出願日。
早期審査：一定の要件の下、出願人からの申請を受けて審査を通常に比べて早く行う制度。
スーパー早期審査：一定の要件の下、出願人からの申請を受けて審査を早期審査よりも更に早く行う制度。

どういう場合に特許を取る必要があるの？

特許を取るメリットは分かったんだけど、どういう場合に特許を取る必要があるのかな？

それじゃあ、順を追って考えてみよう！

特許出願すべきか検討するタイミングとは

特許出願すべきか検討するタイミングとは、自社の製品またはサービスに用いる新しい技術を開発した場合です。新しい技術を開発した場合、特許出願すべきか否か検討しましょう。例えば新しく開発した技術が機械などの実体がある製品に搭載される技術であり、製品がリリースされればその技術の内容が競合他社も分かってしまうのであれば、競合他社に真似される可能性があります。その技術が真似されてしまえば、せっかく他社の製品と差別化するために開発した手間と研究開発費が無駄になってしまいます。逆に、競合他社は、研究開発費をかけていない分、製品の販売額を安くできるかもしれません。これによって、価格競争になった場合に、負けてしまうというリスクがあります。

新規性及び進歩性

特許を受けるためには、特許庁における審査過程において新規性、進歩性が認められる必要があります。

●新規性

特許を受けるためには、出願時より前に発表された公知の技術または出願時より前に公然に実施されている技術（例えば販売されている製品に採用されている技術）とは異なること（このことを**新規性**という）が必要になります。

ここで、公知の技術は、不特定多数のものがアクセス可能になった技術であり、文献に記載の技術だけでなく、WEBサイトにアップされている技術も含まれます。

●進歩性

発明は新規性を有するだけでは特許にならず、発明が進歩性を有することが必要になります。進歩性があるとは、発明が先行技術に基づいてその技術分野の専門家（いわゆる当業者）が容易に想到しえたものではない、ということです。

この進歩性の基準については、各国で異なっております。

日本では進歩性の基準として、特許庁の審査基準（WEBから確認可能）では、進歩性判断の手順が示されています。それによれば、「審査官が調査した結果、選択された1つの文献（主引例）に記載された従来の発明（引用発明）と、審査対象の発明（本願発明）とを対比し、一致点と相違点を明らかにしたうえで、引用発明をもとにして**当業者**が本願発明を容易に想到できたことの論理付けができる場合に、本願発明の進歩性が否定され、引用発明をもとにして当業者が本願発明を容易に想到できたことの論理付けができない場合に、本願発明の進歩性が肯定される」、とされています。

特許を取得したらよいケース

競合他社に真似されるのを防ぐためには、自社の製品またはサービスに用いる新しい技術を開発した場合、特許出願することが望ましいです。特に、製品や部品の外観を見れば技術の内容が分かってしまうものや、製品や部品をリバースエンジニアリング可能な技術は、販売後にその製品や部品を他社が入手すれば、その技術内容が他社に流出してしまいます。その結果、他社にその技術を真似されるリスクがあります。他社にその技術を真似されないために、販売前に特許出願すべきです。

特に、製品や部品の外観を見れば技術の内容が分かってしまうものについては、侵害の発見及び立証が容易であるため、特許出願することが望ましいです。外観を見れば技術の内容が分かってしまうものとしては、例えば、VR（ヴァーチャルリアリティ）に使用されるコントローラなどのユーザインターフェースなどが挙げられます。またリバースエンジニアリング可能な技術としては、例えば、自動車内部の駆動機構など分解すればその仕組みが分かってしまうものなどが挙げられます。

また、スマートフォンなどに搭載されるソフトウェアであっても、スマートフォンのタッチパネルに表示される情報、画像、アイコンなどから侵害が立証可能なものは、積極的に特許出願すべきです。

また、インターネットを介したシステムの特許に代表されるビジネスモデル特許も、新しいビジネスモデルの場合、コンピュータの内部処理を規定せずに、情報の入出力だけを規定することだけでも、新規性及び進歩性を満たす可能性があります。このように、情報の入出力だけを規定することだけで特許が取得できた場合には、広範な権利範囲となり、他社に対する大きな牽制になるとともに、ビジネスを非常に有利に進めることができ、知財評価としても非常に高くなるので、ベンチャーキャピタルまたは事業会社からの資金調達、他社との事業提携、M＆Aの際に有利になります。よって、基本的に、ビジネスモデル特許についても、積極的に出願すべきだと考えます。

1

用語の解説

当業者：発明が属する技術分野における通常の知識を有する架空の人物。

6 なるべく早く特許を取得したいのだけど、特許は最短でどのくらいの期間で取れるの？

特許ってとるのに何年もかかるんだよね？

いいえ、早ければ3〜6か月でとることもできるよ！

特許権の効力は登録により発生

　特許権は、登録（つまり取得）しないと効力が発生しませんので、特許出願中に、その特許発明が模倣されていたとしても、その模倣した競合他社に対して権利行使（具体的には**差止請求**や**損害賠償請求**）をすることができず、特許が登録されて始めて、その権利範囲内に含まれる他社の実施を排除することができるのです。

　特許出願は、出願しただけでは審査が始まらず、出願以降に審査を請求して初めて審査が開始されます。通常、審査期間は1年程度かかりますので、特許を取得するのに1年以上かかってしまいます。

　一方、IT系などの製品のライフサイクルが短い分野では、特許を取得するのに1年以上かかっていては、特許を取った時点では、その技術は陳腐化しており、特許を用いて他社の参入を阻んだり、模倣を防いだりということができないという問題がありました。

　そこで、審査期間を短縮する制度として、**早期審査**と**スーパー早期審査**が設けられました。

早期審査とスーパー早期審査

● 1 早期審査

早期審査の対象になる出願は以下の通りです。

(1) 実施関連出願

(2) 外国関連出願

(3) 中小企業、個人、大学、公的研究機関等の出願

(4) グリーン関連出願

(5) 震災復興支援関連出願

(6) アジア拠点化推進法関連出願

(1) の実施関連出願は、既に実施しているか、2年以内に実施予定の出願です。

通常の国内出願に関しては、早期審査の申請から一次審査の結果が出るまでの期間は、平均3か月以下となっており (2017年実績)、通常の出願と比べて大幅に短縮されています。

● 2 スーパー早期審査

通常の国内出願に関しては、スーパー早期審査の申請から一次審査の結果が出るまでの期間がスーパー早期審査の申請の日から1か月以内となっており、早期審査の約2倍の速度で審査が終了します (図1)。平成29年度の実績では、一次審査結果まで約0.7か月、最終処分まで約2.5か月となっています。但し、2019年3月時点では、スーパー早期審査制度では手続をオンライン手続きに限定しており、軽微な方式指令 (例えば、審査請求書の形式的な不備など) 等を受けただけでも、スーパー早期審査の申請が無効になってしまう点に注意が必要です。

▼図1　スーパー早期審査の概要

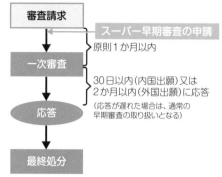

平成29年度の実績（平均）

早期審査
一次審査まで約2.3か月
最終処分まで約5.3か月

スーパー早期審査
一次審査まで約0.7か月
最終処分まで約2.5か月

出典：特許庁「特許審査に関する新たなベンチャー企業支援策を開始します」をもとに作成
https://www.jpo.go.jp/system/patent/shinsa/soki/patent-venture-shien.html

対象：出願審査請求がなされている（審査請求手続とスーパー早期審査申請の手続は同時でも可能）審査着手前の出願であって、

1)「実施関連出願」かつ「外国関連出願」であること、又はベンチャー企業による出願であって、「実施関連出願」であること
2)スーパー早期審査の申請前4週間以降のすべての手続をオンライン手続とする出願であること

の両方の要件を満たす特許出願です。

　下記で紹介するように、平成30年7月9日、ベンチャー企業による出願であって、「実施関連出願」であるものも対象に含まれるようになりました。これにより、2年以内に実施するベンチャー企業の発明が、スーパー早期審査の対象になりました。
　スーパー早期審査の場合、拒絶理由通知に対する応答期間が通常の半分の30日になり、この期間を過ぎてしまうと、通常の早期審査になってしまうことに注意が必要です。以上のことを勘案すると、非常に特許権利化を急ぐ案件以外は、スーパー早期審査よりも早期審査の方を推奨します。

審査請求と早期審査を出願と同時にするメリットとデメリット

● 1 審査請求と早期審査を出願と同時にするメリット

　審査請求と早期審査を出願と同時にすれば、3か月～1年（平均5.3か月）で特許権を取得可能です。一方、特許出願は出願から1年半後に自動的に公開されますが、最悪、特許にならなそうな場合には、出願自体を優先日から1年4か月以内に取り下げることによって、出願内容を公開されないようにすることができます。

　これによって、特許取得にチャレンジして審査の結果、特許権を取得できれば技術内容が公開されますが、審査結果が思わしくなく特許権を取得できなそうな場合には、自社の技術内容を秘匿化して他社にもれないようにすることができます。このメリットが一番大きく、通常の場合には次の2で挙げるデメリットを凌駕すると思われます。

　また他社の参入を特許ですぐに牽制したい場合、他社に対して特許権をすぐに主張したい場合（例えば、他社から警告を受けているような場合のクロスライセンス交渉に持ち込むための特許権取得などの場合）、または投資家に対して特許権をアピールして資金調達に活かしたい場合に有効です。

　また、出願と同時に早期審査を申請した場合、他社による**情報提供**による権利化妨害がなく、審査期間も限定されているので、特許になりやすい傾向にあります。

　また、1年以内に特許可能か否かの判断が出るので、外国出願をする価値がある発明か否かを判断する材料として日本の審査結果を用いることができます。

　なお、（審査請求と早期審査をするタイミングによらず）日本で特許になると、外国で**PPH**を使用して早期審査を請求することができるので、外国における特許権の権利化を若干早めることができます。

● 2 審査請求と早期審査を出願と同時にするデメリット

　出願の内容が公開される時期は、通常は、出願から1年半後でありますが、早期審査をして1年以内に特許が登録されると、自動的に特許公報として公開されてしまうので、出願内容の公開時期が、通常より早まってしまうというデメリットがあります。よって、自社の出願内容が公開される時期を遅らせたい場合には、審査請求と早期審査を出願と同時にしないほうがよいでしょう。

　なお、自社の特許公報が発行された以降は、その特許公報の技術が先行技術になり、その特許公報の発行より後の出願については、その特許公報の技術に比べた進

歩性が要求される点には、注意が必要です。

用語の解説

差止請求：ある者が現に違法または不当な行為を行っている場合や行うおそれがある場合において、当該行為をやめるよう請求（差止請求）すること。特許侵害が違法な行為であるため、当該行為をやめるよう請求することができます。

損害賠償請求：不法行為により損害を受けた者（将来受けるはずだった利益を失った場合を含む）が、その原因を作った者に対して、損害の埋め合わせとして金銭を要求すること。

情報提供：出願公開がされた出願に対して、匿名で当該出願と同じもしくは類似の技術が記載された文献を特許庁に提出すること。これによって、その文献が審査官による審査で活用されます。

PPH：Patent Prosecution Highway（特許審査ハイウェイ）の略で、ある国の特許庁で特許可能と判断された発明を有する出願について、出願人の申請により、別の国において簡易な手続きで早期審査が受けらえるようにする枠組みです。

日本で特許を取っておけば、外国でも有効？

外国でも製品を販売する予定だけど、日本で特許を取っておけば外国でも有効ですか？

そうじゃないよ！　国毎に特許を取る必要があるよ！

外国で特許権を取得しない場合のリスク

　技術開発型の中小企業・ベンチャー企業は、新しい技術またはビジネスモデルを開発した場合、まずは日本国内の市場をターゲットとすることから、日本で特許出願することをまず検討することになります。

　日本でその製品・サービスの評判が良かった場合や売上が上がった場合には、当然、次は、外国の市場に向けて製品・サービスを展開することになります。

　その際に、外国でも特許権を取得していないと、外国では、製品・サービスに使用される技術・ビジネスモデルは、他社も使用できるため、外国においては他社の模倣が許されることになります。その結果、外国では、他社との価格競争に巻き込まれてしまうリスクがあります。

特許権を国毎に取得する必要性について

　特許権は国ごとに取得する必要があり、その効力範囲もその国内に限ります。ちなみにこれを**属地主義**といいます。たとえば、日本の特許法が適用される領域は日本国内のみです。したがって、日本国の特許権に基づいて、米国での行為を日本国特許権の侵害として訴えることはできません。米国での行為を特許権侵害として訴えたい場合には、米国においても特許権を取得する必要があります。外国で特許権を取

得するには、通常、日本国内の特許事務所を通して海外の事務所に手続を依頼することになります。

外国で特許権を取得する場合、通常、日本出願後に、1年以内に、その日本出願に対して**パリ条約による優先権**を主張して直接外国に出願する（**パリルート**）か、その日本出願に対してパリ条約による優先権を主張して**PCT国際出願**（PCT：Patent Cooperation Treaty）する（PCTルート）かの2つの選択肢があります。

● 1　パリルート

パリルートは、基礎となる日本出願（以下、基礎出願という）の出願日から1年以内にその日本出願に対してパリ優先権を主張して直接外国に出願するルートです。

基礎出願から1年以内に出願する国を決定しないといけないため、いまだ、事業化のめどがたっていない場合には、国の選択をすることが難しいというデメリットがあります。

● 2　PCTルート

ある発明に対して特許権を付与するか否かの判断は、各国がそれぞれの特許法に基づいて行います。したがって、特定の国で特許を取得するためには、その国に対して直接、特許出願をしなければなりません。

しかし、近年は、経済と技術の国際化を背景として、以前にも増して、多くの国で製品を販売したい、模倣品から自社製品を保護したい、などの理由から特許を取りたい国の数が増加する傾向にあります。同時に、そのすべての国に対して個々に特許出願を行うことはとても煩雑になってきました。また、先願主義のもと、発明は、一日も早く出願することが重要です。しかし、出願日を早く確保しようとしても、すべての国に対して同日に、それぞれ異なった言語を用いて異なった出願願書を提出することは、ほぼ不可能といえます。

PCT国際出願は、このような煩雑さ、非効率さを改善するために設けられた国際的な特許出願制度です。PCT国際出願では、国際的に統一された出願願書（PCT/RO101）をPCT加盟国である自国の特許庁に対して特許庁が定めた言語（日本国特許庁の場合は日本語若しくは英語）で作成し、1通だけ提出すれば、その時点で有効なすべてのPCT加盟国に対して「国内出願」を出願することと同じ扱いを得ることができます。つまり、日本人の場合、日本特許庁に対して日本語若しくは英語で作成した国際出願願書を1通だけ提出すれば、それによってその国際出願に与えられた国際出願日が、それらすべての国においての「国内出願」の出願日となります。

また、PCT 国際出願をすると、出願した発明に類似する発明が過去に出願された（公知となった）ことがあるかの調査（国際調査）が、すべての国際出願に対して行われます。その際には、その発明が新規性、進歩性など特許取得に必要な要件を備えているか否かについて審査官の見解も作成されます。それらの結果は、出願人に提供されますので、出願人は、自分の発明の評価をするための有効な材料として利用することができます。さらに、出願人が希望すれば、特許取得のための要件について予備的な審査（国際予備審査）を受けることもできます。

これらの制度を利用することで、特許取得の可能性を精査し、緻密に厳選した国においてのみ手続を係属させ、コストの効率化、適正化が可能となります。

但し、注意すべき重要な点があります。それは、PCT 国際出願は、あくまで国際的な「出願」手続であるため、国際出願の発明が、特許を取得したい国のそれぞれで特許として認められるかどうかは、最終的には各国特許庁の実体的な審査に委ねられていることです。

そこで、PCT 国際出願の最後の手続は、国際出願を各国の国内手続に係属させるための手続となります。PCT 国際出願が国内手続に係属された後は、PCT 国際出願もそれぞれの国の国内法令によって処理されます。この「各国の国内手続に係属させる」手続を PCT では、「国内移行手続」と呼びます。

原則、**優先日**から 30 か月の期限が満了する前に、特許権を取得したい PCT 加盟国において、国内移行手続きを行う必要があります。その際には、権利を取りたい PCT 加盟国が認める言語に翻訳した翻訳文をその国の特許庁に提出し、その国が求める場合には手数料を支払う必要があります。

但し、台湾は、PCT 加盟国に入っていないため、台湾で特許を取得したい場合には、PCT ルートは使えず、パリルートだけしか使えません。よって、台湾で特許権を取得したい場合には、基礎出願から 1 年以内に台湾に出願する必要があります。

外国での特許取得を見据えた特許出願戦略

新しい技術やビジネスモデルを開発した場合において、その製品またはサービスを日本で販売する予定の場合には、まずは日本で特許出願することを検討しましょう。

そして、将来外国でもその技術を用いた製品・サービスを展開する予定があるのであれば、日本出願から 1 年以内に、パリ優先権を主張してその外国で特許出願するか**PCT 国際出願**しましょう。その際には、既に展開する予定の外国が決まっている

のならば、パリ優先権を主張してその外国で出願することをお勧めします。未だ製品・サービスを展開する外国が決まっていない場合には、パリ優先権を主張してPCT出願をすることをお勧めします。

　なお、最初から外国における製品またはサービスを販売する予定ならば、最初からPCT出願（但し、指定国に日本を含む）をする選択肢もあります。指定国から日本を除外しなければ、将来、日本に移行することもできるからです。

用語の解説

パリ条約による優先権：パリ条約による優先権とは、工業所有権の保護に関するパリ条約の同盟国（第1国）において、特許、実用新案、意匠、商標の出願をした者又はその承継人が、所定の期間（特許及び実用新案：12箇月、意匠及び商標：6箇月）中に、当該第1国の出願に基づいて他の同盟国（第2国）に対して出願を行った場合に、当該第2国において新規性、進歩性の判断などについて、第1国出願時に出願したものとして取り扱われる権利です。出願は、先に特許庁に手続きをした者に権利が与えられる先願主義が採用されていますが、第1国で出願後に他の同盟国で権利取得を図る場合に、翻訳や出願手続きに時間を要し、他者に先を越されてしまうことが考えられます。パリ優先権を主張することで、このような不利益を解消することができます。

PCT国際出願：特許協力条約（PCT：Patent Cooperation Treaty）に基づく国際出願のこと。ひとつの出願願書を条約に従って提出することによって、PCT加盟国であるすべての国に同時に出願したことと同じ効果を与える出願制度です。

優先日：先に出願した別の出願に対して優先権を主張している出願の場合にはその先に出願した別の出願の日、優先権を主張していない場合には現実の出願日。

指定国：PCT国際出願に指定する国のこと。

8 既に製品の発表をしてしまったけど…これから特許を取れるの？

既に製品の発表をしてしまったけど、特許取れるのかな？

ある条件を満たせば、特許が取れる場合もあるよ！

新規性の喪失の例外

　製品の販売を急ぐあまり、特許を出願する前に製品またはサービスを展示会などで外部に発表してしまうことがあります。そのような場合には、原則、新規性を喪失してしまっているので、特許の取得要件である新規性を満たしません。しかし、そのような場合であっても、ある一定の条件を満たせば、特許を取れる可能性はあります。この規定を、**新規性の喪失の例外の規定**といいます（図1）。

＜重要な注意点＞

　発明の新規性喪失の例外規定は、あくまでも特許出願より前に公開された発明は特許を受けることができないという原則に対する例外規定です。仮に出願前に公開した発明についてこの規定の適用を受けたとしても、例えば、第三者が同じ発明を独自に発明して先に特許出願していた場合や先に公開していた場合には、特許を受けることができません。

出典：特許庁ホームページより
https://www.jpo.go.jp/system/laws/rule/guideline/patent/hatumei_reigai.html

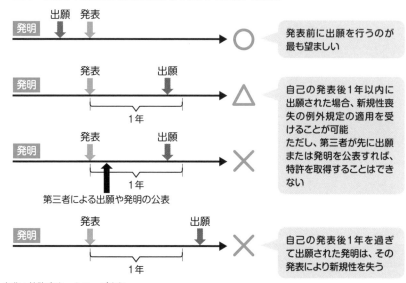

出典：特許庁ホームページより
https://www.jpo.go.jp/system/laws/rule/guideline/patent/hatumei_reigai.html

　また、国によってその条件が異なっており、条件が緩い国と条件が厳しい国があります。

　条件が緩い国は、日本、米国、韓国などです。条件が厳しい国は、欧州、中国などで、欧州、中国は条件が極めて限定的であるので、一度発表してしますと、基本的には、欧州、中国では特許が取れないと思っておいた方がよいでしょう。

新規性の喪失の例外の規定は、国毎に異なる！

　それでは、国毎に、新規性の喪失の例外の規定について説明します。

(1) 日本

　公表した日から出願日（**国内優先権**を主張している出願の場合には、**国内優先日**）までが1年以内であれば、新規性の喪失の例外の適用を受けることができます。この適用を受けられる対象は、以下の2つがあります。

> （対象1）出願人等による全ての公表行為（公表態様は問われませんが、特許公報による公開は除外されます）

特許公報による公開は対象から除かれるので、先の出願から1年以内に特許公報が発行される場合には、その特許公報が発行された時以降、その特許公報に記載の発明全てについて新規性喪失の例外の適用を受けることができず、新たに特許出願する場合にはその特許公報に比べて新規性及び進歩性があることが特許要件になります。よって、特許公報に掲載される発明に関連する発明については、その特許公報の発行前に特許出願をしておく必要があります。

申請手続きとして、①出願時の適用申請と、②出願時または後に（出願日から30日以内）証明書の提出が必要になります。

(対象2) 出願人等の意に反する公開

手続きは不要ですが、審査時に証明を求められることがあります。

(2) 米国

公表した日から**有効出願日**までが1年以内であれば、新規性の喪失の例外の適用を受けることができます。この適用を受けられる対象は、全ての公知行為です。手続きは不要ですが、審査時に証明を求められることがあります。

(3) 韓国

公表した日から出願日までが1年以内であれば、新規性の喪失の例外の適用を受けることができます。この適用を受けられる対象は、日本の場合と同様に以下の2つがあります。

(対象1) 出願人等による全ての公表行為 (公表態様は問われませんが、特許公報による公開は除外されます)

申請手続きとして、①出願時または後に適用申請と②出願時または後に証明書の提出が必要になります。

(対象2) 出願人等の意に反する公開

手続きは不要ですが、審査時に証明を求められることがあります。

(4) 欧州

公表した日から出願日までが6か月以内であれば、新規性の喪失の例外の適用を受けることができます。この適用を受けられる対象は、以下の2つに限定されます。

（対象1）国際博覧会に関する条約にいう公式又は公認の国際博覧会への出品

　申請手続きとして、①出願時の適用申請と、②出願時または後に証明書の提出が必要になります。

（対象2）出願人等に対する明らかな濫用（権利者の意に反する公開等）

　手続きは不要ですが、審査時に証明を求められることがあります。

(5) 中国

　公表した日から出願日または優先日までが6か月以内であれば、新規性の喪失の例外の適用を受けることができます。この適用を受けられる対象は、以下の2つに限定されます。

（対象1）(i) 中国政府が主催し又は承認した国際博覧会への出品、または

　　　　(ii) 国務院の関連主管部門又は全国的な学術団体組織が開催する学術会議又は技術会議での発表

　申請手続きとして、①出願時の適用申請と、②出願時または後に証明書の提出が必要になります。

（対象2）他者による出願人の同意を得ない漏洩

　手続きは不要ですが、審査時に証明を求められることがあります。但し、知っていた場合には、①出願時の適用申請と、②出願時または後に証明書の提出が必要です。

新規性喪失の例外規定の国毎の比較

新規性喪失の例外について、表にまとめると次のようになります（表1）。

▼表1　新規性喪失の例外規定の国毎の比較

	猶予期間	基準日	対象	申請手続
日本	1年	出願日又は国内優先日	出願人等による全ての公表行為（公表態様は問われませんが、特許公報による公開は除外されます）	①出願時の適用申請 ②出願時又は後に証明書提出
			出願人等の意に反する公開	不要（審査時に証明）

米国	1年	有効出願日	全ての公知行為	不要（審査時に証明）
韓国	1年	出願日	出願人等による全ての公表行為（公表態様は問われませんが、特許公報による公開は除外されます）	①出願時の適用申請②出願時又は後に証明書提出
欧州	6月	出願日	出願人等の意に反する公開	不要（審査時に証明）
			国際博覧会に関する条約にいう公式又は公認の国際博覧会への出品	①出願時の適用申請②出願時または後に証明書の提出
			出願人等に対する明らかな濫用（権利者の意に反する公開等）	不要（審査時に証明）
中国	6月	出願日又は優先日	(i) 中国政府が主催し又は承認した国際博覧会への出品、または(ii) 国務院の関連主管部門又は全国的な学術団体組織が開催する学術会議又は技術会議での発表	①出願時の適用申請②出願時または後に証明書の提出
			他者による出願人の同意を得ない漏洩	不要（審査時に証明）但し、知っていた場合には、①出願時の適用申請と②出願時または後に証明書の提出が必要

　なお、弁理士には弁理士法で守秘義務が規定されていますので、弁理士に発明内容を話しても公知にはなりません。

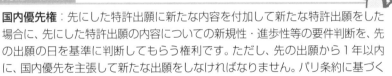

> **用語の解説**
>
> **国内優先権**：先にした特許出願に新たな内容を付加して新たな特許出願をした場合に、先にした特許出願の内容についての新規性・進歩性等の要件判断を、先の出願の日を基準に判断してもらう権利です。ただし、先の出願から1年以内に、国内優先を主張して新たな出願をしなければなりません。パリ条約に基づく優先権と区別するため国内優先権と呼びます。
>
> **国内優先日**：国内優先権を主張した出願について、優先権の対象となる先の出願の日。
>
> **有効出願日**：パリ条約上の優先権を主張している場合は、その請求項にかかる発明に関して優先権の基礎とできる最先の出願の出願日。継続出願や分割出願等の場合は、その請求項に係る発明に関して出願日の遡及効を得ることができる最先の出願の出願日。それ以外の場合は、実際の出願日。

9 他社に発明の内容を話してしまったのだけど、特許を取れますか？

 他社に発明の内容を話してしまったのだけど、特許を取れるかな？

 場合によっては、特許が取れるよ！

公知について

公知とは、公然と知られた状態のことで、(1) 秘密を守る義務のない (すなわち守秘義務のない) 者に、(2) その内容が知られたことをいうものとされています。

特許法では、発明について、秘密を守る義務 (守秘義務) のある者に知られても、公知にはなりません。例えば、社員には守秘義務がありますので、発明を社内で発表する分には、新規性はなくなりません。

一方、開示された人がたとえ少人数であったとしても、その発明を守秘義務のない社外の人に開示した場合には、その発明は公知になり、新規性を失います。

但し、発明を含む自社技術の内容を他社に開示する前に、その自社技術の内容を第三者に秘密にする秘密保持契約 (NDA) を結んでおけば、その発明を他社に開示したとしても、その発明は公知にはならず、新規性が維持され、特許を取得できる可能性が残ります。

秘密保持契約 (NDA)

業務提携や出資を受ける場合には、発明を含む自社技術の内容を、業務提携相手や投資家 (ベンチャーキャピタルなど) に話す必要が出てきます。その発明を含む自社技術の内容を開示する前には、自社技術の内容が漏洩しないように、自社技術の内容を第三者に漏洩することを禁じる秘密保持契約 (NDA：Non-Disclosure

Agreement) を結んでおくことが必要です。

　仮に、守秘義務がない他社に開示した場合であっても、その発明を他社に開示した時から1年以内であれば、新規性喪失の例外の規定の適用を受けることによって、日本、米国、韓国では特許を取得できる可能性があります。但し、欧州、中国については、発明の他社への開示が新規性喪失の例外の規定の対象にならないので、原則、新規性喪失の例外の規定に適用を受けることができず、特許を取得できなくなる可能性があります。

新規性が喪失しないようにする対策

　発明を含む自社技術の内容を、他社に開示する必要が出てきた場合には、他社に開示する前に秘密保持契約 (NDA) を結びましょう。

　また例えば会社の研究部門が社内で研究成果発表しても、参加しているのが守秘義務のある社員だけなら、発表を聞いたのが何人であっても公知にはなりません。

　但し、発表を聞いた社員の中に守秘義務に関する意識の低い社員がいて、発表内容を他社の人間に話したような場合、その他社の人間には守秘義務は無いと考えられるので発明は「公知」になってしまいます。

　そのようなことにならないよう、経営者は発明や研究内容についての秘密を守ることを社員の方に十分理解してもらい、秘密保持契約 (NDA) を結んでいない人に自社の技術内容を話さないことを徹底することが大切です。

用語の解説

秘密保持契約：自社の情報を相手企業に提供する際にその内容について外部に漏らさないことを約束する契約。

10 他社の特許権を侵害しているかどうかが気になるんだけど、どうやって調べればいい？

他社の特許権を侵害しているかどうかが気になるな～

それでは、他社の特許権の侵害の有無の調査（クリアランス調査）をすると良いよ！

クリアランス調査の必要性

自社で新製品・新サービスをリリースする場合には、新製品・新サービスが他社の特許権を侵害しないかどうか調べる必要があります。もし、新製品・新サービスが他社の特許権を侵害している場合、当該他社から差止請求されて新製品・新サービスの販売を中止しなくてはならなくなる可能性があります。また、過去の販売分について損害賠償請求、不当利得返還請求をされるおそれがあります。

他社の特許権の調査方法

特許庁の関連機関である（独）工業所有権情報・研修館（INPIT）が、WEB上で、特許情報プラットフォーム（J-PlatPat）と呼ばれる検索システムを提供しています。J-PlatPatは、無料で使用できます。

J-PlatPatのURLは以下の通りです。

https://www.j-platpat.inpit.go.jp/

他社の特許権を調べるには、上記のURLにアクセス後、「特許・実用新案」というタブにカーソルを持って行くと、画面1のように3つのメニューが開きます。このメニューのうち2番目の「特許・実用新案検索」を選択します。

▼画面1　3つのメニューが開く

　次に開いた画面2において、国内の特許権を調べたい場合には、「テキスト検索対象」を和文のままにし、「文献種別」を「国内文献」のままにします。

▼画面2　国内の特許権を調べる場合は和文のままにして「国内文献」を チェックする

　そして、下にスクロールして、検索キーワードという欄で、検索項目を選択して、キーワードを入力して、検索することができます。

1　人工知能に関する特許を網羅的に検索する場合の例

　人工知能に関する特許を網羅的に検索する場合を例に説明します。通常、分野を指定するときには、国際特許分類（IPC）または日本固有の特許分類であるFIを指定するのが一般的です。

　例えば、IPCでのコンピュータ関係の大分類G06の中に、G06N「特定の計算モデルに基づくコンピュータ・システム」があります。このコンピュータ関係の大分類G06Nは、以下の小分類を包含しています。

IPC　G06N

G06N3/00　　生物学的モデルに基づくコンピュータ・システム
　G06N3/02　・ニューラル・ネットワーク・モデルを用いるもの
　G06N3/04　・・アーキテクチャ
　G06N3/06　・・物理的な実現, すなわち, ニューラル・ネットワーク, ニューロン, ニューロン構成要素のハードウェア実装
　G06N3/063・・・電子的手段を用いるもの
　G06N3/067・・・光学的手段を用いるもの
　G06N3/08　・・学習方法
　G06N3/10　・・汎用コンピュータでのシミュレーション
　G06N3/12　・遺伝的モデルを用いるもの
G06N5/00　　知識ベースモデルを利用したコンピュータ・システム
　G06N5/02　・知識の表現
　G06N5/04　・推論方法または装置
G06N7/00　　特定の数学的モデルに基づいたコンピュータ・システム
　G06N7/02　・ファジー論理を用いるもの
　G06N7/04　・・物理的な実現
　G06N7/06　・・汎用コンピュータでのシミュレーション
　G06N/7/08・カオス・モデルまたは非線形システム・モデルを用いるもの
G06N10/00　量子コンピュータ, すなわち量子力学的現象に基づくコンピュータシステム
G06N20/00　機械学習
　G06N20/10・カーネル法を用いるもの, 例. サポートベクターマシン [SVM]
　G06N20/20・アンサンブル学習
G06N99/00　このサブクラスの他のグループに分類されない主題事項

よって、J-PlatPatの「特許・実用新案検索」画面において、次の画面３のように、検索項目として「IPC」を選択し、検索キーワードとして「G06N」と入力します。そして、検索ボタンを押すと、国内文献ヒット件数が表示されます。

▼画面３　検索項目で「IPC」を選択し、キーワードとして「G06N」を入力

2　IoT関連技術について網羅的に検索する場合

次に、IoT (Internet of Things) 関連技術について網羅的に検索する場合を例に説明します。通常、分野を指定するときには、国際特許分類 (IPC) または日本固有の特許分類であるFIを指定するのが一般的です。しかし、IoTの応用分野は多岐にわたっており、IoTの分野に１対１に対応する国際特許分類 (IPC) またはFIがありません。それでは、IoTの分野を指定するには、どうしたら良いでしょうか？

平成28年11月から、IoT (Internet of Things) 関連技術に関して、横断的な分類であるファセット分類記号 (ZIT) を新設し、日本の特許文献に対して付与を行われています。ZITは、IoTの全範囲に付与されています。

更に平成29年４月24日から、IoT関連技術の特許分類 (ZIT) を12の用途別に細分化し、特許文献に付与が開始されました。これらの12の用途とそれぞれの広域ファセット分類記号は以下のとおりです。

(1) 農業用・漁業用・工業用：ZJA

(2) 製造業用：ZJC

(3) 電気、ガスまたは水道供給用：ZJE

(4) ホームアンドビルディング用・家電用：ZJG

(5) 建設業用：ZJI

(6) 金融用：ZJK

(7) サービス業用：ZJM

(8) ヘルスケア用・社会福祉事業用：ZJP

(9) ロジスティック用：ZJR

(10) 運輸用：ZJT

(11) 情報通信業用：ZJV

(12) アミューズメント用・スポーツ用・ゲーム用：ZJX

　この結果、IoT関連技術に関する特許情報の収集・分析を用途別にも行うことが可能です。

　例えば、IOTの全範囲で特許権を網羅的に検索したい場合には、次の画面4のように、検索項目として「ファセット」、検索キーワードとして「ZIT」と入力します。そして、検索ボタンを押すと、国内文献ヒット件数が表示されます。

▼**画面4　検索項目で「ファセット」を選択し、キーワードを「ZIT」と入力**

なお、他の広域ファセットとして、以下のものがあります。

ZAA　超伝導に関するもの

ZAB　環境保全関連技術に関するもの

ZBP　・生分解性ポリマー

ZDM　特許査定された出願が、人間の身体の各器官の構造・機能を計測するなどして人体から各種の資料を収集するための方法※に該当する請求項に係る発明を含むもの

ZHV　ハイブリット自動車〔エンジンと走行駆動源としての電気モータとの双方を備える自動車〕

ZMD　特許査定された出願が、用法又は用量の点で新規性が認められる医薬発明※に該当する請求項に係る発明を含むもの（※特許・実用新案審査ハンドブック附属書B第3章2.2.2（3−2−2）に記載の「特定の用法又は用量で特定の疾病に適用するという医薬用途において相違する」として新規性が認められる医薬発明）

ZNA　核酸／アミノ酸配列に関するもの

ZNM　ナノテクノロジー応用技術

ZYW　車両のヨー方向運動制御〔ヨーレート、スリップ角、ステア特性等〕

1

　次に、検索ボタンを押すことにより、特許権が付与された特許公報と、未だ特許権が付与されていない出願段階の特許出願公報が混在して表示されます（画面5）。

　特許権が付与された特許公報は、左から3番目の項目の「文献番号」が「特許」から始まり、特許の後に7桁の番号が続き、「特許○○○○○○○」と表示されます。一方、出願から1年半後に公開される特許出願公報は、左から3番目の項目の「文献番号」が「特開」から始まり、その後に公開された年が西暦で続き、ハイフンの後に更に6桁の番号が続き「特開○○○○−○○○○○○」と表示されます。

▼画面5　特許権が付与された特許公報と未だ特許権が付与されていない出願段階の特許出願公報が混在して表示される

このうち、特許権になっているものは、特許請求の範囲が確定されているので、その特許請求の範囲を読み、その特許権に抵触しているかどうかを判断します。

一方、未だ特許権が付与されていない出願段階の場合、特許請求の範囲が補正によって変わる可能性があるので、継続してウォッチングする必要があります。

なお、商用ソフトを使用すると、更に高度な検索を行うことができます。クリアランス調査では漏れがないように特許文献を抽出することが重要になりますので、通常は、商用ソフトを使って検索します。

但し、商用ソフトを用いた調査については、高い専門性が必要ですので、外部の弁理士に依頼した方がよいでしょう。

クリアランス調査

このように、特許庁が提供している特許情報プラットフォーム (J-PlatPat) などを用いて、他社の特許権が付与された特許公報、未だ特許権が付与されていない出願段階の特許出願公報を調べることができます。

そして、自社製品・サービスが、特許権が付与された特許公報、未だ特許権が付与されていない出願段階の特許出願公報それぞれについて、特許請求の範囲の各請求

項に記載された各構成を全て満たすかどうか判断します。この判断は、高度な専門性が必要ですので、外部の弁理士に相談した方がよいでしょう。なお、未だ特許権が付与されていない出願段階の特許出願公報の各請求項は、確定したものではなく、拒絶理由が通知された場合には補正によって権利範囲が狭くなる可能性があります。よって、未だ特許権が付与されていない出願段階の特許出願公報の各請求項については、今後、特許権を侵害するリスクがあるか否かをいう観点からの調査になります。

仮に、特許請求の範囲に記載された各構成を全て満たす特許権がある場合には、その構成を満たさなくなるように設計変更できないかどうか検討することになります。

設計変更できない場合には、特許が無効にできないかどうか、先使用に係る通常実施権（先使用権）を主張できないかどうか検討することになります。

1

用語の解説

差止請求：ある者が現に違法または不当な行為を行っている場合や行うおそれがある場合において、当該行為をやめるよう請求（差止請求）すること。特許侵害が違法な行為であるため、当該行為をやめるよう請求することができます。

損害賠償請求権：不法行為により損害を受けた者（将来受けるはずだった利益を失った場合を含む）が、その原因を作った者に対して、損害の埋め合わせとして金銭を要求することができる権利。

不当利得返還請求権：法律上の正当な理由もなく利益を得て、他人に損失を及ぼした人から不正に取得した利益（お金など）を返還してもらうことができる権利。

ファセット分類記号：各分野に跨り横断的な観点から文献収集（検索）を可能とするものであり、超電導技術（ZAA）、環境保護技術（ZAB）、電子商取引（ZEC）などがあります。

先使用に係る通常実施権（先使用権）：先願主義の例外として、同一発明が複数人によってなされた場合に、先に出願をした者以外の者に対しても、一定の要件のもとで当該発明の実施を認める権利をいう。具体的な要件としては、以下の4点が必要となります。

1　特許出願に係る発明の内容を知らないで自らその発明をし、または特許出願に係る発明の内容を知らないでその発明をした者から知得したこと（独自発明）

2　その発明の実施である事業をし、またはその事業の準備をしていたこと（事業化またはその準備）

3　上記事業または準備が特許出願の際、現に行われていたこと（先使用権の基準時）

4　上記事業または準備が日本国内において行われていること（国内要件）

11 特許取得までに どのような費用がかかるのか

特許って取得するのに、どのような費用がかかるのかな？

特許庁に払う費用と代理人の弁理士に払う費用があるよ！

特許庁費用と代理人費用

　特許を取得する際にかかる費用には、大きく分けて特許庁費用と代理人費用があります。まずは、特許庁費用について説明します。

●特許庁費用

　特許庁費用は、特許庁に納めるお金（印紙代）で、法律で定められています。

(1) 出願時

　特許出願時に印紙代がかかります。

(2) 審査請求時

　特許は、特許出願後に審査請求をしないと審査が始めませんが、この審査請求をする際に印紙代がかかります。

　国際出願に基づき日本国に特許出願した場合には、**国際調査報告**により審査負担が軽減されるため出願審査請求料が減額されます。また、特定登録調査機関が交付する調査報告を提示して審査請求をしたときは、その手数料が減額されます。

(3) 特許料

　特許査定が通知された際に、特許査定の発送日から30日以内に第1年〜第3年までの3年分の特許料を設定登録料として支払うことによって、特許が登録されます。以後、第4年以後の各年分の特許料は、前年以前に納付しなければなりません。特許

料は、第１年から第３年までが共通の計算方法で計算される同じ額になり、第４年から第６年までが共通の計算方法で計算される同じ額になり、第７年から第９年までが共通の計算方法で計算される同じ額になり、第10年から第25年までが共通の計算方法で計算される同じ額になります。

▼表1　平成16年4月1日以降に審査請求をした出願の特許料
(2019年4月26日時点)

項目		金額
第1年から第3年まで	毎年　2,100円に1請求項につき	200円を加えた額
第4年から第6年まで	毎年　6,400円に1請求項につき	500円を加えた額
第7年から第9年まで	毎年　19,300円に1請求項につき	1,500円を加えた額
第10年から第25年まで	毎年　55,400円に1請求項につき	4,300円を加えた額

但し、第21年から第25年については、**延長登録出願**があった場合のみです。

このように、登録からの年数が経つに従って、1年後毎に納める特許料が増えます。

代理人費用

代理人費用は、代理人となる事務所または弁理士に応じて料金がまちまちですし、準備する書類の量または書類の準備にかかった時間に応じて変動することが多いです。

多くの場合、出願時、審査請求時、意見書／補正書提出時、登録時のそれぞれのタイミングで代理人費用がかかります。補正書は、拒絶理由が通知される前はいつでも、拒絶理由が通知された場合には、意見書／補正書は、拒絶理由通知の発送日から60日以内に提出可能です。

特許取得にかかる費用の注意点

特許取得にかかる費用には、特許庁に納める印紙代と代理人費用がありますが、通常、代理人費用の方が特許庁費用より高くなります。

代理人の費用の科目や料金は、代理人毎に異なっておりますので、代理人に確認しましょう。通常、請求項の数、書類のページ数、図面の数によって料金が変動しますが、発明によって書類の量が変わってくるので、単純に1つの出願で総額、固定額

1

でいくらということが難しいです。

　特許出願について何も考えずに、知り合いに、弁理士を紹介してもらったということが、多々あるかと思います。

　弁理士であれば、特許を取得するだけならそんなに難しいことではありません。しかし、特許が取得できたとしても、ビジネスを保護するのに適正ではなく、意味のない特許を取得してしまったことが後から発覚し、問題になるケースが増えています。

　例えば、昨今、スタートアップ・ベンチャー企業の知財デューデリジェンスをした結果、「その企業の特許がビジネスを保護するのに適正ではなく、せっかく苦労して開発した発明が模倣し放題で、事業の競争優位性を維持するのに全く役に立っていない！」といったケースが増えています。

　このことに鑑みると、ビジネス上の競争力を維持するためには、金額で弁理士を探すのではなく、発明の本質をとらえて他社による模倣を防ぐように特許を戦略的に取得してくれるかという観点から探すのがよいでしょう。

用語の解説

国際調査報告：国際出願日が認定された全ての国際出願は、国際調査機関によって国際調査が行われます。この調査結果を国際調査報告と呼びます。

延長登録出願：特許権の存続期間の延長登録出願のことで、医薬品については、臨床試験（治験）開始から製造承認日までの期間は、当該製品の販売が行えないので、その期間について特許権の存続期間の延長を申請する出願のこと。

12 特許庁に納める費用を減らす方法とは？

特許庁に納める費用を減らす方法ってあるの？

そうだね。特許庁に納める費用の軽減を受けることができるよ！

日本の特許庁に納める費用の軽減[*1]

● 1 中小ベンチャー企業、小規模企業を対象とした軽減措置

以下の対象者の条件に該当する場合、以下の対象費用が1/3に軽減されます。

・対象者の条件

対象者の条件は、

a.小規模の個人事業主（従業員20人以下（商業又はサービス業は5人以下））

b.事業開始後10年未満の個人事業主

c.小規模企業（法人）（従業員20人以下（商業又はサービス業は5人以下））

d.設立後10年未満で資本金3億円以下の法人

※c及びdについては、支配法人のいる場合を除きます。

のいずれかです。

・対象費用

審査請求料軽減

特許料（第1年分から第10年分）

国際出願（日本語でされたものに限る）の調査手数料・送付手数料

国際出願（日本語でされたものに限る）の予備審査手数料

[*1] https://www.jpo.go.jp/system/process/tesuryo/genmen/chusho_keigen.html

● 2 中小企業（会社及び個人事業主）を対象とした軽減措置

1に該当しない場合であっても、以下の対象者の条件に該当する場合、以下の対象費用が1/2に軽減されます。

　・対象者の条件
　　対象者の条件は、
　ア　中小企業（会社）の場合、
　（a）所定の「従業員数要件」又は「資本金額要件」[*2]のいずれかを満たしている会社であること、及び
　（b）大企業（中小企業以外の法人）に支配されていないこと
　です。

　イ　中小企業（個人事業主）の場合、所定の「従業員数要件」[*3]を満たしている個人事業主であることです。
　・対象費用
　　審査請求料軽減
　　特許料（第1年分から第10年分）
　　国際出願（日本語でされたものに限る）の調査手数料・送付手数料
　　国際出願（日本語でされたものに限る）の予備審査手数料

[*2] https://www.jpo.go.jp/system/process/tesuryo/genmen/genmen20190401/document/index/02_01.pdf
[*3] https://www.jpo.go.jp/system/process/tesuryo/genmen/genmen20190401/document/index/02_02.pdf

● 3　各市町村の助成

各市町村でも特許出願の費用を助成する制度があります。詳細は、最寄の市町村の役所で御確認ください。

〔 JETRO 等からの外国出願費用の助成 [*4]

例年、JETROや都道府県等中小企業支援センターが中小企業等外国出願支援事業として外国出願費用の助成を行っています。
例えば、JETROでは、すでに日本国特許庁に行っている出願（PCT出願を含む）

と同一内容であること、外国特許庁への出願業務を依頼する国内弁理士等の協力が得られること（又は、自ら同業務を現地代理人に直接依頼する場合には、同等の書類を提出できること）、助成を受けた後のフォローアップ調査に対して積極的に協力すること等を条件に、外国出願費用の助成を受けられることがあります。2016年度は個人事業主を含め約100社が助成対象となりました。

　毎年、同様の支援事業が行われていますので、ホームページ等で動向を確認しておくとよいでしょう。

＊4　https://www.jetro.go.jp/services/ip_service_overseas_appli.html
　　https://www.jpo.go.jp/support/chusho/shien_gaikokusyutugan.html

米国の特許庁に納める費用の軽減

　小規模事業体（small business concern）に該当する場合、米国特許商標庁（United States Patent Trademark Office:USPTO）に支払う出願費用、特許発行手数料、年金等が50％割引されます。また、以下に示す極小規模事業体（micro entity）に該当する場合、米国特許商標庁に支払う出願手数料、継続審査請求手数料、特許発行手数料、年金等が75％割引されます。金額の詳細は、米国特許商標庁のWEBページ（https://www.uspto.gov/learning-and-resources/fees-and-payment/uspto-fee-schedule）で確認することができます。

　出願人が小規模事業体または極小規模事業体に該当するにもかかわらず、割引を受けずに通常の費用を支払った場合、支払いから3か月以内に差額の払い戻しを受けることができます。

　また、出願時に小規模事業体または極小規模事業体に該当していた出願人が、その後に該当しなくなることもあるでしょう。その場合でも、特許発行手数料の支払い前までは小規模事業体または極小規模事業体としての割引が適用されます。そして、特許発行手数料および次の年金のうちの最先のものを支払う際に、所定の届出を行い通常の費用を支払う必要があります。なお、詐欺的に、あるいは、不正かつ欺瞞の意図をもって小規模事業体あるいは極小規模事業体として費用を支払った場合、米国特許商標庁に対する詐欺行為とみなされ、権利行使不能となる可能性があるので、十分に注意しましょう。

● 1　小規模事業体

　小規模事業体に該当するための要件の概要は、①関連会社を含めて従業員が500人以下であること、かつ、②当該発明に係る権利について、小規模事業体に該当しない企業等に現在、譲渡またはライセンスしておらず、また、将来の譲渡またはライセンスに関する契約等も存在しないことです。

　②は、正確には「発明に関する権利を、人、小規模事業体若しくは非営利団体としての小規模事業体の資格を有していない人、事業体若しくは団体に対し、譲渡、譲与、移転若しくはライセンスしていないもの、又は契約上若しくは法律上、譲渡、譲与、移転又はライセンスする義務を負っていない」ですが、判断が難しい場合は現地代理人に確認するのがよいでしょう。例えば、ベンチャー企業が大企業から資金提供を受ける代わりに当該大企業にライセンス許諾の予定がある場合等には十分な注意が必要です。

● 2　極小規模事業体

　極小規模事業体に該当するための要件の概要は、①小規模事業体の要件を満たし、②過去の発明者としての米国出願が4件以下であり、③収入が米国世帯収入の中央値の3倍を超えていないこと、かつ、④収入が米国平均世帯収入の3倍を超える者へライセンス等をしていないことです。

　④は、正確には「その関係する出願に係るライセンスその他の所有権権益を、該当する手数料が納付される暦年の前暦年において、1986年内国歳入法典第61条 (a) に定義されている総収入であって、国勢調査庁によって最近年に報告された、前記の前暦年の家計収入中央値の3倍を超えるものを有している事業体に譲渡、付与又は移転しておらず、また、契約又は法律による譲渡、付与又は移転の義務を負っていない」ですが、やはり判断が難しい場合は現地代理人に確認するのがよいでしょう。

用語の解説

年金：特許権を維持するために支払う料金。欧州出願などの場合には、この年金に他に、出願を維持するための支払う維持年金があります。

13 特許は個人、法人のどちらで出願すべき？

特許は個人、法人のどちらで出願すべきなんだろう？

その個人が法人に属しているなら法人がお薦めだよ！

特許を受ける権利

　発明が生まれた場合、通常は、その発明をした者に特許を受ける権利が自動的に与えられます。つまり、発明をした段階では、特許出願人になれるのは、その発明者だけです。この特許を受ける権利は、譲渡することができるので、例えば、起業家が発明した場合に、その発明の特許を受ける権利を、起業家はその起業家が立ち上げた会社に譲渡することができます。

　起業前後のスタートアップ・ベンチャー企業や小さな中小企業の場合、起業家または社長が発明者になる場合があります。その場合には、起業家または社長が個人の名義で特許出願する選択肢と、特許を受ける権利を法人に譲渡した上で法人の名義で出願する選択肢があります。

法人の社長が個人名義で特許出願するメリット、法人名義で特許出願するメリット

● 1　社長が個人で特許出願する場合

(i) メリット

　個人で、特許出願している場合、その個人がその会社に所属していることが公に知られていない場合、競合他社は、その会社に属する個人が特許出願していることを捕捉することができません。つまり、競合他社に知られにくいというメリットがあります。例えば、競合他社に追従して研究・開発してほしくない技術について、個人

71

で出願しておくということが考えられます。

　個人で特許出願しても、出願中であれば特許を受ける権利をいつでも法人に譲渡することができ、特許権化後であっても特許権をいつでも法人に譲渡することができるからです。

　但し、競合他社がその技術分野の出願を網羅的に調査したり、その技術分野の出願が公開されるたびに通知されたりするように設定している場合には捕捉されてしまう可能性があります。

(ii) デメリット

　社長が個人名義で特許出願する場合、所得税が課税されていない場合には、特許審査請求、特許料（第1年分から第10年分）及び国際出願に係る「調査手数料、送付手数料、予備審査手数料」が半額に減免されますが、少しでも所得税が課税されていると、特許審査請求料及び特許料（第1年分から第10年分）が半額に減免されません。

　なお、個人で特許出願した場合、願書の「住所または居所」の欄に自宅を記載してしますと、出願公開公報、特許公報に自宅の住所が掲載されてしまうというデメリットがあります。自宅の住所を掲載されたくない場合は、所属する会社の住所を記載することをお勧めします。

● 2　法人名義で特許出願する場合

(i) メリット

　法人で特許出願をする場合、その法人が小規模企業（法人）（従業員20人以下（商業又はサービス業は5人以下））、または設立後10年未満で資本金3億円以下の場合（但し、いずれも支配法人がいる場合を除く）、下記の手続費用が軽減されます。

審査請求料：3分の1
特許料（第1年分から第10年分）：3分の1
国際出願に係る「調査手数料、送付手数料、予備審査手数料」：3分の1

　このように法人の社長が個人名義で出願するよりも、法人名義で出願した方が手続費用が軽減されます。

　更に、特許権の成立後に、他社に対して損害賠償請求をする場合、法人が保有する特許権に係る発明を実施しているときに、特許法第102条第1項、または第2項で損

害額を請求することができます。これらの特許法第102条第1項、または第2項で損害額は、特許法第102条第3項で規定されている損害額（いわゆるライセンス相当額）よりも高くなるので、法人で特許を取得しておいた方が好ましいです。

(ii) デメリット

社内の職務発明規定で、職務発明の場合には最初から特許を受ける権利を法人に帰属させることができます。しかし、そのように規定されていない場合には、社長が発明した場合には、社長自身に特許を受ける権利があるので、原則、出願するまでに会社に特許を受ける権利を譲渡する社内手続きが必要になります。

メリットとデメリットを理解して出願しよう

社長が個人名義で出願してしまうと、社長が所得税非課税の場合以外については、正規の特許審査請求及び特許料（第1年分から第10年分）を支払うことになります。

一方、法人が小規模企業（法人）（従業員20人以下（商業又はサービス業は5人以下））、または設立後10年未満で資本金3億円以下の場合（但し、いずれも支配法人がいる場合を除く）、法人で出願すれば、審査請求料、特許料等が3分の1に軽減されるというメリットがあります。

特許権の成立後に、他社に対して損害賠償請求をする場合、損害額を大きくするには、法人が特許権を保有しておくことが好ましいです。

14 自社で開発した製品についてお客さんが勝手に単独で特許権を取得してしまったんだけど、取り返せるの？

お客さんから依頼を受けて自社で開発した製品についてお客さんが勝手に単独で特許権を取得してしまったんだけど、取り返せるの？

取り返す方法があるよ！

特許権の帰属が問題となるケース

　他社から依頼を受けて自社で製品を開発することがあります。その際に、自社の従業員が、発明のアイディアの着想から具体化までを全て行った場合には、特許を受ける権利は原則、その発明のアイディアの着想から具体化までを行った自社の従業員に帰属します。自社は、その従業員から特許を受ける権利を譲りうけることによって、自社名義で特許出願ができます。また、自社の職務発明規定に、職務発明ははじめから自社に帰属する旨が定められている場合には、従業員が職務で発明したものの特許を受ける権利ははじめから自社に帰属します。このように、自社で、発明のアイディアの着想から具体化までを全て行った場合には、自社単独の特許出願となることが一般的です。

　一方、他社からアイディアが持ち込まれて自社でそのアイディアを具体化する場合には、特許法上の発明は、アイディアを着想した人も、アイディアを具体化した人も発明者になりますので、発明者から特許を受ける権利を譲渡された両社が共同で出願することになるのが一般的です。

　また、自社と他社との共同研究する場合にも、発明のアイディアの着想から具体化までの少なくとも一部分を、共同で行った場合には、両社の従業員が発明者になりますので、発明者から特許を受ける権利を譲渡された両社が共同で出願することになるのが一般的です。

しかし、このように自社だけが特許を受ける権利を有する場合であっても、他社が勝手に特許を出願してしまうケースがあります。また、共同で特許を受ける権利を有する場合であっても、他社が単独で出願してしまうケースがあります。

特許権の移転請求（特許法第74条第1項）

そのような場合に備えて、特許を受ける正当な権利を有するものは、特許権の移転を請求することができます。その場合、特許を受ける正当な権利を有するものは、原告として、特許権者に対して、特許権の移転登録手続を求める訴えを提起する必要があります。

裁判例では、自己が真の発明者又は共同発明者であることを立証する責任（立証責任）は、移転登録を請求する者にあると判示されています（大阪地判平成29年11月9日、平成28年（ワ）第8468号特許権移転登録手続等請求事件）。

この裁判例では、以下のように判示されています。

平成28年（ワ）第8468号特許権移転登録手続等請求事件（大阪地判平成29年11月9日）

「特許法74条1項の特許権の移転請求制度は、真の発明者又は共同発明者がした発明について、他人が冒認又は共同出願違反により特許出願して特許権を取得した場合に、当該特許権又はその持分権を真の発明者又は共同発明者に取り戻させる趣旨によるものである。したがって、同項に基づく移転登録請求をする者は、相手方の特許権に係る特許発明について、自己が真の発明者又は共同発明者であることを主張立証する責任がある。ところで、異なる者が独立に同一内容の発明をした場合には、それぞれの者が、それぞれがした発明について特許を受ける権利を個別に有することになる。このことを考慮すると、相手方の特許権に係る特許発明について、自己が真の発明者又は共同発明者であることを主張立証するためには、単に自己が当該特許発明と同一内容の発明をしたことを主張立証するだけでは足りず、当該特許発明は自己が単独又は共同で発明したもので、相手方が発明したものでないことを主張立証する必要があり、これを裏返せば、相手方の当該特許発明に係る特許出願は自己のした発明に基づいてされたものであることを主張立証する必要があると解するのが相当である。」

出典：http://www.courts.go.jp/app/files/hanrei_jp/229/087229_hanrei.pdf

特許権を取り返す方法のまとめ

　特許法にいう発明者は、発明のアイディアを着想した者と発明を具体化した者の両者が含まれます。発明者に該当しない者または発明者に該当しない者が属する会社が特許出願して特許権を取得したとしても、真の発明者または真の発明者から特許を受ける権利を譲り受けた者は、特許権の移転請求をすることができ、特許権を取り返すことができます。

用語の解説

立証責任：原告・被告のどちらが事実を証明する責任があるかということ。

コラム

特許権の移転登録が認められたケース

　特許権の移転登録が認められた裁判例として、平成29年（ワ）第10038号特許権移転登録手続等請求事件（東京地判平成30年10月25日）を紹介します。

平成29年（ワ）第10038号特許権移転登録手続等請求事件（東京地判平成30年10月25日）

（1）事案の概要

　被告は、「自動洗髪装置」の発明（本件特許発明）に係る本件特許（第5944025号）を有していました。原告は、発明者である原代表者から特許を受ける権利を譲り受けたにも関わらず、被告が無断で特許出願して設定登録を受けたことが冒認出願にあたると主張して、被告に対し、特許法74条1項に基づき、本件特許権の移転登録手続を求めました。これに対して、裁判所は冒認出願として認定して、特許権の移転登録請求を認めました。

（2）前提事実

　原告代表者は、平成26年4月5日に、全体構想計画案を作成しました。この全体構想計画案には本件特許発明の構想が全て開示されていました。

　被告より依頼を受けて、原告が自動洗髪機の開発を行っており、共同出願の前提で出願準備が進められていました。しかし、業務委託関係が終了した後に被告が単独で出願しました。被告は、全体構想計画案は被告が提示した図面をなぞったに過ぎないと主張していましたが、後になって原告代表者が作成し

た全体構造計画案の図面を使って作ったことを認めました。

(3) 裁判所の判断

　その上で、裁判所は、次の通り、原告代表者が発明者であると認定しました。

　「前記(1)アないしウ及びオの認定事実によれば，原告代表者は，顧客である被告代表者から自動洗髪機の開発依頼を受け，先行特許の調査等を経て，エアバッグを利用する方法を着想するに至り，それを踏まえて本件特許発明の構成が全て開示されている全体構想計画案等を自ら作成したものであるから，本件特許発明の発明者に当たるというべきである。

　他方，被告代表者については，前記(1)イ，エないしカの認定事実からすれば，自動洗髪機の開発につき原告代表者に依頼し，本件特許発明につき特許出願する段取りを整えたり，事業計画を策定して公的補助を受ける準備をしたりしたことは認められるが，本件特許発明の完成に当たり，発明者と評価するに足るだけの貢献をした具体的事実は認められない。」

　「被告代表者の供述等については，乙第2号証の図面につき本件特許発明の構成が開示されているとは認め難く，他に上記打合せの時点で本件特許発明を被告代表者が完成させていたと認めるに足りる客観的な裏付けがないこと，前記(1)サで認定したとおり，乙第3号証に係る被告の主張等が大きく変遷等していること（被告は当初，原告代表者が作成した全体構想計画案は被告代表者が作成した乙第3号証をほぼなぞっただけのものである旨主張していたのに，原告から矛盾点の指摘を受けるや主張を変遷させ，被告代表者本人尋問においても，上記の当初の主張内容を訴訟代理人に説明していないなどと不合理な供述をしていること），被告代表者の供述等は，本件特許発明を着想するに至った経緯について曖昧かつ抽象的な内容に終始していること等を併せ考慮すれば，その信用性は低いものといわざるを得ない。」

　「さらに，被告は，前記(1)カで認定したとおり，原告代表者がＡから電子メールに添付された出願関係書類の案の送付を受けた際，被告代表者が発明者となっていること等につき何ら異議を述べず，本件訴訟に至るまで自らが発明者であるとの主張を一切してこなかった点を指摘するが，前記(1)アで認定した原告の業態からすれば，前記(1)カで認定したとおり，原告が開発した機械を製造することにより経済的利益を得られる限り，特許の取得等についてはこだわらないという方針をとることも不合理ではないことからすれば，上記の点から直ちに被告代表者が本件特許発明の発明者ないしは共同発明者であったと推認することはできず，原告代表者が本件特許発明の発明者であったという前記認定を左右するものではない。」

出典：http://www.courts.go.jp/app/files/hanrei_jp/107/088107_hanrei.pdf

15 従業員が職務で開発した発明の特許を受ける権利を、最初から会社のものにする方法はあるの？

従業員が職務で開発した発明の特許を受ける権利を、最初から会社のものにする方法はあるかな？

社内の職務発明規定で規定しておけば最初から会社のものになるよ！

職務発明制度の内容

● 1 職務発明制度の趣旨

特許庁のホームページ「職務発明制度の概要」(https://www.jpo.go.jp/system/patent/shutugan/shokumu/shokumu.html) によると職務発明制度について次のように説明されています。

> 職務発明制度は、「使用者、法人、国又は地方公共団体（使用者等）」が組織として行う研究開発活動が我が国の知的創造において大きな役割を果たしていることにかんがみ、使用者等が研究開発投資を積極的に行い得るよう安定した環境を提供するとともに、職務発明の直接的な担い手である個々の「従業者、法人の役員、国家公務員又は地方公務員（従業者等）」が使用者等によって適切に評価され報いられることを保障することによって、発明のインセンティブを喚起しようとするものである。

すなわち職務発明制度は、全体として我が国の研究開発活動の奨励、研究開発投資の増大を目指す産業政策的側面を持つ制度であり、その手段として、従業者等と使用者等との間の利益調整を図ることを制度趣旨としています。

● 2 法人帰属

従業者等がした職務発明について、契約、勤務規則（例えば、労働協約もしくは就業規則）その他の定めにおいてあらかじめ使用者等に特許を受ける権利を取得させることを定めたときは、その特許を受ける権利はその発生時から使用者等に帰属する旨規定されています（特許法35条第3項）。

● 3 相当の利益

その代わりに、従業者等は、契約、勤務規則（例えば、労働協約もしくは就業規則）その他の定めにより職務発明について使用者等に特許を受ける権利を取得させ、使用者等に特許権を承継させた場合等において、相当の金銭その他の経済上の利益（相当の利益）を受ける権利を有します（特許法35条第4項）。

ここで、「相当の利益」には、金銭以外の経済上の利益も含まれます。

（特許庁発行の「特許法第35条第6項の指針（ガイドライン）の位置づけと概要」から引用）

(1) 経済上の利益については、経済的価値を有すると評価できるものである必要があります（例えば、表彰状等のように相手方の名誉を表するだけのものは含まれない。）。

(2) 相当の利益の付与については、従業者等が職務発明をしたことを理由としていることが必要です。

(3) 金銭以外の相当の利益の付与としては、例えば、以下に掲げるものが考えられます。

（一）使用者等負担による留学の機会の付与

（二）ストックオプションの付与

（三）金銭的処遇の向上を伴う昇進又は昇格

（四）法令及び就業規則所定の日数・期間を超える有給休暇の付与

（五）職務発明に係る特許権についての専用実施権の設定又は通常実施権の許諾

● 4 相当の利益についての条件

契約、勤務規則その他の定めにおいて相当の利益について定める場合には、下記の (1) 協議、(2) 開示、(3) 意見の聴取を行い、その定めたところにより相当の利益

を与えることが不合理であると認められるものであつてはならないとされています（特許法35条第5項）。

　従業者等の数が比較的少ない中小企業等においては、事務効率や費用等の観点から、その企業規模に応じた方法で、協議、開示、意見の聴取といった手続をそれぞれ行うことが考えられます。なお、これらの手続を書面や電子メールで行うことも可能です。

(1) 相当の利益の内容を決定するための基準の策定に際して使用者等と従業者等との間で行われる協議の状況

　「協議」とは、基準を策定する場合において、その策定に関して、基準の適用対象となる職務発明をする従業者等又はその代表者と使用者等との間で行われる話合い（書面や電子メール等によるものを含む。）全般を意味します。

　この「協議」については、従業者等の代表者を選任してその代表者と協議する方法でもよいが、中小企業等の場合、事務効率等の観点から、例えば、従業者等を集めて説明会を開催する方法によることが考えられます。なお、社内イントラネットの掲示板や電子会議等を通じて集団的に話合いを行うことも「協議」に該当します。

　使用者等が従業者等と協議をする際、提示する資料及び情報としては、例えば、次に掲げるものが考えられます。

ア　使用者等の作成した基準案の内容

イ　研究開発に関連して行われる従業者等の処遇

ウ　研究開発に関連して使用者等が受けている利益の状況

エ　研究開発に関する使用者等の費用負担やリスクの状況

オ　研究開発の内容・環境の充実度や自由度

カ　公開されている同業他社の基準

---

(2) 策定された当該基準の開示の状況

　「開示」とは、策定された基準を当該基準が適用される各従業者等に対して提示することを意味します。

　この基準の「開示」については、イントラネットで公開しても良いが、中小企業等の場合、費用等の観点から、例えば、従業者等の見やすい場所に書面で掲示する方法によることが考えられます。

(3) 相当の利益の内容の決定について行われる従業者等からの意見の聴取の状況等

　「意見の聴取」とは、職務発明に係る相当の利益について定めた契約、勤務規則その他の定めに基づいて、具体的に特定の職務発明に係る相当の利益の内容を決定する場合に、その決定に関して、当該職務発明をした従業者等から、意見（質問や不服等を含む。）を聴くことを意味します。

　この「意見の聴取」については、発明者である従業者等から聴取した意見について審査を行う社内の異議申立制度が整備されていても良いが、中小企業等の場合、事務効率等の観点から、発明者である従業者等から意見を聴取した結果、使用者等と当該従業者等との間で相当の利益の内容の決定について見解の相違が生じた場合は、使用者等が個別に対応する方法によることが考えられます。

1

　なお、相当の利益についての定めがない場合又はその定めたところにより相当の利益を与えることが特許法35条第5項の規定により不合理であると認められる場合には、特許法35条第4項の規定により受けるべき相当の利益の内容は、その発明により使用者等が受けるべき利益の額、その発明に関連して使用者等が行う負担、貢献及び従業者等の処遇その他の事情を考慮して定めなければならないとされています（特許法35条第7項）。

　このように、契約、勤務規則、職務発明規定などにおいて、職務発明が原始的に法人帰属と規定しておけば、職務発明を原始的に法人帰属にすることができます。

　但し、職務発明について使用者等に特許を受ける権利を取得させ、使用者等に特許権を承継させた場合等において、その発明者に相当の利益を与えつつ、相当の利益策定について上記の3つの条件を満たすようにする必要があります。

対価の算定方式の例

　参考として、現時点で企業において採用されている対価の算定方式の例（概要）について特許庁から提供されている資料「（参考）規程例」（https://www.jpo.go.jp/resources/shingikai/sangyo-kouzou/shousai/tokkyo_shoi/document/seisakubukai-18-shiryou/paper03_5.pdf）に基づいて紹介します。この算定方式はあくまでも参考として例示しているものであり、方式の内容がこのようなものでなければならないとか、この方式を採用しなければならないとか、ここで例示されていない方式は採用してはいけないなどということは一切ありません。また、これらの方式を採用していれば、必ず不合理性が否定されるというものでもありません。

【1. 出願時に対価を支払う場合】

▼**例**（出願時に一括して対価を支払う場合）

> 会社が発明者に支払う対価は、その発明に基づく出願時の期待利益の○％とする。ただし、期待利益が○○円に満たないときは、利益が無いものとする。

【2. 登録時に対価を支払う場合】

▼**例1**（登録時に一括して対価を支払う場合）

> 会社が発明者に支払う対価は、その特許に基づく登録時の期待利益の○％とする。ただし、年間の利益が○○円に満たないときは、利益が無いものとする。

▼**例2**（出願時と登録時に対価を支払う場合）

> 会社が発明者に支払う対価の額は、次の各号に掲げるとおりとする。
> 一　出願時に○○円
> 二　登録時に○○円
> 三　登録時点において実施料収入のある場合は、別表1に定める額

別表1

	Aランク	Bランク	Cランク
登録時に支払う対価	○○万円に、実施料収入が○○万円を超える部分について、○○万円ごとに○○万円を加えた額	○○万円	○○万円
当該職務発明に関しての実施料収入	○○万円以上	○○万円以上○○万円未満	○○万円以上○○万円未満

職務発明規程及び契約書の例

　特許庁から提供されている職務発明規程及び契約書の書式例を基づいて説明します。

● 1　職務発明規程の例

　職務発明に係る権利の承継等及びその対価について定める「規程」（「職務発明取扱規程」または「職務発明報償規程」と呼ばれる）において規定されていることが多い

事項や規定されることが想定される事項について、参考としていただけるよう必要最小限の範囲で具体的な条項を特許庁の「中小企業向け職務発明規定ひな形」(https://www.jpo.go.jp/support/startup/document/index/10.pdf) をもとに例示します。

職務発明取扱規程 (案)

(目的)
第1条 この規程は、A株式会社 (以下「会社」という。) において役員又は従業員 (以下「従業者等」という。) が行った職務発明の取扱いについて、必要な事項を定めるものとする。

(定義)
第2条 この規程において「職務発明」とは、その性質上会社の業務範囲に属し、かつ、従業者等がこれをするに至った行為が当該従業者等の会社における現在又は過去の職務範囲に属する発明をいう。

(届出)
第3条 会社の業務範囲に属する発明を行った従業者等は、速やかに発明届を作成し、所属長を経由して会社に届け出なければならない。
2 前項の発明が二人以上の者によって共同でなされたものであるときは、前項の発明届を連名で作成するとともに、各発明者が当該発明の完成に寄与した程度 (寄与率) を記入するものとする。

(権利帰属)
第4条 職務発明については、その発明が完成した時に、会社が特許を受ける権利を取得する。

(権利の処分)
第5条 会社は、職務発明について特許を受ける権利を取得したときは、当該職務発明について特許出願を行い、若しくは行わず、又はその他処分する方法を決定する。
2 出願の有無、取下げ又は放棄、形態及び内容その他一切の職務発明の処分については、会社の判断するところによる。

(協力義務)
第6条 職務発明に関与した従業者等は、会社の行う特許出願その他特許を受けるために必要な措置に協力しなければならない。

> **（相当の利益）**
> 第7条 会社は、第4条の規定により職務発明について特許を受ける権利を取
> 　得したときは、発明者に対し次の各号に掲げる相当の利益を支払うものと
> する。ただし、発明者が複数あるときは、会社は、各発明者の寄与率に応じて
> 按分した金額を支払う。
> 一　出願時支払金　○円
> 二　登録時支払金　○円

　第7条第1項はあくまで一例であり、必ず出願時支払金や登録時支払金とい
う形で相当の利益を与えなければいけないということではありません。これ以
外の相当の利益の付与方法として、例えば、次のように規定して職務発明に係る
実施品の売上げやライセンス料収入に応じて、金銭を支払うこと（いわゆる実績
補償）も可能です。

▼例1：

> 会社は、利益発生時支払金として、職務発明に係る実施品の年間売上高の
> うち○％を当該職務発明の発明者に支払う。

▼例2：

> 会社は、職務発明に係る実施品の年間利益が○円を超えたときは、当該職
> 務発明の発明者に対し、○円を支払う。

　金銭以外の相当の利益として、海外留学の機会の付与、ストックオプション
の付与、特別有給休暇の付与等の措置を執ることも可能です。

> **（支払手続）**
> 第8条 前条に定める相当の利益は、出願時支払金については出願後速やかに
> 支払うものとし、登録時支払金については登録後速やかに支払うものとする。
>
> **（実用新案及び意匠への準用）**
> 第9条 この規程の規定は、従業者等のした考案又は意匠の創作であって、その
> 性質上会社の業務範囲に属し、かつ、従業者等がこれをするに至った行為が当
> 該従業者等の会社における現在又は過去の職務範囲に属するものに準用する。

（秘密保持）

第10条 職務発明に関与した従業者等は、職務発明に関して、その内容その他会社の利害に関係する事項について、当該事項が公知となるまでの間、秘密を守らなければならない。

2 前項の規定は、従業者等が会社を退職した後も適用する。

（適用）

第11条 この規程は、○○○○年○月○日以降に完成した発明に適用する

2 契約書の例

　職務発明が行われる頻度が少ない企業等においては、職務発明に係る権利の予約承継や対価を決定するための基準をあらかじめ定めることなく、職務発明が行われるたびに、権利の承継やその対価について使用者等と発明者である従業者等との間で契約を締結するという方法も考えられます。参考として、その場合に作成する契約書の例の概要について特許庁の「（参考）規程例」(https://www.jpo.go.jp/resources/shingikai/sangyo-kouzou/shousai/tokkyo_shoi/document/seisakubukai-18-shiryou/paper03_5.pdf) をもとに紹介します。

　これらの条項はあくまでも参考として例示しているものであり、条項の内容がこのようなものでなければならないとか、これらの条項を採用しなければならないとか、ここで例示されていない条項は採用してはいけないなどということは一切ありません。また、これらの条項を採用していれば、必ず不合理性が否定されるというものでもありません。

契約書（案）

○○株式会社（以下「甲」という。）と○○　○○（以下「乙」という。）は、本契約書別紙にその概略を掲げる発明（以下「本発明」という。）の特許取得について、次のとおり契約する。

第○条　乙は、本発明に基づく特許を受ける権利及び特許権（以下「本特許権」という。）を甲に譲渡する。

第○条　本特許権に係る出願、登録、維持に要する費用は、甲が負担する。

2　・・・・・・

▼例1

第○条　甲は、対価として○○円を乙に支払う。

▼例2

第○条　本特許権が登録された場合、甲は、その時点での期待利益に基づいて対価を算定し、これを乙に支払う。

▼例3

第○条　甲が本特許権の実施者から実施料を徴収した場合には、その○%を対価として乙に支払う。

▼例4

第○条　本特許権に基づいて利益が生じた場合、甲は、その○%を対価として乙に支払う。

第○条　乙は、甲から支払われた対価に異議があれば、異議の申立てを行うことができる。

第○条　…………

この契約を証するため、本契約書2通を作成し、甲、乙各1通を保管するものとする。

　　　　　　　　　　　　　　令和○年○月○日
　　　　　　　　　　　　　　甲　東京都○○区○○町○-○-○
　　　　　　　　　　　　　　　　○○株式会社
　　　　　　　　　　　　　　　　代表取締役社長　○○　○○
　　　　　　　　　　　　　　乙　○○県○○市○○町○-○-○
　　　　　　　　　　　　　　　　○○　○○

用語の解説

職務発明：企業の従業者等が、その職務上で行った発明。

16 意匠権を取るメリットとは？

意匠権って初めて聞いたのだけど、何なのかな？

物品の形状・模様・色彩のデザインの創作について付与される
独占権だよ！

意匠権とは

● 1 意匠制度

　意匠制度は、新規性と創作性があり、美感を起こさせる外観を有する物品の形状・模様・色彩のデザインの創作について、意匠権という独占権を与えるものです。意匠法で規定された産業財産権で、工業的なデザインを保護する権利です。

● 2 意匠権の効力

　意匠権者は、業として登録意匠及びこれに類似する意匠を実施する権利を独占することができる (意匠法23条)。特許権と比較すると、意匠権の効力が類似範囲まで及ぶことに特徴があります。また、商標権では類似範囲については他者を排除する権利 (禁止権) のみが認められ、自身が独占して使用できる権利 (専用権) は同一の範囲に限定されますが、意匠権では専用権も類似範囲にまで及びます。

　意匠権者には特許権者と同様の権利が認められており、意匠権者は、意匠権を侵害するものに対して侵害の差止や予防を請求することができます (意匠法37条1項)。また、その際に、侵害の行為を組成した物の廃棄、侵害の行為に供した設備の除却その他の侵害の予防に必要な行為を請求することができます (意匠法37条2項)。更に、民法の規定によって不法行為による損害賠償 (民法709条) や不当利得の返還 (民法703条) を請求することもできます。

意匠の登録要件

　意匠を登録するためには、特許庁に出願し、以下に示す要件を満たしているかどうか審査を受ける必要があります。なお、出願すればすべてが審査されるので審査請求は不要です。

●1　工業上利用性

　工業上利用することができる意匠であること（意匠法3条1項柱書）。工業上利用性を有するためには、量産可能なものである必要があります。工業上利用性のない美術品のデザインは、原則著作物にあたり、著作権では保護されるものの、意匠権では保護されません。

●2　新規性

　登録を受けようとする意匠は、その出願前に知られていない新規なものである必要があります。公知となっている意匠、刊行物に記載された意匠、およびこれらに類似する意匠は、新規性がないものとして意匠登録を受けることができません（意匠法3条1項各号）。

●3　創作非容易性

　創作非容易性を有することが必要です（意匠法3条2項）。既に知られた形状や模様、色彩又はこれらの結合や、寄せ集め、構成比率の変更又は連続する単位の数の増減等によって、容易に意匠の創作ができたと考えられる場合には、意匠登録を受けられません。

●4　先願意匠の一部と同一・類似の意匠でないこと

　先願の意匠の一部がそのまま後願意匠として登録出願されたとき、後願意匠が新しい意匠の創作とはいえないことから、意匠登録を受けることができない（意匠法3条の2）。

●5　公序良俗違反でないもの

　元首の像、国旗や皇室の紋章などのように、すでに知られたもの、人の道徳観を不当に刺激し、羞恥、嫌悪の念をおこさせるものは、意匠登録を受けることができない（意匠法5条1号）。

● 6　他人の業務にかかる物品と混同しないこと

他人の業務にかかる物品と混同を生じるものは、意匠登録を受けることができません（意匠法5条2号）。

● 7　物品の機能を確保するために不可欠な形状のみからならないもの

コネクタ端子のピンの形状など、物品の機能を確保するために不可欠な形状のみからなるものは意匠登録を受けることができません（5条3号）。そのような意匠の登録を認めることは、デザインではなく機能そのものを保護することとなり、意匠法の趣旨に反するからです。

● 8　最先の出願であること

同一または類似の意匠について、二人以上の者が出願をしたときには、先に出願した者のみが意匠登録を受けることができます（先願主義、意匠法9条1項）。同一または類似の意匠について同日に複数の出願があったときは、出願人に対して協議命令が出され（意匠法9条5項）、協議によって定めた一人のみが意匠登録を受けることができます（意匠法9条2項前段）。協議できない場合や協議がまとまらないときには、いずれの出願人も意匠登録を受けることができません（意匠法9条2項後段）。

● 9　1つの意匠につき1つの出願とすること

複数の意匠をまとめて1つの出願とすることはできず、1つの意匠ごとに1つの出願としなければなりません（意匠法7条）。なお、意匠法改正により、複数の意匠の一括出願が認められることになります。この施行日は、公布日（2019年5月17日）から起算して1年を超えない範囲内において政令で定める日とされていますが、2019年9月8日時点において未定です。なお、**組物**の意匠の場合も、複数の物品で1つの意匠である必要があります（意匠法8条）。

意匠権を取るメリット

● 1　他社の模倣を排除～参入障壁の構築～

意匠権を取得すれば、その意匠と同一または類似に記載された範囲において、登録日から20年間（なお、意匠法改正により、意匠権の存続期間が「登録日から20年」

から「出願日から25年」に変更されます）、独占的に実施する権利が得られます。この独占的な実施を保証するために、その意匠と同一または類似の範囲で実施する侵害者の行為を差し止めることができます。また、直近3年間の意匠権を侵害した行為に起因する損害について損害賠償ができ、直近10年間で意匠権を侵害した行為に起因する不当利得について返還請求を行うことができます。

　このように、意匠権は非常に強い権利であるので、仮に競合他社が、ある会社の登録意匠を真似することによって、その会社の意匠権の侵害になる場合に、原理的に真似した製品またはサービスが差し止められて実施できなくなり、過去の実施分について損害賠償金または不当利得返還請求に係る金銭を請求されることになります。

　よって、意匠権を取ることによって、競合他社によるその後の模倣を予防することができ、競合他社が同一または類似のデザインの製品を販売できなくなるというメリットがあります。よって、独自のデザインの製品については、その製品のリリース前に、意匠出願をすることをお勧めします。

● 2　宣伝・広告効果のアップ

　製品のリリース時に、意匠権取得も一緒に発表すると、そのデザインに独自性があり新規であることについて意匠権という裏付けが付くことによって、広告・宣伝効果が高まります。

● 3　資金調達に有利

ベンチャーキャピタルなどの投資家からの出資に有利

　ベンチャーキャピタルなどの投資家から資金を提供するか否かの判断基準の1つに、その製品は、本当に自社独自のデザインなのか（言い換えれば、他社が類似のデザインで商品を提供していないのか）ということがあります。それに対して、意匠権を取っていれば、その製品が新規で独自性があるからこそ意匠権が取れているのであり、意匠権が取れていることが独自のデザインであることの証明になります。

　ベンチャーキャピタルなどの投資家から資金を提供するか否かの判断基準の別の判断基準として、他社（特に大手企業）が追従して、類似のデザインの製品を展開しないかどうかということがあります。他社（特に大手企業）が簡単に模倣できてしまうと、価格競争に陥り、資金に余裕がないベンチャー・中小企業は、勝ち残ることができません。その点、意匠権を取得できているのであれば、意匠権が参入障壁として働きますので、意匠権で有効にデザインの模倣を排除できるように意匠権を取得で

きれば、模倣されることを未然に防止することができます。

このように、ベンチャーキャピタルなどの投資家から資金を調達するときに、有利に働きます。

● 4　事業譲渡のときに評価向上

意匠権を取得していればそのデザインを独占でき、利益が上がっている製品であれば、その利益の独占構造を維持することができるので、事業譲渡のときの評価が向上する可能性があります。

用語の解説

組物：同時に使用される二以上の物品であつて経済産業省令で定めるもの。上記の「経済産業省令で定める組物」は、意匠法施行規則8条および意匠法施行規則別表第2で定められており、「一組の洗面化粧台セット」「一組のオーディオ機器セット」「一組の自動車用フロアマットセット」など56種類あります。

令和元年意匠法改正の ポイントとは？

令和元年に意匠法が改正されたって聞いたけどそのポイントって何かな？

意匠権の保護対象の画像、建築、内装への拡充、意匠権の存続期間の延長と意匠登録出願手続の簡素化、関連意匠制度の拡充がポイントだよ！

意匠権の保護対象の画像、建築、内装への拡充

改正前においては、意匠法の保護対象は「物品」にか限られており、物品に記録・表示されていない画像（例えば、クラウドに保存されて端末に表示される画像や壁や道路に投影される画像）や建築物は保護対象ではありませんでした。一方、改正後においては、物品から独立した画像そのものも保護対象になりました。これにより、例えばクラウドに保存されて端末に表示される画像や壁や道路に投影される画像も保護対象になりました。また改正後においては、建築物のデザインも保護対象になりました（図1）。

▼図1　意匠権の保護対象の画像・建築物への拡充

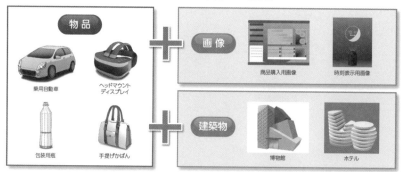

出典：特許庁「令和元年意匠法改正特設サイト」（https://www.jpo.go.jp/system/design/gaiyo/seidogaiyo/isyou_kaisei_2019.html）から抜粋

「物品から独立した画像そのもの」は、当該画像を表示させるためのデータがいずれにインストールされているか、画像がどのようなものに表示されるかについては問われません。但し、「物品から独立した画像そのもの」についても、「機器の操作の用に供されるもの」又は「機器がその機能を発揮した結果として表示されるもの」であることが必要です。

　「機器の操作の用に供される画像」は、例えば次のようなウェブサイトに表示される「商品購入用画像」やスマートフォン等に表示される「アイコン用画像」が該当します（図2）。

▼**図2　機器の操作の用に供される画像の例**

「商品購入用画像」　　　　アイコン用画像
（ウェブサイトの画像）　（※操作ボタンを兼ねる場合）

出典：特許庁「改訂意匠審査基準の概要」（https://www.jpo.go.jp/system/design/gaiyo/
seidogaiyo/document/isyou_kaisei_2019/gaiyo.pdf）から抜粋

　一方、「機器がその機能を発揮した結果として表示される画像」には、例えば次のような「医療用測定結果表示画像」やプロジェクト等で投影された「時刻表示画像」が該当します（図3）。

▼**図3　機器がその機能を発揮した結果として表示される画像の例**

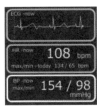 

医療用測定結果表示画像　　　時刻表示画像
　　　　　　　　　　　　　（※投影された画像）

出典：特許庁「改訂意匠審査基準の概要」（https://www.jpo.go.jp/system/design/gaiyo/
seidogaiyo/document/isyou_kaisei_2019/gaiyo.pdf）から抜粋

なお、コンテンツ画像（例えばテレビ番組の画像、映画、ゲームソフトを作動させることにより表示されるゲームの画像、風景写真など、画像又は映像の内容自体を表現の中心として創作される画像又は映像（スマートフォンのカメラ機能等を使って撮像した対象物等の画像又は映像を含む））は、機器の操作の用に供される画像とも物品等の機能を発揮した結果として表示される画像とも認められず、意匠登録ができません。

また、複数の物品、壁、床、天井等から構成される「内装」のデザインについても、一意匠として登録可能になりました（図4）。

▼図4　意匠権の保護対象の内装への拡充

出典：特許庁「令和元年意匠法改正特設サイト」(https://www.jpo.go.jp/system/design/gaiyo/seidogaiyo/isyou_kaisei_2019.html) から抜粋

意匠権の存続期間の延長と意匠登録出願手続の簡素化

●1　意匠権の存続期間の延長

改正前において、意匠権の満了日が、「登録日から20年経過した日」から、改正により、「出願日から25年経過した日」に変更されることにより、存続期間が延長されました。特許の満了日が「出願日から20年経過した日」であることに鑑みると、意匠権の方が特許権よりも最長の存続期間が5年長くなります。このように意匠権の存続期間が長くなることにより、意匠権の対象となる意匠の使用をより長く独占することができます。

●2　意匠登録出願手続の簡素化

(1) 複数意匠一括出願手続の導入

改正前においては、意匠登録出願ごとに願書を作成する必要がありました。改正後においては、願書一通により複数の意匠登録出願をまとめて出願することができるようになり、複数の意匠出願をする際の手続きが簡素化されました（図5）。但し、1意匠ごとに1つの意匠権が発生するという原則は維持されます。

▼図5 複数意匠一括出願手続の導入

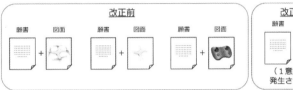
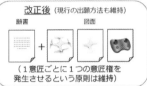

出典：特許庁「令和元年意匠法改正特設サイト」(https://www.jpo.go.jp/system/design/gaiyo/seidogaiyo/isyou_kaisei_2019.html) から抜粋

(2) 物品の区分を廃止し、物品の名称の柔軟化

改正前においては、意匠の「物品の区分」が、経済産業省令で定められていました。一方、改正後においては、その「物品の区分」を廃止し、意匠審査基準において、意匠の物品等の用途および機能の明確性の判断基準が明記されました。

また、これまでの「意匠に係る物品の区分表」に代わるものとして、【意匠に係る物品】の欄の記載の具体例を掲げた表「意匠に係る物品等の例」が作成されたので、出願の際にはこの表を参考にするとよいでしょう。

「意匠に係る物品」の記載のみでは意匠を特定することができない場合でも、図面等を総合的に判断して、意匠の物品等の用途および機能が明確に認定できる場合には、意匠の物品等の明確性は問題ないと判断されます（図6）。一方、「意匠に係る物品」が不明確であり図面等を総合的に判断しても意匠の物品等の用途および機能が明確に認定できない場合には、意匠の物品等の明確性に問題があると判断される（図7）。

ア　意匠に係る物品等の用途及び機能が明確なものの例

▼図6　意匠に係る物品等の用途及び機能が明確なものの例

意匠に係る物品　　「履きもの」
意匠に係る物品の説明（記載なし）

【斜視図】

本事例では、「意匠に係る物品」の欄の記載と、図面の記載において相互に矛盾が生じておらず、これらの各記載を総合すると、この意匠の意匠に係る物品等の用途及び機能を明確に認定することが可能である。

出典：特許庁「改訂意匠審査基準の概要」(https://www.jpo.go.jp/system/design/gaiyo/seidogaiyo/document/isyou_kaisei_2019/gaiyo.pdf) から抜粋

イ　意匠に係る物品等の用途及び機能が不明確なものの例

▼図7　意匠に係る物品等の用途及び機能が不明確なものの例

意匠に係る物品　　　「支持フレーム」
意匠に係る物品の説明　（記載なし）

【斜視図】

本事例では、「意匠に係る物品」の欄の記載が不明確であり、図面の記載を考慮しても、どのような目的で何を支持するものであるか等、用途及び機能が明らかでなく、この意匠の意匠に係る物品等の用途及び機能を明確に認定することができない。

出典：特許庁「改訂意匠審査基準の概要」（https://www.jpo.go.jp/system/design/gaiyo/
seidogaiyo/document/isyou_kaisei_2019/gaiyo.pdf）から抜粋

関連意匠制度の拡充

　意匠の創作においては、一のコンセプトから多くのバリエーションの意匠が継続的に創作されるという実態があります。関連意匠制度は、このように創作された一群の意匠について、同一出願人から出願された場合に限り、同等の価値を有するものとして保護し、各々の意匠について登録することを可能とする制度です。意匠権は業として意匠の実施を専有することができる権利であることから、重複した権利が別々に行使可能となると、権利者自身も意匠権の権利範囲が重複する他者の権利により業として意匠を実施することができなくなる可能性があります。そこで、このような事態が生じないよう、類似の意匠について先に出願した者が意匠権を取得でき、後に出願した者は意匠権を取得できない規定（先願の規定：意匠法第9条）が定められています。一方、意匠法第10条の規定する関連意匠制度は、この先願の規定の例外として、登録のための要件と、権利に対する制限を課すことにより、重複した権利による弊害を排除しつつ、同一出願人に一部の権利範囲が互いに重複した複数の意匠権の登録を認めるものです。

　改正前においては、関連意匠の出願可能期間が本意匠の意匠公報発行前まで（本意匠の出願から8か月程度）でしたが、改正後においては、「本意匠の出願日から10年を経過する日前まで」となりました。但し、関連意匠の意匠権の満了日は、本意匠

の満了日と同じく「本意匠の出願日から25年経過した日」になります（図8）。

▼図8　関連意匠の出願可能時期と存続期間

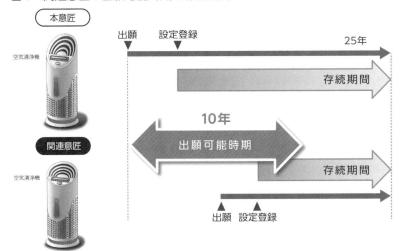

出典：特許庁「令和元年意匠法改正特設サイト」（https://www.jpo.go.jp/system/design/gaiyo/
seidogaiyo/isyou_kaisei_2019.html）「イノベーション・ブランド構築に資する意匠法改正」から抜粋

　また、改正前においては、関連意匠にのみ類似する意匠は登録できませんでしたが
改正後は関連意匠にのみ類似する関連意匠の登録ができるようになりました（図9）。

▼図9　登録可能になった「関連意匠を本意匠とする関連意匠」の例

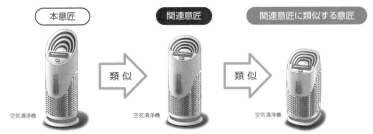

出典：特許庁「令和元年意匠法改正特設サイト」（https://www.jpo.go.jp/system/design/gaiyo/
seidogaiyo/isyou_kaisei_2019.html）「イノベーション・ブランド構築に資する意匠法改正」から抜粋

　なお、空気清浄機の画像は説明用に作成されたものであり、意匠が実際に登録さ
れるためには、意匠法に規定された登録要件（新規性、創作非容易性）を満たす必要
があります。

18 商標権を取らないと、どのようなリスクがあるの？

商標権、取ろうかどうか悩んでいるんだけど、取らないとまずいのかな？

商標権は、取らないとその商標が使えなくなるリスクがあるよ！

商標権とは

● 1　商標とは

　商標と似ているものに商号があります。商号は、個人事業主や会社が営業を行う際に自己を表示するために使用する名称 (例えば、会社名) です。一方、商標は、事業者が、自己 (自社) の取り扱う商品・サービスを他人 (他社) のものと区別するために使用する識別標識 (マーク) です。

　私たちは、商品を購入したりサービスを利用したりするとき、企業のマークや商品・サービスのネーミングである「商標」を1つの目印として選んでいます。そして、事業者が営業努力によって商品やサービスに対する消費者の信用を積み重ねることにより、商標に「信頼がおける」、「安心して買える」といったブランドイメージがついていきます。このように商標は、商品やサービスの顔として重要な役割を担っています。

　このような、商品やサービスに付ける「マーク」や「ネーミング」を財産として守るのが「商標権」という知的財産権です。

　商標には、文字だけの文字商標、図形だけの図形商標、文字と図形を結合させた結合商標、立体的形状の立体商標やこれらを組み合わせたものなどのタイプがあります (画面1)。

文字商標	三菱	TOYOTA
図形商標		
結合商標	STARBUCKS COFFEE	ISETAN
立体商標		

「三菱」は三菱商事（株）の登録商標、「TOYOTA」はトヨタ自動車（株）の登録商標です。
図形商標の左側は三菱鉛筆（株）の登録商標（商標登録第18865号より引用）、右側はアップル　イン　コーポレイテッドの登録商標（商標登録第2173459号より引用です）。
結合商標の左側は、スターバックス・コーポレイションの登録商標（商標登録第4068031号より引用）、右側は（株）三越伊勢丹の登録商標（商標登第3187980号より引用）です。
立体商標の左側は、（株）不二家の登録商標（商標登録第4157614号より引用）、立体商標の右側は、（株）ヤクルト本社の登録商標（商標登録第5384525号より引用）です。

　また、平成27年4月から、動き商標、ホログラム商標、色彩のみからなる商標、音商標及び位置商標についても、商標登録ができるようになりました。
　商標権を取得するためには、特許庁へ商標を出願して商標登録を受けることが必要です。商標登録を受けないまま商標を使用している場合、先に他社が同じような商標の登録を受けていれば、その他社の商標権の侵害にあたる可能性があります。また、商標を先に使用していたとしても、その商標が、自社の商品やサービスを表すものとして需要者に広く知られているといった事情がなければ、商標権の侵害にあたる可能性がありますので注意が必要です。

●2　商品・役務について

　商標権は、マークと、そのマークを使用する商品・サービスの組合せで1つの権利となっています。
　商標登録出願を行う際には、「商標登録を受けようとする商標」とともに、その商標を使用する「商品」又は「サービス」を指定し、商標登録願に記載することになります。
　商標法では、サービスのことを「役務（えきむ）」といい、指定した商品を「指定商

品」、指定した役務を「指定役務」といいます。この指定商品・指定役務によって、権利の範囲が決まります。

　また、指定商品・指定役務を記載する際には、あわせて「区分」も記載する必要があります。「区分」とは、商品・役務を一定の基準によってカテゴリー分けしたもので、第1類〜第45類まであります。

　指定商品・指定役務の記載、商品及び役務の区分についての詳細は、特許庁のWEBページ（https://www.jpo.go.jp/system/laws/rule/guideline/trademark/ruiji_kijun/ruiji_kijun11-2021.html）の類似商品・役務審査基準を参照ください。また、個別の商品・役務の区分を調べたい場合は、特許情報プラットフォーム（J-PlatPat）の商品・役務名リストで検索することができます。

商標権を取得するには

● 1　商標登録出願

　商標登録を受けるためには、特許庁に出願をすることが必要です。

　日本では、同一又は類似の商標の出願があった場合、その商標を先に使用していたか否かにかかわらず、先に出願した者に登録を認める先願主義という考え方を採用しています。すなわち、出願が早い者勝ちという制度です。但し、商標出願時点において、周知な他者の商標を登録することはできません。

● 2　審査

　商標登録出願がなされると、特許庁では、出願された商標が登録することができるものかどうかを審査します。登録することができない商標は、例えば次のようなものです。

ア　自己の商品・役務と、他人の商品・役務とを区別することができないもの

　　例えば、単に商品の産地、販売地、品質のみを表示する商標は登録することができません。商品「野菜」について、その箱に「北海道」という文字が記載されていても、消費者は、「北海道」の文字は「北海道産」の商品であることを表したものと認識してしまい、誰の商品かを区別することができません。したがって、このような表示は、商標登録することはできません。

イ　公益に反する商標

　例えば、国旗と同一又は類似の商標や公序良俗を害するおそれがある商標（きょう激・卑わいな文字・図形、人種差別用語等）は、登録することができません。また、商品・役務の内容について誤認を生じるおそれがある商標（商品「ビール」に「○○ウィスキー」という商標）は登録することができません。

ウ　他人の登録商標と紛らわしい商標

　他人の登録商標と同一又は類似の商標であって、商標を使用する商品・役務が同一又は類似であるものは登録することができません。

　他人の商標と紛らわしいかどうかは、商標同士の類否と、商品・役務同士の類否の両方をみて判断します。すなわち、同一または類似の商品・役務であって、同一または類似の商標の場合には、他人の商標と紛らわしい商標となり、登録することができません。

　商標の類否判断にあたっては、「商標審査基準」に従って、基本的に商標の外観（見た目）、称呼（呼び方）、観念（意味合い）のそれぞれの要素を総合的に判断します。また、商品・役務の類否判断は、原則として「類似商品・役務審査基準」に従って判断されます。

　特許庁のホームページ（https://www.jpo.go.jp/system/trademark/gaiyo/seidogaiyo/chizai08.html）に記載されたモデル事例を用いて、商標の類比判断について説明します。モデルケースとして、「テルライト」（指定商品「デジタルカメラ」）という登録商標を既に持っている他人がいた場合において、商標「テレライト」（指定商品「ビデオカメラ」）を出願した場合を考えてみましょう。この場合、指定商品「デジタルカメラ」と「ビデオカメラ」とはカメラという観点から、商品が類似しており、商標については、外観、称呼が類似しているため、総合的にみて商標が類似していると判断される可能性が高いです。よって、商標「テレライト」（指定商品「ビデオカメラ」）については、既に類似商品で類似商標について他人が登録しているので、登録できないという判断される可能性が高いです。

● 3　商標権の効力

　審査の結果、登録査定となった場合は、その後、一定期間内に登録料を納付すると、商標登録原簿に設定の登録がなされ、商標権が発生します。

　商標権は、日本全国に効力が及ぶ権利です（外国には及びませんので、外国で事業を行う場合は、その国での権利を取得することが必要です）。商標権を侵害する者に対しては、侵害行為の差し止め、損害賠償等を請求できます。

　商標登録がなされると、権利者は、以下の2つの権利を保有します。

・専用権：自己が安全に使用できる権利
　自分の登録商標を、指定商品・役務の範囲で、同一の商標の使用を独占的に使用する権利
・禁止権：他者の使用を排除できる権利
　他人が登録商標の指定商品・役務と同一・類似の商品・役務について、同一・類似の商標の使用を禁止する権利

▼表1　専用権と禁止権の範囲

		商品・役務（サービス）		
		同一	類似	非類似
商標 （マーク）	同一	専用権	禁止権	×
	類似	禁止権	禁止権	×
	非類似	×	×	×

　商標が同一もしくは類似であっても、商品・役務が非類似であれば、両方の商標が登録されます。例えば図1の場合では、商標「APPLE」と商標「アップル」は称呼・観念が共通するので、商標が類似しますが、それぞれの指定役務「スマートフォンの販売」と「自動車の販売」では、役務が類似していないので、両方とも登録可能性があります。その場合、次の図1のように、禁止権の範囲が重複しない場合には、商標「APPLE」で指定役務が「スマートフォンの販売」の商標権者A社は、商標「アップル」を自動車販売で使用するB社に対して権利行使できません。逆に商標「アップル」で指定役務が「自動車販売」の商標権者B社は、商標APPLEをスマートフォンの販売で使用するA社に対して権利行使できません。なお、禁止権の範囲が重複する場合もあり得ます。

▼図1 商標が類似でも商品・役務が非類似であり、禁止権の範囲が重複しない場合の例

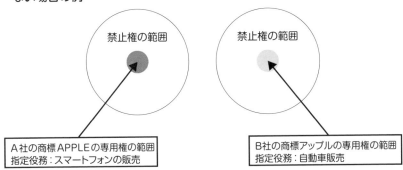

　今度は、商品・役務が同一もしくは類似であっても、商標が非類似であれば、両方の商標が登録されます。その場合、次の図2のように、禁止権の範囲が重複する場合があります。この場合、商標「nelSONYarn」については、両方の商標権の禁止権の範囲に入るので、Ｃ社もしくはＤ社が「スマートフォンの販売」で使用した場合、相手の商標権の侵害になるので使用できません。このように、禁止権の範囲については、あくまでも他者を排除できるだけであり、自身が安全に使用できるとは限らない点に注意しましょう。

▼図2 商標が非類似でも禁止権の範囲が重複する例

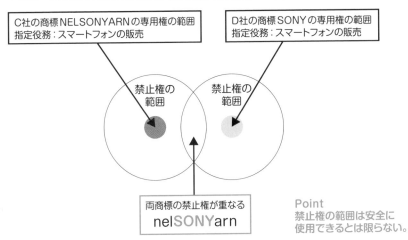

4　商標権の存続期間と更新

　商標権の存続期間は、設定登録の日から10年で終了します。

　ただし、商標は、事業者の営業活動によって蓄積された信用を保護することを目的としていますので、存続期間の更新登録の申請によって10年の存続期間を何度でも更新することができます。このように、商標権は、半永続的な権利であり、一度取得してしまえば、無効にならない限り、永久に持ち続けることができます。

商標の実務的なポイント

　商標権を取得しないまま商標を使用している場合、先に他社が同一または類似の商品・役務について同一または類似の商標の登録を受けてしまうと、その他社の商標権の侵害にあたるので、その商標を使い続けることができなくなります。

　よって、その商標を使用する場合には、使用を開始する前に商標登録出願を済ませることが重要となります。また、商標登録出願の前に、その商標の使用が他人の商標権の侵害にならないか、及び登録可能性があるかを調べておくことをお勧めします。せっかく出願しても他人の商標権の侵害になってしまっては、その商標を使用すると他人の権利の侵害になるばかりか、登録可能性がないまま出願してしまうことになるので、コスト及び時間の無駄になるからです。

用語の解説

類似商品・役務審査基準：特許庁の審査において互いに類似すると推定する商品・役務を定めたもので、互いに類似する商品・役務のグループ毎にコード（類似群コード）を付与しています。

19 商標で商品・役務が類似しているかどうかはどうやって調べるの？

商品・役務が類似しているかどうかってどうやって調べるのかな？

類似商品・役務審査基準を調べれば良いよ！

商品・役務が類似しているかどうかの重要性

　出願された商標が、他人の登録商標と同一又は類似の商標であって、かつ、出願に係る指定商品又は指定役務がその登録商標の指定商品又は指定役務と同一又は類似のものである場合は、商標登録を受けることはできません（商標法第4条第1項第11号）。また自社が、他人の登録商標と同一又は類似の商標を、その登録商標の指定商品又は指定役務と同一または類似の商品又は役務に使用した場合、その登録商標の商標権の侵害になりますので、そのような事態にならないように、事前に調査する必要があります。

　この調査では、出願または使用しようとしている商標が、他人の登録商標と同一又は類似である（または類似の可能性がある）場合には、その登録商標と商品・役務が同一であるか否か判断する必要があります。その場合には、商品・役務が類似しているかどうかが重要になるのです。

商品又は役務の類否判断について

　特許庁が公表している商標審査基準（改訂第13版）には、商標法第4条第1項第11号（先願に係る他人の登録商標）において、商品又は役務の類否判断について、次のように記載されています。

商品又は役務の類否は、商品又は役務が通常同一営業主により製造・販売又は提供されている等の事情により、出願商標及び引用商標に係る指定商品又は指定役務に同一又は類似の商標を使用するときは、同一営業主の製造・販売又は提供に係る商品又は役務と誤認されるおそれがあると認められる関係にあるかにより判断する。

(1) 商品の類否について
商品の類否を判断するに際しては、例えば、次の基準を総合的に考慮するものとする。この場合には、原則として、類似商品・役務審査基準によるものとする。

① 生産部門が一致するかどうか
② 販売部門が一致するかどうか
③ 原材料及び品質が一致するかどうか
④ 用途が一致するかどうか
⑤ 需要者の範囲が一致するかどうか
⑥ 完成品と部品との関係にあるかどうか

(2) 役務の類否について
役務の類否を判断するに際しては、例えば、次の基準を総合的に考慮するものとする。この場合には、原則として、類似商品・役務審査基準によるものとする。

①提供の手段、目的又は場所が一致するかどうか
②提供に関連する物品が一致するかどうか
③需要者の範囲が一致するかどうか
④業種が同じかどうか
④当該役務に関する業務や事業者を規制する法律が同じかどうか
⑤同一の事業者が提供するものであるかどうか

(3) 商品役務間の類否について
商品と役務の類否を判断するに際しては、例えば、次の基準を総合的に考慮した上で、個別具体的に判断するものとする。この場合には、原則として、類似商品・役務審査基準によるものとする。

①商品の製造・販売と役務の提供が同一事業者によって行われているのが一般的であるかどうか

②商品と役務の用途が一致するかどうか

③商品の販売場所と役務の提供場所が一致するかどうか

④需要者の範囲が一致するかどうか

類似商品・役務審査基準

　このように、商品同士の類比、役務同士の類比、及び商品役務間の類否は、原則として、類似商品・役務審査基準に基づいて判断されます。この類似商品・役務審査基準は、互いに類似すると推定される商品及び役務をグルーピング化したもので、同じグループの商品又は役務には、数字とアルファベッドの組合せからなる共通のコードである類似群コードが付され、同じ類似群コードが付された商品及び役務については、審査において類似と推定されます。

　例えば、第16類に属する「文房具類」には類似群コード「25B01」が付与されており、「鉛筆」「シャープペンシル」「ボールペン」、「消しゴム」、「筆箱」いずれも類似群コードは「25B01」で互いに類似すると推定して審査が行われます。また同じ第16類でも、「印刷物」には類似群コード「26A01」が付与されており（例えば、「雑誌」「書籍」「パンフレット」の類似群コードはいずれも「26A01」）で、「文房具類」とは非類似の商品と推定されます。なお、商品・役務の「区分」は類似関係を定めたものではありません。

用語の解説

類似群コード：互いに類似する商品・役務のグループ毎に付与されたコード。

20 著作権で保護される対象は？

著作権で保護される対象がよく分からないな～

知的創造物の成果を守る権利だよ

著作権とは

　著作権は、最も広い意味でとらえると、著作者の有する権利（著作財産権、著作者人格権、著作者隣接権）をいうと考えられます（図1）。

▼図1　著作権の概念図

　このうち広義の著作権は著作財産権と著作者人格権をいいます。著作者は、著作物を通して表現されている著作者の人格を守るための著作者人格権を持ち、同時に、財産権として、著作権者が著作物の利用を許可してその使用料を受け取ることができる権利である著作財産権を持ちます。また、著作権は狭義には著作財産権のみをいいます。

　著作権は知的創作活動の成果（知的創造物）を保護する権利で、特許権など産業財

産権とともに知的財産権（知的所有権）の一種です。ただし、特許権が産業の発達を目的とする技術的思想を保護の対象とする権利なのに対し、著作権は文化の発展を目的とする表現を保護の対象とする権利です。特許権などの産業財産権では登録により権利が発生する審査登録主義がとられているのに対し、著作権は多くの国において創作した時点で権利が発生する無方式主義がとられています。

● 1　著作財産権

　著作者に対して発生し帰属する財産権であり、著作物を独占的・排他的に利用する権利です。特許権は「絶対的」権利ですが、著作権はあくまで「相対的」権利なので、自分の著作物に「依拠して」複製等した相手に対してのみ権利を主張できるに過ぎません。著作者は、著作権（財産権）を、他人に干渉されることなく、利用する権利を持ちます。例えば、小説の著作者（作者）は、他人に干渉されることなく出版、映画化、翻訳する事ができます。

　著作権法は、著作権の内容について、著作物の利用方法によって、次のように、さまざまな権利をきめ細かく定めています。著作権法に定められている方法で著作物を利用する場合は、利用する前に著作権者の許可をもらうことが原則必要です。

（1）複製権
　印刷、写真、コピー機による複写、録音、録画などあらゆる方法で「物に複製する」権利で、著作権の中で最も基本的な権利です。このことは、著作権制度は、もともとコピー（Copy）に関する権利（Right）から始まったことからもわかります。

（2）上演権・演奏権
　音楽の演奏会や演劇の上演のように、多くの人に著作物を直接聴かせたり、見せたりする権利です。演奏を収録したCDなどを多くの人に聞かせることも含まれます。

（3）上映権
　フィルムやDVDなどに収録されている映画、写真、絵画などの著作物を、多くの人に見せるためにスクリーンやディスプレイ画面で上映する権利です。

（4）公衆送信権
　送信可能化権とも呼ばれます。テレビ・ラジオ・有線放送、インターネット

によって情報を発信する権利です。ホームページに著作物をのせて、だれかからアクセスがあれば、いつでも情報を発信できる状態にすることも「送信可能化権」として、この権利に含まれます。

(5) 公の伝達権

テレビ・有線放送された著作物をテレビなどによって、多くの人に見せたり聞かせたりする権利です。

(6) 口述権

小説や詩などの言語の著作物を朗読などの方法で多くの人に伝える権利です。

(7) 展示権

美術の著作物および写真の著作物（未発行のもの）を多くの人に見せるために展示する権利です。

(8) 頒布権

劇場用映画のように、上映して多くの人に見せることを目的として作られた映画の著作物を販売したり貸したりする権利です。

(9) 譲渡権

映画以外の著作物またはその複製物を多くの人に販売などの方法で提供する権利です。

(10) 貸与権

CD・DVDなど、著作物の複製物を多くの人に貸し出しする権利です。

(11) 翻訳権・翻案権など

著作物を翻訳、編曲、変形、脚色、映画化などの方法で二次的著作物を作る権利です。

(12) 二次的著作物の利用権

自分の著作物（原作）から創られた二次的著作物を利用することについて、原作者が持つ権利です。

● 2　著作者人格権

著作物は、その著作者の考えや気持ちを表現したものですから、著作物をとおして表現された著作者の人格をまもるため、著作者人格権が定められています。著作財産権は、他の人に譲り渡すことができますが、この著作者人格権は、作品を作った人自身の人格を保護するという目的がありますので、譲ることができません。した

がって、たとえ著作者が著作財産権を譲ったとしても、著作者人格権は、著作者が持ち続けることになります。

　著作者人格権には、次のような権利があります。

(1) 公表権
　作者が著作物を公表するかどうか、公表する場合どのような方法で公表するかをきめる権利です。
(2) 氏名表示権
　著作者が自分の著作物にその氏名を表示するかどうか、表示する場合、本名にするか、ペンネームにするかをきめる権利です。
(3) 同一性保持権
　著作者が自分の著作物のタイトルや内容を、ほかの誰かに勝手に変えられない権利です。

　このほか、著作者の名誉や社会的な評価を傷つけるような方法で著作物を利用すると、著作者人格権を侵害したものとみなされることがあるので、利用するときは、注意が必要です。
　著作者人格権の保護期間は、著作者の生存中ときめられています。しかし、たとえ著作者が亡くなった後でも、著作者人格権を侵害するような行為をしてはならないということも定められています。

● 3　著作者隣接権

　著作隣接権は、著作物の創作者ではありませんが、著作物の伝達に重要な役割を果たしている実演家、レコード製作者、放送事業者、有線放送事業者に認められた権利です（著作権法第90条の2〜第100条の5）。

(1) 実演家の権利
　実演家は、俳優、舞踊家、歌手、演奏家、指揮者、演出家など実演を行う者です。アクロバットや奇術を演じる人も含みます。

氏名表示権	実演家名を表示するかしないかを決めることができる権利
同一性保持権	実演家の名誉・声望を害するおそれのある改変をさせない権利
録音権・録画権	自分の実演を録音・録画する権利
放送権・有線放送権	自分の実演を放送・有線放送する権利
送信可能化権	インターネットのホームページなどを用いて、公衆からの求めに応じて自動的に送信できるようにする権利
商業用レコードの二次使用料を受ける権利	商業用レコード（市販用のCDなどのこと）が放送や有線放送で使用された場合の使用料（二次使用料）を、放送事業者や有線放送事業者から受ける権利
譲渡権	自分の実演が固定された録音物等を公衆へ譲渡する権利
貸与権など	商業用レコードを貸与する権利（最初に販売された日から1年に限る）。1年を経過した商業用レコードが貸与された場合には、貸レコード業者から報酬を受ける権利

　実演家には、その実演について無断で「名誉・声望を害する改変をされない権利（同一性保持権）」と「名前の表示を求める権利（氏名表示権）」があります。

(2) レコード製作者の権利

　レコード製作者は、レコードに固定されている音を最初に固定した者です。

複製権	レコードを複製する権利
送信可能化権	インターネットのホームページなどを用いて、公衆からの求めに応じて自動的に送信できるようにする権利
商業用レコードの二次使用料を受ける権利	商業用レコード（市販用のCDなどのこと）が放送や有線放送で使用された場合の使用料（二次使用料）を、放送事業者や有線放送事業者から受ける権利
譲渡権	レコードの複製物を公衆へ譲渡する権利
貸与権など	商業用レコードを貸与する権利（最初に販売された日から1年に限る）。1年を経過した商業用レコードが貸与された場合には、貸レコード業者から報酬を受ける権利

(3) 放送事業者の権利

　放送事業者は、放送を業として行う者です。NHK、民間放送各社、放送大学学園などが該当します。有線放送事業者（有線放送を業として行う者で、CATV、有線音楽放送事業者などが該当します）も放送事業者と同様な権利を持ちます。

複製権	放送を録音・録画及び写真的方法により複製する権利
再放送権・有線放送権	放送を受信して再放送したり、有線放送したりする権利
送信可能化権	インターネットのホームページなどを用いて、公衆からの求めに応じて自動的に送信できるようにする権利
テレビジョン放送の伝達権	テレビジョン放送を受信して画面を拡大する特別装置（超大型テレビやビル壁面のディスプレイ装置など）で、公に伝達する権利

著作者と著作物とは

● 1 著作者

著作物を創作した者をいいます。

共同著作物については、共同で創作に寄与した者全員が1つの著作物の著作者となります。

● 2 法人著作（職務著作）

次の要件を満たす場合には、法人等が著作者となります。

(1) 法人等の発意に基づくもの

(2) 法人等の業務に従事する者が職務上作成するもの

(3) 法人等が自己の名義で公表するもの

(4) 作成時の契約、勤務規則に別段の定めがないこと

● 3 著作物

著作権法によると、著作物とは、「思想または感情を創作的に表現したものであって、文芸、学術、美術または音楽の範囲に属するもの」であるとされています。

具体的には著作物には次のようなものがあります。

1 一次創作物

(1) 小説、脚本、論文、講演そのほかの言語の著作物

言葉によって表現された著作物のことです。

(2) 音楽の著作物

曲だけでなく曲と同時に使われる歌詞も著作物です。

(3) 舞踊または無言劇の著作物

身振りや動作によって表現される著作物のことで、日本舞踊、バレエ、ダンスの振り付けなどのことです。

(4) 絵画、版画、彫刻そのほかの著作物

形や色で表現される著作物のことで、マンガや書、舞台装置なども含まれます。

(5) 建築の著作物

一般の人が生活しているような建物ではなく、たとえば、宮殿のように建築芸術といわれるような建築物のことです。

(6) 地図または学術的な図面、図表、模型そのほかの図形の著作物

図形や図表によって表現された著作物のことで、設計図や地球儀なども含まれます。

(7) 写真の著作物

人や風景などを撮影した写真のことです。

(8) 映画の著作物

映画フィルムやCD、DVDに記録されている劇場用映画・アニメなどの動画のことです。ゲームソフトも含まれます。

(9) プログラムの著作物

コンピュータプログラムのことです。

2 二次的著作物

二次的著作物とは、(1) から (9) までの著作物を「もと」にして創作された著作物のことで、こうしてできた著作物も「もと」になった著作物 (原著作物といいます) とは別に保護されます。たとえば、外国の小説を日本語に翻訳したもの、小説を映画化したもの、楽曲を編曲したものなどが二次的著作物です。

二次的著作物を作る場合は、原著作物の著作者の許可をもらわなければなりません。また、二次的著作物を利用する場合は、たとえば外国の小説の翻訳を出版しようとするときには、二次的著作物の著作者である翻訳者の許可のほか、原著作物の著作者の許可ももらわなければなりません。

3 編集著作物・データベースの著作物

　百科事典のように、数多くの項目についての解説が載っている場合、それぞれの項目に書かれていることも著作物ですが、百科事典そのものも全体として編集著作物になります。これは、百科事典にどういう項目を載せるか、どのような順序で載せるかなどについて編集する人が創作性を発揮しているからです。

　百科事典のほか、新聞、雑誌なども、編集著作物として保護されます。また、編集著作物のうち、その内容をコンピュータによって簡単に検索できるものはデータベースの著作物として保護されます。

　このように著作権で保護される対象は、著作権者自らが創作した一次創作物だけでなく、二次的著作物、編集著作物・データベースの著作物も含まれます。

著作権の制限

　著作権の一部が制限され、著作物が自由に使える場合について、文化庁のWEBサイト (http://www.bunka.go.jp/seisaku/chosakuken/seidokaisetsu/gaiyo/chosakubutsu_jiyu.html) では、以下のように説明されています (表1)。

　　著作権法では、一定の「例外的」な場合に著作権等を制限して、著作権者等に許諾を得ることなく利用できることを定めています (第30条〜第47条の8)。

　　これは、著作物等を利用するときは、いかなる場合であっても、著作物等を利用しようとするたびごとに、著作権者等の許諾を受け、必要であれば使用料を支払わなければならないとすると、文化的所産である著作物等の公正で円滑な利用が妨げられ、かえって文化の発展に寄与することを目的とする著作権制度の趣旨に反することにもなりかねないためです。

　　しかし、著作権者等の利益を不当に害さないように、また著作物等の通常の利用が妨げられることのないようその条件は厳密に定められています。

　　また著作権が制限される場合でも、著作者人格権は制限されないことに注意を要します (第50条)。

　　なお、これらの規定に基づき複製されたものを目的外に使うことは禁止されています (第49条)。また利用に当たっては原則として出所の明示をする必要があることに注意を要します (第48条)。

▼表1 著作権者等に許諾を得ることなく利用できる場合の例

私的使用のための複製 (第30条)	家庭内で仕事以外の目的のために使用するために, 著作物を複製することができる。同様の目的であれば, 翻訳, 編曲, 変形, 翻案もできる。
図書館等における複製 (第31条)	国立国会図書館と政令 (施行令第1条の3) で認められた図書館に限り, 一定の条件の下に, ア) 利用者に提供するための複製, イ) 保存のための複製, ウ) 他の図書館のへの提供のための複製を行うことができる。
引用 (第32条)	公正な慣行に合致すること, 引用の目的上, 正当な範囲内で行われることを条件とし, 自分の著作物に他人の著作物を引用して利用することができる。同様の目的であれば, 翻訳もできる。

用語の解説

著作者財産権 (著作権)：著作者の財産的な利益を保護する権利。この権利はその一部又は全部を譲渡したり相続したりできます。譲渡または相続した場合の権利者 (著作権者) は著作者ではなく、著作権を譲り受けたり、相続したりした人になります。
著作者人格権：著作者の人格的な利益を保護する権利。著作者だけが持っている権利で、譲渡したり、相続したりすることはできません (一身専属権)。この権利は著作者の死亡によって消滅しますが、著作者の死後も一定の範囲で守られることになっています。

21 不正競争防止法で守られるものとは？

不正競争防止法で守られるものはどんなものなんだろうか？

主に営業秘密について守られるよ！

不正競争防止法とは？

不正競争防止法は、公正な競争と国際約束の的確な実施を確保するため、不正競争の防止を目的として設けられた法律です。

条文上は、その第1条に**「この法律は、事業者間の公正な競争及びこれに関する国際約束の的確な実施を確保するため、不正競争の防止及び不正競争に係る損害賠償に関する措置等を講じ、もって国民経済の健全な発展に寄与することを目的とする。」**と規定されています。

不正競争防止法の意義

市場経済社会が正常に機能するためには、市場における競争が公正に行われる必要があります。したがって、たとえば、競争相手を貶める風評を流したり、商品の形態を真似したり、競争相手の技術を産業スパイによって取得したり、虚偽表示を行ったりするなどの不正な行為や不法行為（民法第709条）が行われるようになると、市場の公正な競争が期待できなくなってしまいます。また、粗悪品（欠陥・不良品）や模倣品などが堂々と出回るようになると、消費者も商品を安心して購入することが出来なくなってしまいます。

以上のように、不正な競争行為が蔓延すると、経済の健全な発展が望めなくなることから、市場における競争が公正に行われるようにすることを目的として、同法が

制定されています。

不正競争防止法では、保護する対象に対して、行為の規制（禁止）となる要件を定めることで、信用の保護など、産業財産権（特許権、商標権、意匠権など）では十分守りきれない範囲の形態を不正競争行為として保護しています（表1）。

▼表1　不正競争行為の類型

類型	形態	例
周知表示混同惹起行為（第1号）	需要者の間に広く認識されている他人の商品等表示と同一または類似の商品等表示を使用し、他人の商品又は営業と混同を生じさせる行為	「日本ウーマン・パワー」が周知な商号「マンパワージャパン」の通称「マンパワー」に類似するとして周知表示混同惹起行為に該当するとした裁判例がある 「商品等表示」には「商品の形態」も含まれ、「リーバイスのジーンズのバックポケット部分の弓形のステッチ模様」、「ロレックスやカルティエの時計の形態」が周知商品等表示に該当するとされた裁判例がある
著名表示冒用行為（第2号）	他人の著名な商品等表示と同一または類似のものを自己の商品等表示として使用する行為。ただ乗り（フリーライド）、ブランドの希釈化（ダイリューション）、汚染（ポリューション）がある。	「スナックシャネル」の名称で飲食店を経営した行為が、著名ブランド「シャネル」社と何らかの関係を誤認するとして著名表示冒用行為に該当するとされた裁判例がある
商品形態模倣行為（第3号）	最初に販売された日から3年以内の他人の商品の形態を模倣した商品の譲渡・貸し渡し・譲渡や貸渡しのための展示・輸出・輸入を行う行為。デッド・コピー。形態の模倣には、同種の商品（または機能及び効用が同一又は類似の商品）が通常有する形態は含まれない。	内部構造に特徴がある小型ショルダーバックの内部構造を真似て商品を販売した行為など

営業秘密不正利用行為（第4〜10号）	企業の内部において、秘密として管理されている（秘密管理性）、製造技術上のノウハウ、顧客リスト、販売マニュアル等の有用な情報（有用性）であって、公然と知られていない（非公知性）ものを、不正な手段で入手する行為、また入手した情報を自ら使用または開示する行為（4号）、・4号で取得された情報を第三者が取得し、第三者が使用または開示する行為（最初から知っていた場合は5号、後から知った場合は6号）、・保有者から正当に取得した情報を、不正の利益を得る目的、損害を与える目的で自ら使用または開示する行為（7号）、・7号で取得された情報を第三者が使用または開示する行為（最初から知っていた場合は8号、後から知った場合は9号）、知らずまたは重過失ではない過失によって知らずに4〜9号までに掲げる行為（営業秘密のうち、技術上の情報であるものを使用する行為に限る）により生じた物を譲渡し、引き渡し、譲渡もしくは引渡しのために展示し、輸出し、輸入し、または電気通信回線を通じて提供する行為（10号）	会社の秘密管理された顧客名簿を複写などして持ち出して独立・転職・転売した場合や、不正に入手されたライバル会社の営業情報や顧客リスト等を取得した場合等の他、ソフトウェア受託開発企業が、顧客から預かった情報を、自ら使用するか、第三者へ開示する場合
技術的制限手段に対する不正競争行為（第17・18号）	デジタルコンテンツのコピー管理技術やアクセス管理技術を無効にすることを目的とする機器やプログラムを提供する行為	CDに納められたゲームソフトのコピープロテクト信号を無効化してコピーされたものを利用可能にする「チップ」を提供する行為 コピープロテクト信号が記録された地上・衛星デジタル放送、CD・DVD・BDやインターネット上のストリーミング配信および音楽・映像ダウンロードサービスのプロテクトを解除する機器・ソフトウエアを提供する行為

1

ドメインネーム不正取得等行為（第19号）	不正の利益を得る目的または他人に損害を加える目的で、他人の特定商品等表示と同一または類似のドメイン名を使用する権利を取得・保有し、又はそのドメイン名を使用する行為	大手サイトと類似する紛らわしい名称で、類似のサイトを開設する行為
原産地等誤認惹起行為（第20号）	商品・役務（サービス）やその広告・取引用の書類・通信に、その商品の原産地・品質・内容・製造方法・用途・数量や、役務の質・内容・用途・数量について誤認させるような表示を使用したり、その表示をして役務を提供する行為	国産洋服生地に「マンチェスター」と表示した行為、「MADE IN KOREA」の表示を外して服を販売した行為、「みりん風調味料」を「本みりん」のように紛らわしい表示をして商品を販売した行為等
競争者営業誹謗行為（第21号）	自己と何らかの競争関係にある他人の営業上の信用を害するような虚偽の事実を他人に告げたり流布したりする行為	ライバル会社の商品が特許侵害品であると虚偽の事実を流布し、営業誹謗を行った行為
代理人等商標無断使用行為（第22号）	外国（条約で保護された国）における商標について、商標権者の承諾無しに、その代理人がその商標と同一または類似する商標を同種の商品、役務に使用し、その商品の譲渡若しくは輸入等を行い、その同一または類似する商標を使用して役務を提供する行為	外国製品の輸入代理店が、その外国メーカーの許諾を得ずに勝手にその商標を類似の商品に使用するような行為

　営業秘密は、①秘密として管理されている秘密管理性、②製造技術上のノウハウ、顧客リスト、販売マニュアル等の有用な情報という有用性、③公然と知られていないという非公知性という3つの要件を満たす必要があります（図1）。

▼図1 「営業秘密」で不正競争行為の対象

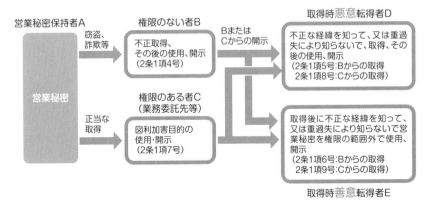

出典：経済産業省「不正競争防止法平成30年改正の概要（限定提供データ、技術的制限手段等）」を
もとに作成
https://www.meti.go.jp/policy/economy/chizai/chiteki/H30nen_fukyohoshosairev3.pdf

不正競争行為に関する注意点

　以上のように、不正競争防止法では、上記に挙げた不正競争行為に対して、差止請
求及び損害賠償請求できることが規定されています。不正競争防止法における不正
競争行為と認定されるためには、上記に列挙した要件を満たす必要がありますので、
要件を満たすか慎重に判断することが重要です。

　特に、営業秘密については、①秘密管理性、②有用性、③非公知性という3つの要
件を全て満たす必要がありますが、秘密管理性については抜け落ちている場合が多
いので、営業秘密を特定して当該営業秘密にアクセスできる者を制限して管理する
体制を作ることが重要になります。

●相手が自社商品のデッドコピー品を販売している場合

　自社が商品の販売を開始してから3年の間は、不正競争防止法に基づき当該商品
のデッドコピー品（もしくは実質的に形態が同一の商品）の販売は不正競争行為に該
当します。よって、自社が販売を開始してから3年の間に相手が自社の製品のデッド
コピー品を販売した場合には、不正競争行為に該当しますので、相手方に商品の製
造販売の中止と損害賠償を請求することができます。

　まずは、相手の商品がデッドコピー品に該当するかどうか検討しましょう。デッド
コピー品であるという確証が得られた場合には、相手に警告書を内容証明郵便で送

付しましょう。警告書には、通常、自社で販売を開始した日付、自社商品の形態、相手の商品の形態、自社商品の形態と相手の商品の形態が同一であり不正競争行為に該当することについて記載します。警告書の作成に当たっては、外部の専門家（弁理士または弁護士）に相談されることをお勧めします。

　警告をしても相手から回答が得られなかったり、話し合いに応じなかったり、交渉したけれども合意に至らなかったりする場合には、法的手続きを検討しましょう。日本の裁判所への法的手続きとしては、不正競争行為の停止を求める仮処分申立てと、本案訴訟（通常の訴訟）の2つがあります。法的手続きには、高い専門性が必要なため、外部の弁護士・弁理士に相談して、作成を依頼しましょう。

　また、海外の工場で生産してから日本に輸入している商品の場合には、税関における差し止めを請求することも有効です。税関による差し止めには、高い専門性が必要なため、外部の弁護士・弁理士に相談して進めましょう。

他社に対して提供する有益なデータを保護する方法はないの？

他社に対して提供する有益なデータを保護する方法はないのかな？

不正競争防止法の「限定提供データ」として保護を受ける方法があるよ！

不正競争防止法の平成30年改正事項

　IoTやAIの普及に伴い、ビッグデータを始めとする「データ」の利活用の活性化が期待されています。そこで、安心してデータの利活用ができる環境を整備するために、データの保護強化を目的とした不正競争防止法の改正法が平成30年5月23日に成立し、同月30日に公布されました。

　法改正は、①データ保護に関する新たな「不正競争行為」の導入と、②技術的な制限手段の保護の強化に分かれます。

　前者の改正は、データの利活用を促進するための環境を整備するため、ID・パスワード等により管理しつつ相手方を限定して提供するデータを不正取得等する行為を、新たに不正競争行為に位置づけ、これに対する差止請求権等の民事上の救済措置を設けるものです。これは、2019年7月1日から適用されています。

　後者の改正は、技術的制限手段を回避するサービスの提供等を不正競争行為に位置づけるなど、技術的制限手段に係る不正競争行為の対象を拡大するもので、2018年11月29日から適用されています。

データ保護に関する新たな「不正競争行為」の導入

● 1　概要

　価値のあるデータであっても、①特許法や著作権法の保護対象とはならない、ま

たは、②他者との共有を前提とするため不正競争防止法の「営業秘密」に該当しない場合、その不正な流通をくい止めることは困難です。そこで、不正競争防止法の改正法に、一定の価値あるデータの不正取得行為や不正使用行為等、悪質性の高い行為に対する民事措置（差止請求権、損害賠償額の推定等）が規定されました。

● 2　保護の対象となる一定の価値あるデータ

改正では、保護の対象となる一定の価値あるデータとして、「限定提供データ」という概念が導入されました。「限定提供データ」とは、「業として特定の者に提供する情報として電磁的方法（電子的方法、磁気的方法その他人の知覚によっては認識することができない方法）により相当量蓄積され、及び管理されている技術上又は営業上の情報（秘密として管理されているものを除く。）」を指します（改正不正競争防止法2条7項）。

つまり、①特定の者に提供するという**限定提供性**、②ID・パスワードによる認証、暗号化または専用回線・専用アプリなどによって電磁的に管理されているという**電磁的管理性**、③データが相当量蓄積されているという**相当蓄積性**の3つが要件になります。

● 3　限定提供データの具体例

限定提供データは、例えば第三者提供禁止などの一定の条件の下で、データ保有者が、できるだけ多くの者に提供するために電磁的管理（例えばID・パスワード）を施して提供するデータなどです（表1）。

▼表1　限定提供データの具体例

外部提供用データ	提供者	利用方法
機械稼働データ（船舶のエンジン稼働データ等）	**データ分析事業者**（船会社、造船メーカー等からデータを収集）	データ分析事業者が、**船舶から収集されるリアルデータを収集、分析、加工したもの**を造船所、船舶機器メーカー、気象会社、保険会社等に提供。提供を受けた事業者は、**造船技術向上、保守点検、新たなビジネス等に役立てている。**
車両の走行データ	自動車メーカー	自動車メーカーが、災害時に**車両の走行データ**を公共機関に提供。公共機関は、**道路状況把握等に役立てている。**

消費動向データ (小売販売等のＰＯ Ｓ加工データ等)	調査会社	消費者データの収集・分析する企業が、**購買デー** **タや小売店からのＰＯＳデータを加工したもの** を各メーカーに提供。各メーカーは、**商品開発や** **販売戦略に役立てている。**
人流データ (外国人観光客、イ ベント等)	携帯電話会社	携帯電話会社が、**携帯電話の位置情報データ**を 収集した人流データをイベント会社、自治体、小 売等に提供。提供を受けた事業者等は、**イベント** **の際の交通渋滞緩和**や、**外国人向けの観光ビジ** **ネス等**に役立てている。
裁判の判例データ ベース	法律情報提供事業 者	判例データベース提供事業者が、**自社で編集を** **加えた判例データベース**を研究者や学生に提供。 研究者や学生は、**研究活動等に利用している。**

1

出典：経済産業省「不正競争防止法平成30年改正の概要（限定提供データ、技術的制限手段等）」
https://www.meti.go.jp/policy/economy/chizai/chiteki/H30nen_fukyohoshosairev3.pdf

● 4　禁止される行為類型

　価値の高いデータであっても、特許法や著作権法の対象とはならず、不正競争防止法上の営業秘密にも該当しない場合には、不正な流通を差し止めることは困難です。しかも、データは複製・提供が容易であり、いったん不正な流通が生じると、被害は急速かつ広範囲に広がってしまいます。そこで、悪質性の高いデータの不正取引を不正競争防止法上の「不正競争行為」と位置づけて、民事措置（差止請求権、損害賠償請求）の対象としています（図1）。悪質性の高い行為として規制の対象となるのは、以下の4つの行為類型です（不正競争防止法2条1項11号〜16号）。

①権原のない外部者が、不正アクセス・詐欺等の管理侵害行為により不正にデータを「取得」、「使用」または「第三者に提供」する行為
②データを正当に取得した者が、不正の利益を得る目的またはデータ提供者に損害を加える目的で、「横領・背任に相当すると評価される行為態様で使用」または「第三者提供」する行為
③取得するデータについて不正行為が介在したことを知っている者が、当該不正行為にかかるデータを「取得」、「使用」または「第三者に提供」する行為
④取得時に不正行為が介在したことを知らずに取得した者が、その後、不正行為の介在を知った場合に、データ提供者との契約の範囲を超えて「第三者に提供」する行為

▼図1 「限定提供データ」で不正競争行為の対象

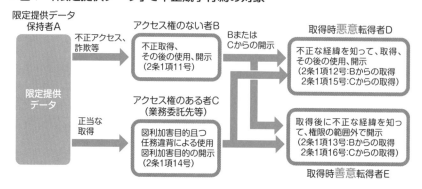

出典：経済産業省「不正競争防止法等の一部を改正する法律案　不正競争防止法改正の概要」をもとに作成
https://www.kantei.go.jp/jp/singi/titeki2/tyousakai/kensho_hyoka_kikaku/2018/sangyou/dai5/siryou2-1.pdf

　但し、不正使用行為によって生じた成果物の取扱いは、**営業秘密とは異なり**、データの不正使用により生じた成果物（物品、AI学習済みプログラム、データベース等）の提供行為は、禁止対象としないことに注意が必要です。

　規制対象となる、図1の行為を例示すると下記のとおりとなります。

①正規会員のID・パスワードを当該会員の許諾なく用いてデータ提供事業者のサーバに侵入し、正規会員のみに提供されているデータを自分のパソコンにコピーする行為

②特定の者のみに提供されているデータを、それ以外の者が、データ提供事業者の従業員を強迫して、当該データを自社のプログラム開発に使用する行為

③不正アクセス行為によりデータ提供事業者のサーバから取得したデータを、データブローカーに販売する行為

④データ提供者が商品として提供しているデータについて、専ら提供者のための分析を委託されてデータ提供を受けていたにもかかわらず、その委託契約において目的外の使用が禁じられていることを認識しながら、無断で当該データを目的外に使用して、他社向けのソフトウェアを開発し、不正の利益を得る行為

⑤コンソーシアムやプラットフォーマー等のデータ提供者が会員にデータを提供する場合において、第三者への提供が禁止されているデータであることが書

面による契約で明確にされていることを認識しながら、当該会員が金銭を得る目的で、当該データをデータブローカーに横流し販売し、不正の利益を得る行為

⑥不正アクセス行為によって取得されたデータであることを知りながら、当該行為を行ったハッカーからそのデータを受け取る行為

⑦⑥の後、自社のプログラム開発に当該データを使用する行為

⑧転売禁止のデータを、料金を払って購入した者に対し、当該者に別途便宜を図ることを提案し、その見返りとして、無償で当該データの提供を受けた後、当該データをデータブローカーに転売する行為

⑨データ流通事業者が、データを仕入れた後において、そのデータの提供元が、不正取得行為を行ったという事実を知ったにもかかわらず、その後も、自社の事業として、当該データの転売を継続する行為（ただし、悪意に転じる前に、その提供元と結んだ契約において、×年間の提供が認められていた場合、悪意に転じた後も、契約期間×年間の終了までの間は、その提供行為は「不正競争行為」には該当しない）

限定提供データの注意点

　不正競争防止法の「限定提供データ」として保護を受けるためには、①限定提供性、②電磁的管理性、③相当蓄積性の3つ要件を全て満たす必要があります。電磁的管理性は、特定の者だけが利用できるように何らかのアクセス制限（専用回線、専用アプリを含む）が設けられている必要がありますので、その点は注意が必要です。

　また、営業秘密とは異なり「限定提供データ」の不正使用により生じた成果物（物品、AI学習済みプログラム、データベース等）の提供行為は、禁止対象としないことに注意が必要です。「限定提供データ」の不正使用により生じた成果物（物品、AI学習済みプログラム、データベース等）の提供行為については、予め当事者間の契約で定めておくことが望まれます。

限定提供データ：業として特定の者に提供する情報として電磁的方法（電子的方法、磁気的方法その他人の知覚によっては認識することができない方法）により相当量蓄積され、及び管理されている技術上又は営業上の情報（秘密として管理されているものを除く）。（改正不正競争防止法2条7項）

第2章　IT企業の知財の基礎知識を整理しよう

新たなアプリを開発予定なんだけど、特許を取得する必要はあるの？

新たなアプリを開発予定なんだけど、特許を取得する必要あるのかな？

特許を取得するのがおすすめだよ！

アプリと特許

● 1　アプリの特許による保護

　日本の特許法は、プログラムを保護対象としています。スマートフォンにインストールされるアプリケーション（いわゆるアプリ）は、プログラムに該当するから、アプリをアップルストアまたはグーグルプレイ等を介して配信する行為は、プログラムの電気通信回線を介した提供に該当し、特許法上の実施に該当します。

　このため、自社のアプリが特許でカバーされていれば、そのアプリを模倣した第三者のアプリを配信する者に対して、**権利行使**（例えば、**差止請求**や**損害賠償請求**）ができる可能性があります。その観点から、アプリに含まれる機能について、新規性があり且つ進歩性が見込めれば、特許出願することが望ましいです。

　逆に、自社のアプリが、他社のプログラム特許に抵触する恐れがあるので、アプリのリリース前には、他社の特許を侵害していないか調査することが望ましいです。

● 2　ビジネスモデル特許による保護

　また、**ビジネスモデル特許**とは、ビジネス方法において用いられるコンピュータシステムまたはコンピュータプログラムに関する特許で、ビジネス上の問題、不都合などをコンピュータを用いて解決した発明に付与される特許です。ビジネスモデル自体に特許が付与されるのではなく、あくまでもビジネスモデルを実現する際に利用されるコンピュータシステムまたはコンピュータプログラムに対して特許が付与さ

れます。開発するアプリまたはコンピュータシステムが、ビジネス上の問題、不都合などを解決する場合、ビジネスモデル関連発明に該当します。

このビジネスモデル特許は、日本、米国、韓国では、特許による保護対象になります。一方、中国、欧州では、技術的特徴を含まないビジネスモデルは特許の保護対象となりませんので、通常のビジネスモデル発明は特許の保護対象ではありません。但し、中国でも、技術的特徴を含むビジネスモデル発明は保護対象外となるわけではありません。

近年、ビジネスモデル特許の出願が増加傾向にあります（図1）。

▼図1　ビジネスモデル特許の出願件数の推移

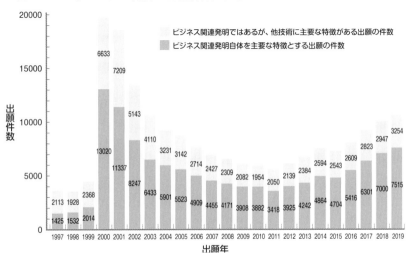

出典：特許庁「ビジネス関連発明の最近の動向について」をもとに作成
https://www.jpo.go.jp/system/patent/gaiyo/sesaku/biz_pat.html

また、特許査定率が右肩上がりで、2013年時点で約70％と高くなっています（図2）。

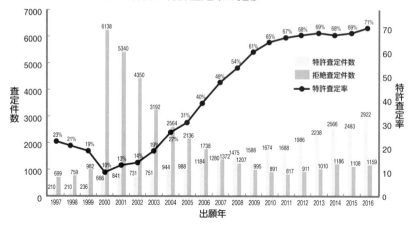
▼図2　ビジネスモデル特許の特許差定率の推移

出典：特許庁「ビジネス関連発明の最近の動向について」をもとに作成
https://www.jpo.go.jp/system/patent/gaiyo/sesaku/biz_pat.html

　ここで、特許査定率＝特許査定件数／（特許査定件数＋拒絶査定件数＋一次審査通知後取下・放棄件数）です。

●ビジネスモデル特許の具体例

　Amazonは、ワンクリックで注文する方法について米国で特許を取得していました。このワンクリック特許（US5960411）の請求項1の和訳は以下の通りです。

商品の注文を行う方法であって、
クライアントシステムの制御下で、商品を識別する情報を表示するステップと、
単一アクションのみが実行されていることに応答して、商品の購入者の識別子と共に商品を注文する要求をサーバシステムに送信するステップと、
サーバシステムの単一アクション注文要素の制御下で、リクエストを受信するステップと、
受信した要求内の識別子によって識別される購入者に関して以前に記憶された追加情報を検索するステップと、
取得された追加情報を使用して、受信された要求内の識別子によって識別される購入者のために要求された商品を購入するための注文を生成するステップと、
生成された注文を履行して商品の購入を完了し、これにより、商品はショッピングカートの注文モデルを使用せずに注文されるステップと、
を有する。

「単一アクションのみが実行されていることに応答して」、事前に保存されたクレジットカードなどの追加情報を用いて、「商品を注文する要求」を送信することにより、購入が完了するという内容は、ワンクリックで商品を購入する際の最小限の処理であり、回避することは困難です。その裏づけとして、アップルコンピュータは、この特許のライセンスを受けていました。

このように顧客に対する訴求力がある機能を実現する特許は、顧客獲得に寄与するという観点から価値があります。

例えば、ビジネスモデルのシステムに実装されるA～C機能のうち、B及びC機能をカバーする各特許を取得すれば、他社は、自社の特許権に抵触するB及びC機能を実装できず機能Aのみしか実装することができなくなります。この場合、B、C機能の利便性が高いものであり顧客に対する訴求力があれば、顧客は自社サービスを選択します。

望ましい権利の取得態様

自己の特許権を侵害するアプリに対して権利行使するには、アプリ内のプログラムまたは端末について権利を取得することが好ましいです。アプリ内のプログラムについて特許権を取得していれば、プログラムの作成及び配信行為が当該特許権の直接侵害になるからです。また、端末について特許権を取得しておけば、当該アプリまたは当該アプリの機能がプリインストールされている端末の製造及び販売行為が当該特許権の**直接侵害**になるからです。また、新しい機能を含む端末について特許権を取得しておけば、その端末の生産のみに用いるプログラムを配信する行為が、当該端末に係る特許権の**間接侵害**になる可能性があります（特許法101条1号）し、その端末の生産に用いるプログラムであってその発明による課題の解決に不可欠なものにつき、その発明が特許発明であること及びその端末がその発明の実施に用いられることを知りながら、販売する行為が当該端末に係る特許権の間接侵害になる可能性があります（特許法101条2号）。

一方、発明には、アプリ側ではなくて、サーバの処理に特徴があるものがあります。サーバに特徴があるものは、サーバを含む情報処置装置単体について特許権を取得するとともに、いわゆるクラウドで複数のサーバが介在して処理する態様について権利を押さえるために、システムについても特許権を取得することが好ましいです。

特許権は**属地主義**の原則に基づき、国毎に発生し、当該国領域内でのみその効力が認められております。このような属地主義の原則から、現在の日本の特許法では、外国での特許発明の実施に対して権利行使をすることができません。現状では、米国と違って、日本では、日本特許の権利範囲に含まれるサーバを外国に設置して当該日本特許の権利侵害から逃れるという態様について権利行使を可能とする裁判例はありません。よって現状では、仮に、他社のサーバが、自社の情報処理装置に係る特許権の権利範囲に含まれていたとしても、他社のサーバが外国にあれば、サーバに対しては権利行使することができない可能性が高いです。なお、今後の裁判例によっては、サーバが外国にあっても日本国内向けにサービスを行っている場合には、権利行使が認められる可能性があります。

その対策として、サーバの処理内容に言及せずに、端末からサーバへ送信する処理、端末がサーバから受信する情報を記載することで、間接的にサーバが送信する情報およびサーバが受信する情報を記載することによって特徴を出す端末、端末側のプログラム、端末側の方法について特許権を取得しておくとよいでしょう。

アプリの特許戦略

アプリについて開発しているのであれば、アプリ側のプログラム、及び端末について優先的に特許権を取得することをお勧めします。一方、アプリを開発しているが、アプリ自体については特徴がなく、そのサーバ側の処理に特徴がある場合には、サーバを含む情報処理装置、及びシステムについて権利取得するとよいでしょう。また、仮に他社のサーバが外国に置かれた場合にはサーバに対しては権利行使できない可能性が高いので、アプリの作成及び配信について権利行使ができるように、端末、端末側のプログラム、端末側の方法について特許権を取得しておくとよいでしょう。

属地主義：法律の適用範囲や効力範囲を、自国領域内に限定することをいいます。たとえば、我国の特許法や商標法、著作権法が適用される領域は日本国内のみです。したがって、日本国の特許権に基づいて、米国での行為を日本国特許権の侵害として追求することはできません。米国での行為を追求したい場合には、米国においても特許権を取得する必要があります。ただし、著作権は、多くの国が出願という行為を要さずに権利を認めており、日本で著作権を有すれば他国でも同時に著作権を持つことになる場合がほとんどです。いずれにしても、属地主義のもとでは、各国ごとに権利が存在し、その効力も各国の法律によって定められます。

直接侵害：第三者が実施している物が、特許の請求項において文言で表された構成要件を全て充足する場合は、特許権の直接侵害となります。

間接侵害：直接的には特許権の侵害とならない行為であっても、侵害に直結する予備的な行為などを侵害行為とみなすこと。特許発明の実施とは、特許発明の構成全体の実施をいいますから、その構成の一部のみの実施は、特許権の直接侵害とはなりません。しかし、侵害とならない行為であっても侵害に直結する予備的な行為などを放置すると、特許権の実効が損なわれるおそれがあるので、このような予備的な行為などを侵害行為とみなす（間接侵害）こととしています。

2

2 国境を越えたソフトウェア発明は特許で保護できないの？

国境を越えたソフトウェア発明は特許で保護できないのかな？

日本では保護できないが、米国で特許権を取得すれば、一部の処理を米国外で実施する米国内の事業者に対して特許権を行使できる可能性があるよ！

日本でのソフトウェア発明に係る特許権の国外適用は？

　特許権は属地主義の原則に基づき、国毎に発生し、当該国の領域内でのみその効力が認められます。例えば、電着画像形成方法事件（平成12年（ワ）第20503号）の判決では、「被告製品が輸出された場合には、日本国外において被告製品を購入した文字盤製造御者がこれを時計文字盤に貼付することとなる。この場合には、被告自身は国内に所在しているとしても、構成要件⑥に該当する工程は国外に所在する購入者により国外で実施されるものである。このような場合には、本件各特許発明の全構成要件に該当する全工程についてみると、その一部を日本国内において、残余を日本国外に於いて実施することとなり、国内においては方法の特許の技術的範囲に属する行為を完結していないことになるから、方法の特許を国内において実施していると評価することはできない。そうとすると、我が国の特許権の効力が我が国の領域内においてのみ認められること（特許権の属地主義の原則）に照らすと、被告製品が輸出される場合には、被告製品の製造行為を本件特許権の侵害ということはできない。」と判示されています。

　しかし、インターネットの普及により、アプリなどのソフトウェアやWEB等を用いたインターネットサービスは、インターネットを介して全世界へ配信または提供可能であり、ソフトウェア発明について、属地主義を徹底すると、その実質的な法的保護が失われるという問題があります。

　日本におけるインターネットナンバー事件（平成20年（ネ）10085号）では、クライアントから記述子を提供されたディレクトリサーバが、記述子に対応するURLを

クライアントに返すことで、クライアントが当該 URL にアクセスできるようにする「情報ページに対するアクセス方法」の特許発明に対して、被告はクライアントのブラウザ向けプラグインソフトを配布し、これに対応するサーバを運用していました。

このサーバが韓国に置かれていたとされているところ（地代信幸、他「クラウド時代に向いた域外適用・複数主体問題」パテント 2017 Vol. 70 No. 1 p39-53）、この判決ではサーバの除却命令が出されています。但し、判決では海外にサーバがあることは争点になっておらず、侵害の主体が誰であるかのみが争点となったので、この判決だけでソフトウェア発明に係る特許権の国外適用があらゆるケースで認められるかは定かではありません。このケースでは特許発明がクライアントにアクセスを提供する方法であるところ、その方法の提供先が国内であるから、サーバが韓国にあっても侵害が認められたのではないかという考察が可能です。一部の学説では、事例によっては、ソフトウェア発明に係る特許権の国外適用を認めてもよいというものもありますが、確立したものではありません。

米国でのソフトウェア発明に係る特許権の国外適用

米国では、ソフトウェア発明に係る特許権の国外適用が裁判で認められた裁判例があります。

NTP, INC., v. RESEARCH IN MOTION, LTD. の事件（以下、BlackBerry 事件という）においては、米国連邦巡回控訴裁判所（CAFC）は、特許発明の構成要件の一部が米国外に存在するにもかかわらず、直接侵害であるとして米国特許法第271条（a）が適用されました。

日本と米国の比較

WEB システムの構築は、国内から国外へ容易にシフトすることができるのに対し、特許侵害を免れんとするこのような行為を認めるとすれば、ビジネスモデル発明の特許権の効力を著しく減じることになります。日本においては、インターネットナンバー事件によれば、特許発明の一部の構成を実施するサーバが外国にあっても、直接侵害及びそのサーバの除却が認められる可能性があります。米国においては、BlackBerry 事件（NTP, Inc. v. Research in Motion, Ltd., 418 F.3d 1282 (Fed. Cir. 2005)）によれば、被疑侵害者が実装するイ号システム（裁判では被告システムをイ号システムと表現します）の管理・制御が国内で実行でき、かつ、イ号システムを利用するユーザが米国内でそのシステムによる利益を享受できる限り、直接侵害を主張しえます。

3 複数の主体が関与して特許権を侵害している場合は、誰が侵害者になるのかな？

２社が関与して特許権を侵害している場合は侵害の責任は誰にあるのかな？

サービスを提供している事業者、またはサービスを支配管理している事業者が侵害者に認定される傾向があるよ！

複数の主体が関与する特許権侵害の背景

　インターネットに代表されるネットワーク技術の進展に伴い、現在、遠隔に位置する複数の主体が関与するサービスやシステムが広く利用されています。このようなサービスやシステムを特許権で保護する場合、特許発明の全ての構成要件を単一の主体が実施しているのであれば、その者に対して直接侵害の責任を追求できます。よって、大原則として、請求項に含まれる全ての構成要件を単一の主体が実施するように、請求項を記載すべきです。

　しかし、これらの構成要件を複数の主体が分担して実施している場合には、誰に対して直接侵害や間接侵害の責任を追及することができるのかという問題が生じます。

　複数の主体が関与する特許権侵害の問題が生じやすいのは方法とシステムの発明の場合です。

　物の発明について使用又は販売する行為については、その使用又は販売を行った者が直接侵害の責任を負うことになります。また、物の発明についてその物を生産する行為については、部品を組み合わせて最終的な侵害品を完成させた者が直接侵害の責任を負うことになります。したがって、物の発明の場合、通常、複数の主体が関与する特許権侵害の問題は生じません。

　これに対し、方法の発明の場合には、複数の主体が分担して方法の発明の構成要件を実施し、当該発明の全ての構成要件を実施する単一の主体が存在しない場合が

あります。このような場合、いかなる状況下で誰が特許権侵害の責任を負うのかが問題となります。

　また、あるシステム発明が装置Ａと装置Ｂから構成されており、甲が当該発明の装置Ａに相当する装置を保有し、乙が当該発明の装置Ｂに相当する装置を保有して、甲及び乙が各々の装置を使用する場合、当該システムを保有または使用しているのは誰なのかが問題になります。

　日本の特許法には、複数の主体が分担して特許権を侵害している場合に、誰が侵害者になるかの規定はありません。よって、大原則として、請求項に含まれる全ての構成要件を単一の事業者が実施するように、方法の発明にあっては単一の事業者が実施するであろう構成要件だけを記載し、システムの発明にあっては単一の事業者が保有するであろう構成要件だけを記載すべきです。

　一方、複数の主体が関与する特許権侵害の問題について裁判で争われ、特許権者が救済された裁判例があります。方法の発明に関する事件であるインターネットナンバー事件判決（知財高判平22・3・24（平20（ネ）10085号））とシステムの発明に関する事件である眼鏡レンズ供給システム事件判決（知財高判平22・3・24（平20（ネ）10085号））があります。この2つの裁判例から、インターネット関連の方法の発明、システムの発明それぞれについて注意すべきポイントについて説明します。

インターネット関連の方法の発明について注意すべきポイント

　インターネットナンバー事件では、「サーバーシステムへの情報ページに対する"アクセスを提供する方法"」というように、「アクセスを提供する方法」という形で記載していたため、クライアントによるアクセス行為を待って初めて『アクセスを提供する方法』の発明である本件発明の実施行為が完成するものではないと判断されたものと思われます。仮に請求項に、「アクセスを提供する方法」ではなく、「アクセスする方法」と記載していたとしたら、ユーザによるアクセスが発明の完成には必要と判断されて、非侵害と判断された可能性があります。

　一方、本件特許のように、「アクセスを提供する方法」という形で請求項を記載しておけば、仮に、その請求項の中でユーザまたはクライアントの処理を記載していたとしても、そのインターネットサービスを提供する提供主体が特許侵害者として直接侵害となる可能性があります。しかし、インターネットナンバー事件は地裁の判決であり、その後の同様の裁判例の蓄積がないので、確立された理論ではありません。このことに鑑みると、方法の発明にあっては単一の事業者が実施するであろう構成要件だけを記載することが推奨されます。

インターネット関連のシステムの発明について注意すべきポイント

　眼鏡レンズ供給システム事件判決は、複数の主体が関与する特許権侵害の問題について判断する際に、構成要件の充足の問題 (第70条第1項) と発明の実施行為を行っている者は誰かという問題 (第2条第3項) とを区別して判断した先駆的な裁判例です。

　複数の主体が関与する場合には、発明の実施行為 (特許法2条3項) を行っている者はだれかという点については、システム発明においては、当該システムを支配管理している者は誰かを判断して決定されると判断されています。

　コンピュータシステムの発明であれば、通常、サービスを提供している業者が当該コンピュータシステムを支配管理しているであろうから、当該サービスを提供している業者が侵害者になるでしょう。しかし、眼鏡レンズ供給システム事件は地裁の判決であり、その後の同様の裁判例の蓄積がないので、確立された理論ではありません。このことに鑑みると、システムの発明にあっても単一の事業者が実施するであろう構成要件だけを記載することが推奨されます。

　システムの発明を特許権利化しておけば、仮に将来、システムの発明の構成要件が複数の主体に分かれて保有されていたとしても、眼鏡レンズ供給システム事件と同様に、当該システムを支配管理している者に対して権利を行使することができる余地が残ります。このことから、コンピュータシステムを新たに発明した際には、システムの請求項を作ることが推奨されます。

　一方、コンピュータシステムのリリース時には、他の権利者のコンピュータシステム発明に抵触しないように調査をし、調査で抵触することが判明した場合には、その特許に抵触しないように設計変更することが推奨されます。

4 新たなアプリを開発予定の場合、特許以外で知財面で注意することは？

 新たなアプリを開発予定なんだけど、特許以外で知財面で注意することは何かな？

 様々な観点から商標出願、意匠登録出願について検討する必要があるよ！

アプリの名称の商標について

　商標権者は、登録商標を、**出所表示機能**及び**自他商品識別機能**を発揮する形で使用 (いわゆる商標的使用) する第三者に対して、商標権を行使することができます。

　商標を付されたアプリまたはゲームを、インターネットを介して販売する場合、そのようなアプリまたはゲームの宣伝または広告を行う場合は、商標的使用に該当します。また、ゲームのタイトルについては、裁判では商標的使用が判断される傾向にあります (平成13年(ワ)第7078号　損害賠償請求事件)。このような場合には、アプリまたはゲームに用いる商標が、他者の登録商標と同一または類似であれば、当該他者の商標権を侵害していることになります。

● 1　アプリの名称の商標クリアランス調査

　このような事態を避けるために、アプリの名称については、他者の商標権を侵害していないか、アプリのリリース前に調査する必要があります。

● 2　アプリの名称の商標出願

　また、アプリのリリース後に、他者が、自社の商標と同一または類似の商標について、同一または類似の商品・サービスについて商標権を取得した場合、自社がそのアプリの名称を使用できなくなります。そのような事態を避けるために、アプリのリリース前に、アプリの名称について、商標出願をすべきです。

アプリのアイコンの商標出願

アプリのアイコンも出所表示機能、自他商品識別機能を有することから商標的使用に該当しますので、アプリのアイコンについて、商標登録する例が増えています。

例えばNHNJapan株式会社は、LINEのアイコンを商標登録しています（図1）。

▼図1　商標登録第5570784号（NHNJapan株式会社）の登録商標

商品及び役務の区分並びに指定商品又は指定役務としては、第9類のダウンロード可能な文字メッセージ送受信用のスマートフォン用アプリケーションソフトウェアなど、第38類のスマートフォン用及びタブレット型電子計算機用アプリケーションを通じたテキストメッセージの通信などが指定されています。

● 1　アプリのアイコンの商標クリアランス調査

アプリのアイコンも、アプリの名称と同様に、他者の商標権を侵害していないか、アプリのリリース前に調査する必要があります。

● 2　アプリのアイコンの商標出願

また、アプリのリリース後に、他者が同一または類似の商標について、同一または類似の商品・サービスについて商標権を取得した場合、そのアプリのアイコンを使用できなくなります。そのような事態を避けるために、アプリのリリース前に、アプリのアイコンについて、商標出願をすべきです。

画面デザインの意匠について

画面デザインは、物品を指定することによって、意匠登録することができます。例えばヤフーは、アプリ画面について以下の画面デザインの意匠について登録しています（図2）。

▼図2　意匠登録第1614029号（ヤフー株式会社）の登録意匠

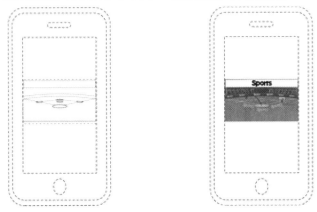

　左の図の実線が権利範囲を示し、右の図は参考図です。意匠の説明には、「実線で表された部分が、部分意匠として意匠登録を受けようとする部分である。一点鎖線は、部分意匠として意匠登録を受けようとする部分とその他の部分との境界のみを示す線である。」と記載されております。権利範囲として実線で描かれているのは、グラウンドを俯瞰した図だけですので、この意匠権は第三者が侵害を回避しにくいものになっています。

　意匠に係る物品は、「野球の実況情報提供機能付き電子計算機」です。このような記載であれば、野球の実況情報提供機能を有するアプリがインストールされたスマートフォンが権利範囲に入ります。このため、意匠権者は、類似の画面を表示するアプリの配信業者に対して、侵害の行為を組成したアプリの廃棄（意匠法37条2項）、及び登録意匠に類似する意匠に係る物品の製造にのみ用いる物と見なし得るアプリの作成及び販売を差し止めることができます（意匠法38条1号）。

　意匠に係る物品の説明には、「本物品は、野球の実況情報提供機能を備えた電子計算機である。正面図に表された画像は、野球の実況情報提供機能を発揮できる状態にするための操作に用いられる画像である。具体的には、正面図に示すとおり、表示部に野球場を模した形状（A領域）が配されており、A領域の上方及びA領域内にコンテンツ情報表示領域が配されている。使用状態を示す参考図に示すように、情報提供装置から提供された情報を受信すると、表示部の野球場を模した形状上に、出塁状況や打球の方向、守備位置等を表示すると共に、コンテンツ情報表示領域にコンテンツ情報（例えば、広告、写真、画像、映像、テキスト）を表示する。また、コンテ

ンツ情報表示領域を指やマウスポインタ等で触れると、表示したコンテンツ情報の詳細情報画面へ遷移する。コンテンツ情報表示領域は、現実の野球場に設置される看板等の位置に基づいて配されているため、使用者があたかも現実の野球場で看板を見るかのように、自然にコンテンツ情報に接することを可能とする。」とあります。

●1　画面デザインの登録意匠のクリアランス調査

　他社の画面デザインの登録意匠に抵触しないように、画面デザインを考えるべきです。以前の意匠法では、GUI等の画像デザインの保護対象は、物品に記録された画像であることや物品に表示される画像であること等が要件とされていました。しかし、意匠法の法改正が遅くとも2020年5月17日までに施行され、物品に記録されていない画像（クラウド上の画像、ネットワークによって提供される画像など）、及び物品以外に表示される画像（壁や人体に投影される画像など）が、保護対象になります。

　従って、スマートフォンにダウンロードされたアプリに含まれてスマートフォンに表示される画像については、他社の画面デザインの登録意匠に抵触しないように、画面デザインの登録意匠のクリアランス調査を実施する必要があります。

　そして、他社の画面デザインの登録意匠に抵触しないように、画面デザインを設計する必要があります。

●2　画面デザインの意匠出願

　物品に記録されていない画像（クラウド上の画像、ネットワークによって提供される画像など）、及び物品以外に表示される画像（壁や人体に投影される画像など）についても保護対象になると、改正後に取得された意匠権だけでなく、既に登録になっている意匠権についても同様に物品に記録されていない画像及び物品以外に表示される画像に対しても意匠権の効力が及ぶことになるでしょう。

　よって、画面デザインを考えた際には、スマートフォンに記録される、記録されないに関わらず、出願を検討することが望ましいでしょう。

　ユーザに訴求できる画面デザインの意匠権を取得することによって、他社が類似のゲームを開発するときに、意匠登録された画面デザインとは非類似の画面デザインにしなくてはいけなくなります。その結果、他社は自社に比べてユーザに訴求できない画面デザインを採用しなければならなくなります。

　このようにユーザに訴求できる画面デザインの意匠権を取得すれば、ユーザに訴求できる画面デザインのアプリ等を独占的に販売することができます。それととも

に、他社による自社の画面デザインの意匠権の取得可能性を低減し、自社が画面デザインを使用できなくなるリスクを低減することができます。

用語の解説

出所表示機能：その商標が付された商品・役務の出所（生産者や販売者など）を需要者に認識させる機能。
自他商品識別機能：その商標により需要者が何人の業務に係る商品（サービス）であることを認識できる機能。

コラム

位置商標

「位置商標」は、図形等の標章と、その付される位置によって構成される商標です。標章自体に識別力がない場合であっても、標章が常に商品等の特定の位置に付されることによって、識別力を獲得することができます。

例えば株式会社コロプラは、アプリ画面について以下の位置商標について登録しています（図）。

▼図　商標登録第6003142号（株式会社コロプラ）の位置商標に係る登録商標

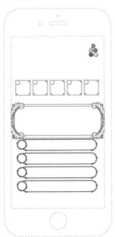

また、この商標の詳細な説明には、以下のように記載されております。

「商標登録を受けようとする商標(以下「商標」という。)は、標章を付する位置が特定された位置商標であり、スマートフォンのディスプレイ画面上に実線にて表れた標章の全体より構成される。実線にて表れた標章は、ディスプレイ画面の上方右に配され、青・赤・白・紫・黄の着色が施された図形からなる標章、ディスプレイ画面中央上に左右に五つ並べて配された略正四角形の図形からなる標章、ディスプレイ画面中央に配された大きな矩形の左右に植物の葉を思わせる図形が付された標章、及びディスプレイ画面の下半分に上下に四つ並べて配された楕円に円形を連結させた図形からなる標章よりなる。なお、商標登録を受けようとする商標中に表れた破線部分は形状の一例を示すためのものであり、商標を構成する要素ではない。」

意匠法改正前には、ネットワークにより提供される画像は保護されていませんでした。そこで、意匠法改正前は、ネットワークにより提供される画像を保護するために、苦肉の策として、位置商標を取得して競合他社を牽制していたのでしょう。しかし、商標は自他商品識別機能を発揮する態様で使用されていない場合(すなわち商標的使用態様でない場合)には権利侵害に問えませんが、他社の画面デザインが商標的使用態様に該当する場合というのは非常に稀でしょう。このことに鑑みますと、実際には画面の骨格部分について位置商標の商標権を取得しても、権利侵害に問える可能性は低いものでした。

5 オープンソースソフトウェア (OSS) ライセンスで注意することはどんなこと？

オープンソースソフトウェア (OSS) ライセンスで注意することはどんなことかな？

著作権が放棄されていないから、原作者の定めるライセンス条件に従う必要がある点だよ！

オープンソースソフトウェア (OSS) ライセンスとは

オープンソースソフトウェアは、プログラムのソースコードが公開されていて、第三者がそれを入手して使用して改変して使用することができ、且つ開発者等がプログラムの著作権を保有していて、OSSの利用者は、開発者らが定めたライセンス条件に従ってプログラムを複製、改変及び頒布できるソフトウェアです。

現在ではOSSが豊富にあり、様々な機能がOSSで利用可能です。例えば、最近注目されているAIの機能を実装したOSSも多数公開されており、これらを利用することにより短期間で人工知能をシステムに実装することが可能になっています。

OSSライセンスで最も注意が必要な点は、OSSは著作権が放棄されていないので、原作者の定めるライセンス条件に従う必要がある点です。そのライセンス条件は、原作者が定めることができますが、共通する条件があります。

この共通する条件は、オープンソース・イニシアティブ(OSI)の定義(オープンソースの条件) が役立ちます。以下、重要な点について説明します。ただし、それぞれの条件の詳細は、個々のOSSライセンス条件によって異なっていますので、詳細については使用するOSSライセンスの中身を確認しましょう。

OSSの共通条件

● 1　再頒布の自由

　オープンソースソフトウェアについては、再頒布の自由が保証されている必要が
あり、第三者の再頒布に対して料金や報酬を課すことはできません。但し、自分自身
が頒布する際には、販売（つまり有償での頒布）も禁止されてはいませんが、その頒
布先（購入者）が無料で再頒布することは禁止できません。

● 2　ソースコードの公開

　オープンソースソフトウェアについては、ソースコードが公開されている必要が
あります。オープンソースソフトウェアの頒布については、コンパイル済の実行形式
とともにソースコードでの頒布も許可されている必要があります。

　例えば、原ソフトウエアのライセンス条件として、頒布の際にソースコードの公開
が義務付けられていたとしたら、ソフトウェア内でオープンソースソフトウェアを使
用している場合には、ソフトウェアの頒布時に、ソースコードも公開する必要があり
ます。なお、サーバのプログラムについては頒布することがないので、サーバのプロ
グラムにオープンソースソフトウェアを使用していたとしても、ソースコードを公
開する必要はないと思われます。

● 3　派生ソフトウェア

　自らが頒布するソフトウェアにオープンソースソフトウェアを使用している場合
には、自らが頒布するソフトウェアについて、その変更と、自らが頒布するソフト
ウェアを改変した派生ソフトウェアの作成を許諾する必要があります。また、派生ソ
フトウェアを、原ソフトウェアと同じライセンス条件で頒布することを許諾する必
要があります。

● 4　差別の禁止

　ライセンスにおいて、特定の個人、団体、グループを差別してはならないとされて
います。また、特定の分野に対し、ライセンスを制限することも許されていません。

● 5　他のソフトウェアの制限の禁止

　派生ソフトウェアとともに頒布するソフトウェアについて、制限を設けることは
できません。例えば、同じ媒体で頒布する他のすべてのプログラムがオープンソー
スソフトウェアであることを要求することはできません。

OSSライセンスの種類

OSSライセンスの数は世界中に無数にありますが、ライセンス条件の制約の強弱で大きく次の3つのグループに分けられます（表1）。

▼表1　OSSライセンスの類型

OSSライセンスの類型	①改変部分のソースコードの公開義務	②他のソースコードの公開義務	各類型のOSSライセンス
コピーレフト型	○	○	GPL, AGPL, EUPL 等
準コピーレフト型	○	×	LGPL, CPL, MPL 等
非コピーレフト型	×	×	BSD, Apache, MIT 等

出典：上山浩「OSSライセンス遵守のための基礎知識」知財管理　Vol. 68　No. 5　2018より抜粋

● 1　コピーレフト型

GPL(GNU General Public License)、AGPL (GNU Affero General Public License)などに代表されるグループであり、伝搬性の最も強い「コピーレフト型」とも言われています。コピーレフトとは、著作者が著作権を保有したまま、著作物の配布条件として、利用者に著作物を複写・改変・再配布する自由を与える一方で、複写・改変・再配布された派生物（二次的著作物）の配布者に対しても、全く同じ条件で派生物を配布することを義務付けるという考えです[1]。

このグループでは、ソフトウェアの再配布の自由、改変と改変物の配布の自由が保証されている必要があります。また第三者がソースコード（改変後のソースコードも含む）を入手できるよう公開されていなければなりません。また、GPLソフトウェアをその一部に使用したソフトウェアについては、当該GPLソフトウェアの派生物として、GPLが適用されることになるなど、最も制約の強いライセンス条件です。

また、GPLで提供されるOSS又はその改変物を使用してネットワーク上のサービスを提供する場合、そのサービスをネットワーク経由で利用するエンドユーザは、ソースコードへアクセスする権利を持つとは解釈されていません。他方、GNU AGPL(GNU Affero General Public License)においては、こうした場合にもユーザにはソースコードにアクセスする権利を認める必要があります。

[1] 情報処理推進機構：OSSライセンスの比較及び利用動向ならびに係争に関する調査報告書（2010）

● 2　準コピーレフト型

　準コピーレフト型は、GPLよりも制約の緩い、コピーレフト性を弱めたライセンスです。MPL (Mozilla Public License) などがあります。

　このグループでも、ソフトウェアの再配布の自由、改変と改変物の配布の自由が保証されている必要があります。またMPLで提供されるOSSを改変した場合には、改変物は元のOSSと同じライセンス条件を適用しなければなりません。

　MPLにおいては、ライセンサーは、OSSに含まれる特許権などの知的財産権を、ライセンシーに対して無償でライセンスする必要があるという点が特徴です。

　すなわち、MPLにおいては、OSSを含むアプリを開発した場合に、このOSSに実装されている特許技術については、このアプリを改変しようとする第三者に対して無償で特許権のライセンスを許諾する必要があります。すなわち、この場合には、この特許技術の特許権を第三者に対して行使することができなくなるという制約がついてしまいます。

　仮に、特許技術が、競合企業との間で差別化を図り、技術的な優位性を担保する部分であるとしたら、このMPLで提供されるOSSを使用してしまうと、競合会社もこの技術を使用できてしまうので、このMPLで提供されるOSSを使用してはいけません。時間及びコストがかかったとしても、その部分については自社で最初から実装するか、そのような制約がないOSSを使用するかする必要があります。

● 3　非コピーレフト型

　非コピーレフト型は、コピーレフト性をなくしたライセンスで、MIT License、Apacheソフトウェア財団(ASF)によるソフトウェア向けライセンス規定であるApache Licenseなどがあります。

　このタイプの大きな特徴は、OSSのライセンシーに対し、ソースコードの開示や再配布を求めない点にあります。つまり、オブジェクトコードのみの再配布でも許されます。ただし、再配布の際には、ライセンス本文、著作権表示、Disclaimer条項を含める必要があります。

　また、このタイプのライセンスの中には、ライセンサーが、OSSに含まれる特許権などの知的財産権を、ライセンシーに対して無償でライセンスする義務を課す条項が含まれる場合もありますので、ライセンス条項を確認する必要があります。

　仮に、ライセンスの中に、ライセンサーが、OSSに含まれる特許権などの知的財産権を、ライセンシーに対して無償でライセンスする義務を課す条項が含まれてい

る場合には、上述したように、特許技術が含まれる部分については自社で最初から実装するか、そのような制約がないOSSを使用するかする必要があります。

　例えば、Apache License 2.0には、以下の特許ライセンスの付与に関する規定が存在します[2]。携帯電話端末向けOSであるAndroidの大部分がApache License 2.0でライセンスされています[3]。

[2] https://www.apache.org/licenses/LICENSE-2.0
[3] https://source.android.com/setup/start/licenses

---

3. Grant of Patent License. Subject to the terms and conditions of this License, each Contributor hereby grants to You a perpetual, worldwide, non-exclusive, no-charge, royalty-free, irrevocable (except as stated in this section) patent license to make, have made, use, offer to sell, sell, import, and otherwise transfer the Work, where such license applies only to those patent claims licensable by such Contributor that are necessarily infringed by their Contribution(s) alone or by combination of their Contribution(s) with the Work to which such Contribution(s) was submitted. If You institute patent litigation against any entity (including a cross-claim or counterclaim in a lawsuit) alleging that the Work or a Contribution incorporated within the Work constitutes direct or contributory patent infringement, then any patent licenses granted to You under this License for that Work shall terminate as of the date such litigation is filed.

和訳
3. 特許ライセンスの付与　本ライセンスの諸条件に従って、各コントリビューター（貢献者）は、永続的、世界的、非独占的、無償、ロイヤリティフリー、取消不能（本節に記載の場合を除く）の特許ライセンスであって成果物の製造、製造完了、使用、販売の申し出、販売、輸入、およびその他の方法による譲渡するための特許ライセンスを付与する。ただし、このようなライセンスは、コントリビューターによってライセンス可能な特許クレームのうち、コントリビューション（派生物）単独によって、または、コントリビューション（派生物）が提出される成果物とコントリビューション（派生物）との組み合わせによって必然的に侵害されたもののみに適用される。あなたが誰かに対して、成果物あるいは成果物に組み込まれたコントリビューションが直接または間接的な特許侵害を構成するとして特許侵害訴訟（交差請求、反訴を含む）を起こした場合、本ライセンスに基づいてあなたに付与

された特許ライセンスは、そうした訴訟が提起された時点で終了する。

ここでいうコントリビューターは、ライセンスを受けて改変し、派生物を再頒布する者（プログラマー）です。

例えば、A社が、プログラムの特許を保有しており、このApache Licenseに基づいて作成した特許発明に係るプログラムを含むアプリを配信し、Apache License規定に基づいてソースプログラムを公開します。これにより、A社は、Apache Licenseに基づいてソースプログラムを公開した時点で、そのソースプログラムに係る特許のライセンスも許諾したことになります。

この場合において、B社が、A社によって公開されたソースプログラムを改変して別のアプリを配信していた場合において、仮にA社がB社を特許侵害で訴えた時には、訴えた時点においてA社に対するApache Licenseに基づく特許ライセンスは終了します。そのため、特許発明に係るプログラムについては、Apache Licenseを用いて作成してしまうと、特許権利行使ができなくなってしまいます。

このプログラムの特許が他社に対する差別化要因であり、優位性を保持できるものであるとするならば、他社の使用を許諾すべきものではないので、このプログラムについては、Apache Licenseを使用せずに、自社で独自に開発すべきです。

用語の解説

オープンソース・イニシアティブ（OSI）：オープンソースを促進している米国の団体。
コピーレフト：著作者が著作権を保有したまま、著作物の配布条件として、利用者に著作物を複写・改変・再配布する自由を与える一方で、複写・改変・再配布された派生物（二次的著作物）の配布者に対しても、全く同じ条件で派生物を配布することを義務付けるという考え。

6 IoTはどういう観点から特許で保護できるの？

IoTはどういう観点から特許で保護できるのかな？

いろいろな観点から保護できるよ！

IoTとは

　近年、物のインターネットいわゆるIoT（Internet of Things）が流行しています。あらゆる物がインターネットに接続されることによって、あらゆるものからデータが取得でき、取得したデータを用いて新たなサービスを展開することができます。取得したデータが蓄積されるとビッグデータとなり、そのビックデータをどのようにビジネスに活用するかも重要になっています。それでは、特許では、そのようなIoTビジネスをどのように保護できるのでしょうか？　以下、IoTビジネスにおいて特許で保護できる可能性があるものについて説明します。

IoTビジネスにおいて特許で保護できる可能性があるもの

●1　センサという物

　まず、物からデータを取得する際に、新たなセンサを開発した場合には、センサという物について特許で保護できる可能性があります。

●2　通信方式

　また、データ通信については、IoTに特化した通信方式について、新たに特許を取得できる可能性があります。この通信方式については、標準化することによって、通信方式についてのパテントプールを形成し、パテントプール内の特許を一括でライ

センスしていくというモデルが考えられます。このように、通信方式については、標準化とともに、その標準方式で使用され得る技術について、標準団体に提案する前に特許出願をすませておくことが重要になるでしょう。

●3 データ処理

データ収集後のサーバにおける処理について特許で保護できる可能性があります。

●4 ビックデータ仲介のプラットフォーム

IoTなどのデータについては、フォーマットが各社で異なると思われますので、そのデータを管理するようなプラットフォームを構築して、ビックデータの提供を仲介するプラットフォームビジネスが考えられます。

物から得られるデータについて、個人が特定されないようにデータが加工された後のデータについては、第三者に提供可能であるという契約をあらかじめ結んでおくことによって加工後のデータについて流通の対象にすることができます。

●5 ビックデータの処理

ビックデータの処理について特許で保護できる可能性があります。

このようにIoTに関しては、様々な観点から特許で保護できる可能性があるため、それぞれについて保護できないか検討するとともに、1つではなく多面的に保護ができないかどうか検討することが推奨されます。

ビックデータの不正競争防止法上の「限定提供データ」として保護

ビックデータそのものについては、特許の保護対象にならないと思われますが、不正競争防止法上の「限定提供データ」として保護を受けられる可能性があります。ここで、**限定提供データ**とは、「業として特定の者に提供する情報として電磁的方法（電子的方法、磁気的方法その他人の知覚によっては認識することができない方法）により相当量蓄積され、及び管理されている技術上又は営業上の情報（秘密として管理されているものを除く。）」を指します（改正不正競争防止法2条7項）。そして、①特定の者に提供するという**限定提供性**、②ID・パスワードによる認証、暗号化または専用回線・専用アプリなどによって電磁的に管理されているという**電磁的管理性**、

③データが相当量蓄積されているという**相当蓄積性**の3つが要件が充足すれば、不正競争防止法の「限定提供データ」として保護を受けられます。通常、ビックデータの場合には相当量蓄積されるので、①特定の者に提供するという**限定提供性**、②ID・パスワードによる認証、暗号化または専用回線・専用アプリなどによって電磁的に管理されているという**電磁的管理性**を満たすことができれば、このビックデータの不正取得行為や不正使用行為等、悪質性の高い行為に対して、民事訴訟法上の措置（差止請求権、損害賠償請求権等）をとることができます。よって、ビックデータを、限定提供性及び電磁的管理性を満たすように管理することが重要になります。

2

7 人工知能（AI）は、特許権、著作権で保護されるの？

 AIを用いた新サービスを開始する予定ですが、どのようなものが特許権、著作権で保護される可能性があるのかな？

 それじゃあ、仮想事例を用いて考えてみよう！

「猫か犬かを画像認識するアプリを配信するサービス」で考えてみる

　まずは、猫または犬が撮影された画像から、被写体が猫か犬かを判別することができるAIが搭載されたアプリを配信するサービスを仮想事例として、AIで用いられるデータ及びプログラムについて整理してみましょう。

　アプリの開発フェーズでは、猫または犬の画像と予めその画像を人が見て判別した結果の組を学習用のデータセットとして、ニューラルネットワークの学習用プログラムに入力して、ニューラルネットワークのパラメータ（結合荷重）を更新する学習を行います。学習が済んだ学習済みモデル（＝AI）がアプリに搭載されてアプリが配信されます。これにより、ユーザがアプリに画像データを入力することにより、アプリは被写体が猫か犬かの判別結果を出力します。

　ここで猫または犬の画像と予めその画像を人が見て判別した結果の組が学習用データセットの一例になります。またパラメータ（結合荷重）の更新が完了した後のニューラルネットワークが学習済みモデルの一例になります。またアプリを配信するサービスが、学習済みモデルを用いたサービスの一例になります。また、ユーザがアプリに入力する画像データは人工知能が処理対象とする処理対象データの一例になります。

特許権、著作権での保護について

　以下では、処理対象データ、学習用データセット、学習用プログラム、学習済みモデル及び学習済みモデルを用いたサービスそれぞれについて、特許権、著作権で保護されるか説明します。

● 1　処理対象データについて

(1) 特許権

　通常、処理対象データは単なる情報にすぎないため、特許法上の発明に該当せず、特許権で保護されることはありません。

(2) 著作権

　著作物性が認められる場合には保護される可能性がありますが、通常、処理対象データ自体は創作性が認められませんので、著作権で保護される可能性は低いと思われます。

● 2　学習用データセットについて

(1) 特許権

　通常は、単なる情報にすぎないため、特許法上の発明に該当せず、特許権で保護されることはありません。

(2) 著作権

　情報の選択又は体系的な構成によって創作性を有するものはデータベースの著作物として著作権で保護されます（著作権法12条の2）。通常は、創作性が認められにくいと思われますので、不正競争防止法の**限定提供データ**として保護されることを検討する必要があります。

● 3　学習用プログラムについて

(1) 特許権

　特許法上の「プログラム等」に該当する場合、新規性・進歩性などの特許要件を満たせば、コンピュータ・ソフトウェア関連発明として特許権で保護される可能性があります。

(2) 著作権

　プログラムの著作物として著作権で保護されます（著作権法10条1項9号）。但し、オリジナルのソースプログラムを見ることなく、偶然、同一または類似のプログラムが作成された場合、この作成されたプログラムはオリジナルのプログラムに依拠して作成されたものに該当せず、著作権侵害を問えない点に注意が必要です。

● 4 学習済みモデルについて

(1) 特許権

学習済みモデルが学習後のパラメータ（結合荷重）を含むプログラム（学習済みモデルがコンピュータによる情報処理を規定するもの）に該当する場合は特許権の保護対象となりますので、特許権で保護される可能性があります。一方、通常、関数自体、行列自体には発明成立性が認められず、関数自体、行列自体は特許権で保護される可能性は低いと思われます。

(2) 著作権

学習済みモデルが学習後のパラメータ（結合荷重）のデータベースとして表されている場合には、「データベースの著作物」として著作物と認められる可能性があります。一方、学習済みモデルが学習後のパラメータ（結合荷重）を含むプログラムに該当する場合は、「プログラムの著作物」として認められる可能性があります。

● 5 学習済みモデルを用いたサービスについて

(1) 特許権

当該サービスがアプリ等のソフトウェアの配信またはコンピュータシステムを用いたサービスなどの場合、当該ソフトウェアまたはコンピュータシステムは新規性・進歩性などの特許要件を満たせば、コンピュータ・ソフトウェア関連発明として特許権で保護される可能性があります。

(2) 著作権

当該サービスがアプリ等のソフトウェアの配信の場合、当該ソフトウェアはプログラムの著作物として著作権で保護されます（著作権法10条1項9号）。但し、オリジナルのソフトウェアのソースプログラムを見ることなく、偶然、同一または類似のソフトウェアが作成された場合、この作成されたソフトウェアはオリジナルのプログラムに依拠して作成されたものに該当せず、著作権侵害を問えない点に注意が必要です。

特許権、著作権の保護対象について

処理対象データ、学習用データセットについては特許権で保護対象にはなりませんが、学習用プログラム、学習後のパラメータ（結合荷重）を含むプログラム、学習済みモデルを用いたサービスについては、特許権の保護対象になりえます。

一方、処理対象データについては著作権の保護対象になる可能性は低いですが、学習用データセット、学習用プログラム、学習済みモデルを用いたサービスについては、著作権の保護対象になりえます。

また、学習済みモデルが学習後のパラメータ（結合荷重）のデータベースとして表されている場合には、「データベースの著作物」として著作物と認められる可能性があります。一方、学習済みモデルが学習後のパラメータ（結合荷重）を含むプログラムに該当する場合は、「プログラムの著作物」として認められる可能性があります。

なお、学習済みモデルを含む上記5項目全てについて、秘密管理性、有用性、非公知性の三要件を満たせば営業秘密として不正競争防止法によって保護される可能性があります。

用語の解説

限定提供データ：業として特定の者に提供する情報として電磁的方法（電子的方法、磁気的方法その他人の知覚によっては認識することができない方法）により相当量蓄積され、及び管理されている技術上又は営業上の情報（秘密として管理されているものを除く。）（改正不正競争防止法2条7項）

8 人工知能（AI）を利用したビジネスを特許で保護するには？

どのような特許の書き方をすれば、AIを利用したビジネスをカバーすることができるの？

それじゃあ、仮想事例を用いて考えてみよう！

「リンゴの糖度データの予測方法」で考えてみる

　近年の人工知能（AI）に関する技術開発の進展に伴い、日本の特許庁でも人工知能に関連する技術を保護するために審査基準や審査ハンドブックの改訂が行われました。ここでは、審査ハンドブックの「リンゴの糖度データの予測方法」の事例をベースにして、AIを利用したビジネスをカバーすることができる特許の書き方を考えてみます（審査ハンドブック付属書A　3.1発明該当性　事例3-2）。

　「リンゴの糖度データの予測方法」の概要は、以下のとおりです（図1）。

①果樹に実った収穫前のリンゴの糖度データを、携帯型のリンゴ用糖度センサにより計測し、計測された糖度データが端末装置へ転送される。
②計測された糖度データが端末装置からサーバに送信される。
③サーバは、ニューロン間の重み付け係数が最適化されたニューラルネットワークを用いる場合、収穫X日前の時点よりも以前に計測されたリンゴの糖度データ、並びに、当該収穫X日前の時点よりも以前の気象条件データ、及び、当該収穫X日前の時点よりも以後の予測気象条件データを入力層に入力し、出荷時のリンゴの糖度データを出力層から出力することにより、予測が行われる。
④予測した出荷時の糖度データがサーバから端末装置に送信される。

▼図1　リンゴの糖度データの予測方法の概要図

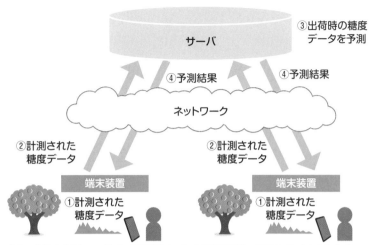

出典：特許庁「審査ハンドブック付属書Ａ　3. 1発明該当性　事例3-2」をもとに作成
https://www.jpo.go.jp/system/laws/rule/guideline/patent/handbook_shinsa/kaitei/
document/handbook_shinsa_h3101/ai-jirei.pdf

請求項と明細書の書き方

　この事例では、サーバで機械学習による分析が行われますが、このようなAIに関する技術を適切に保護するためには、特許出願の請求項において、例えば以下の請求項案のように、AI（例えば機械学習）による実装とAIではないルールベースの実装の両方を包含するように記載することが望ましいと思われます。

［請求項案］
　サーバの分析部が、**収穫前の所定期間分のリンゴの糖度データ及び気象条件データ**と、**出荷時のリンゴの糖度データ**との関係を、過去の実績に基づいて分析する工程と、
　サーバの受信部が、**端末装置により計測された所定期間分のリンゴの糖度データ**を受信する工程と、
　サーバの予測部が、前記分析した関係に基づいて、前記**受信した所定期間分のリンゴの糖度データ及び過去・将来の気象条件データ**を入力として、**将来の出荷時のリンゴの糖度データ**を予測して出力する工程と、
を含む、リンゴの糖度データの予測方法。

また、明細書には、請求項の発明が機械学習で実施される態様も含むように、例えば以下のように、具体的にどのような機械学習の手法を用いるかを記載しておくことが望ましいです。

　例えば、機械学習の学習時の動作については以下のように記載することが考えられます。

　「サーバの分析部は、**収穫前の所定期間分のリンゴの糖度データ及び気象条件データ**と、**出荷時のリンゴの糖度データ**との関係を機械学習により分析する。この機械学習には、ニューラルネットワークによるディープラーニング等の任意の手法が用いられる。例えば、ニューラルネットワークであれば、**収穫X日前の時点よりも以前に計測されたリンゴの糖度データ、及び、収穫前の気象条件データ**を入力層に入力し、**出荷時のリンゴの糖度データ**を出力層から出力するように構成し、これら入力層に入力するデータと出力層から出力するデータとが紐付けられた分析用データを用いた教師あり学習によって、ニューラルネットワークのニューロン間の重み付け係数が最適化される。」

　例えば、機械学習の学習後に未知データに対して予測する際の動作については以下のように記載することが考えられます。

　「サーバの予測部は、分析部で得られた関係に基づいて、**端末装置で計測された所定期間分のリンゴの糖度データ及び過去・将来の気象条件データ**を入力として、**将来の出荷時のリンゴの糖度データ**を予測する。例えば、上記のニューラルネットワークであれば、**収穫X日前の時点よりも以前に計測されたリンゴの糖度データ、並びに、その収穫X日前の時点よりも以前の気象条件データ、及び、その収穫X日前の時点よりも以後の予測気象条件データ**を入力層に入力し、**出荷時のリンゴの糖度データ**を出力層から出力することにより、予測が行われる。」

　実際には、上記の請求項案及び明細書の**太字の部分**を、自社のビジネスモデルにあわせた**入力データ**と**出力データ**に置き換えれば、自社のビジネスモデルを特許で保護できる可能性があります。

　また、明細書には、請求項の発明がAIではないルールベースで実施される態様も含むように、具体的にどのようにルールベースで実施されるかを記載しておくこと

が望ましいです。

　例えば、ルールベースで実施される場合の分析の動作については以下のように記載することが考えられます。

> 「サーバの分析部は、**収穫前の所定期間分のリンゴの糖度データ及び気象条件データ**と、**出荷時のリンゴの糖度データ**との関係をルールベースにより分析する。このルールベースには、テーブルから割り出す方法等の任意の手法が用いられる。例えば、テーブルから割り出す方法であれば、**リンゴの糖度データのレンジ、と収穫前の気象条件データのレンジとの組に対して、出荷時のリンゴの糖度データが関連付けられたテーブルがストレージに記憶される。**」

　例えば、テーブルが完成後に未知データに対して予測する際の動作については以下のように記載することが考えられます。

> 「サーバの予測部は、ストレージを参照して、**端末装置で計測された所定期間分のリンゴの糖度データ及び過去・将来の気象条件データ**を入力として、**将来の出荷時のリンゴの糖度データ**を予測する。例えば、ストレージの上記のテーブルを参照して、収穫X日前の時点よりも以前に計測されたリンゴの糖度データ、並びに、その収穫X日前の時点よりも以前の気象条件データ、及び、その収穫X日前の時点よりも以後の予測気象条件データに対応する、**出荷時のリンゴの糖度データ**をテーブルから読み出すことにより、予測が行われる。」

AI発明の特許の可能性

　AIを用いた新しいビジネスを考えるということは、**入力データと出力データの組み合わせ**を考えることでもあります。もしその組み合わせが今までにない新しいものであれば、そして、その技術分野でほとんどAIが使用されていないのであれば、上述したように、その技術分野でAIに関する先行技術文献がほとんど存在しないため、審査で類似の先行技術文献が見つからず、特許権利化できる可能性が高まるでしょう。

用語の解説

AI：Artificial Intelligence（人工知能）の略で、人間の知的ふるまいの一部をソフトウェアを用いて人工的に再現したもの。

9 AI技術において知財面で どんなことに注意したら いいの？

AI技術において知財面でどんなことに注意したらいいのかな？

特許の有効性、OSSライセンス、データの秘密管理について注意する必要があるよ

AI（人工知能）について

近年、AIの開発が様々な分野において行われています。AI技術において競争力を維持・向上させるために、AI技術を知財面で適切に保護することが必要です。

そこで、AI特許を分類して、分類毎に、その保護の仕方について説明します。その後、AIの開発において知財面で注意する点について説明します。

AI特許の分類

AI技術の発明には、大きく分けて2つに分かれます。

1つは、AIのアルゴリズム自体に特徴があるものです。これについては、アルゴリズムが新しければ、特許になる可能性が高いものの、内部のアルゴリズムであるため、侵害の立証が容易ではないという問題があります。

よって、AIのアルゴリズムの発明については特許出願せずに、**営業秘密**として厳重に管理することがお勧めです。それに合わせて、他社がそのAIアルゴリズムの特許を取ってしまっても、自社がそのAIアルゴリズムを用いたビジネスを継続できるように、先使用権の確保のための対策をしておく必要があります。

もう1つは、AI技術を新たな用途に使用する発明です。この場合、アルゴリズムは既存のものを使用しますが、用途が新しいのでAIに入力される入力データと、AIから出力される出力データとの組が従来なかったものになります。

このAI技術を新たな用途に使用する発明については、請求項では入力データと、出力データを規定するものの、内部のアルゴリズムについて規定する必要がない場合があり、侵害の立証ができる可能性があります。また仮に競合他社が、自社の発明と同じ発明について特許権を取得し、自社のサービスがその特許権の権利範囲に入る場合には侵害状態となり、その特許権の権利範囲外になるように設計変更できず且つその特許の無効化もできないという最悪の場合には、その事業から撤退しなくてはいけない可能性があります。

よって、AI技術を新たな用途に使用する発明については、基本的には、競合他社が出願するより前に出願できるよう、なるべく早く特許出願するほうがよいと思われます。

AI技術において知財面で注意する点

AI技術の知財については、特に以下の点に注意しましょう。

1　特許の有効性の確保

一番気をつけてほしいことは、出願するAI特許の有効性の確保です。出願時及び権利化過程において、先行文献による新規性・進歩性の確認と、明確性要件、実施可能要件を十分満たしているかをチェックします。有効性が危ういとそれだけ無効審判などで特許を無効化されてしまうリスクが高まるからです。

(1) AIアルゴリズム特許

ほとんどのアルゴリズムは今や古典的なものになってしまいました。先行例で似たようなアルゴリズムが開示されていて、評価対象の特許と先行例の違いが「AIのアルゴリズム」だけの場合、有効性を疑うべきです。先行例との違いが明確でなければ、評価対象の特許には進歩性がないとして無効になる可能性があります。有効性が危ういとそれだけ無効審判などで特許を無効化されてしまうリスクが高まります。

(2) AI技術を新たな用途に使用する特許

AI技術を新しい用途に使うというような特許は進歩性に欠けることがあります。これも1つ目のポイントに似ていますが、すでに「新しい用途」が先行例で開示されている場合、進歩性に欠ける場合があります。

●2 オープンソースソフトウェア（OSS）ライセンスについて

次に確認する点は、オープンソースソフトウェア（Open Source Software：略してOSS）ライセンスです。特許を取っていても、AIが使われた商品やサービスに特定のオープンソースソフトウェア（OSS）が使われていると、そのライセンス規約上、OSSを使用している技術については他社に特許権を行使することができない可能性がありますので、ライセンス規約を確認する必要があります。

また、OSSのライセンス形態の中で特に注意しなくてはいけないのが、「コピーレフト型」と呼ばれるライセンスです。コピーレフトとは、「著作権は保持しつつも、二次的な著作物も含めて、すべての人が利用、改変、再配布できるべきである」という考え方を表す言葉です。代表的なコピーレフト型ライセンスとしては、GPL、LGPL、CPLなどが知られています。

コピーレフト型のOSSライセンスでは、「改良・再配布された派生物も元の著作物と同じ条件で配布しなければならない」とされています。例えば、ある開発者がOSSを元にソフトウェアを改良した場合でも、配布する際にほかのライセンス条件に変えることはできません。また、コピーレフト型ライセンスを持つOSSを改変した場合には、ソースコードを公開することが義務付けられています。

よって、コピーレフト型ライセンスを持つOSSを改変したものを、対象会社がアプリまたはサーバの処理で使用している場合には、OSSによっては、そのソースコードを公開しなければならないと規定されている場合（例えばGNU AGPLの場合）があり、その場合には、他社は、そのソースコードをコピーすることが可能になり、他社が簡単に同様のサービスを展開できてしまいます。

すでにAIを使った商品やサービスがある場合は、どのようなオープンソースソフトウェア（OSS）が使われていて、それぞれどのようなライセンス規約なのかをチェックする必要があります。

●3 トレーニングデータに価値があるなら特許ではなく秘密情報として社内で管理

AIの善し悪しは、AIを教育する学習用データの質によって大きく変わります。しかし、AIのアルゴリズムや用途と違い、学習用データは特許では守れません。その理由はトレーニングデータ自体はデータで発明の要素というものがないからです。そのようなトレーニングデータに価値がある場合、特許ではなく**秘密情報**として社内で管理・運営していく必要があります。

学習用データそのものではなく、学習用データの選び方や学習用データの洗練方法の場合、方法特許を取れるかもしれませんが、そのような方法特許の侵害を立証するのは難しいので、学習用データの選び方等も秘密情報として社内で管理・運営していったほうがいいでしょう。

用語の解説

AI：Artificial Intelligence（人工知能）の略で、人間の知的ふるまいの一部をソフトウェアを用いて人工的に再現したもの。
オープンソースソフトウェア（Open Source Software：略してOSS）：利用者の目的を問わずソースコードを使用、調査、再利用、修正、拡張、再配布が可能なソフトウェアの総称である。
派生物：OSSを改良・再配布した二次的著作物。

2

10 ブロックチェーン技術において知財面でどんなことに注意したらいいの？

ブロックチェーン技術において知財面でどんなことに注意したらいいのかな？

特許の有効性、OSSライセンスについて注意する必要があるよ

ブロックチェーンとは？

　金融とテクノロジーを掛け合わせた「フィンテック」が、日本でも注目を集めています。その代表例の1つにビットコインを始めとする「仮想通貨（暗号資産）」があります。

　その「仮想通貨（暗号資産）」が通貨として機能し、サービスが成り立つ上で非常に重要な技術と言われているのが「ブロックチェーン」です。

　「ブロックチェーン」とは、ビットコインの中核となる「取引データ」技術のことを指します。取引のデータ（履歴）を「トランザクション」と呼び、そして、複数のトランザクションをまとめたものを「ブロック」と言います。このブロックが連なるように保存された状態が「ブロックチェーン」です（図1）。

▼図1　ブロックチェーンの模式図

ブロックチェーンは分散して管理されるのが特徴で、ビットコインを利用しているあらゆるユーザーのコンピューターに保存されます。

　銀行のような特定の管理機関がないため、権限が一箇所に集中することはありません。

　そのためシステム障害に強く、かつ低コストで金融サービスが運用できると期待されています。

　ブロックチェーンは「分散」しており、ユーザ同士が管理しています。この形式を「P2P（ピアツーピア）方式」といい、「分散型取引台帳」とも呼ばれています。

　金融機関を介さず、ユーザ同士でシステムを管理し合う構造です。

　取引データ（履歴）である「トランザクション」には、「何月何日にAからBへ○○BTCを送金した」という内容のデータが記録され「ブロック」になります。

　このデータはオープン化されているため、誰でも確認することができます。しかし、トランザクションの「具体的な取引内容」はハッシュ関数によって「暗号化」されるという特徴があります。

　ハッシュ関数とは、元となるデータから一定の文字数の不規則な文字列（ハッシュ値）を生成する関数です。同一のデータであれば同じハッシュ値が生成されますが、少しでも異なれば全く異なるハッシュ値が生成されます。また、生成された文字列から、元のデータを読み取ることができない「不可逆性」を持っているのが特徴です。

　ブロックデータには、ハッシュ関数によって暗号化されたトランザクションと直前のブロックデータのハッシュ値が含まれています。

　直前のハッシュ値と、「ナンス値」という特別な数字を見つけ出すことにより整合性が取ることができ、ブロックがブロックチェーンへ新たに追加されていきます。

ブロックチェーン特許の分類

　1つは、ブロックチェーンのアルゴリズム自体に特徴があるものです。これについては、アルゴリズムが新しければ、特許になる可能性が高いものの、内部のアルゴリズムであるため、侵害の立証が容易ではないという問題があります。

　よって、ブロックチェーンのアルゴリズムの発明については特許出願せずに、「営

業秘密」として厳重に管理することがお勧めです。それに合わせて、他社がそのブロックチェーンのアルゴリズムの特許を取ってしまっても、自社がそのブロックチェーンのアルゴリズムを用いたビジネスを継続できるように、先使用権の確保のための対策をしておく必要があります。

　もう1つは、ブロックチェーン技術を新たな用途に使用する発明です。この場合、アルゴリズムは既存のものを使用しますが、用途が新しいので取引データ（履歴）そのものが従来なかったものになります。

　このブロックチェーン技術を新たな用途に使用する発明については、請求項では取引データ（利益）が何であるかを規定するものの、内部のアルゴリズムについて規定する必要がない場合があり、侵害の立証ができる可能性があります。また仮に競合他社が、自社の発明と同じ発明について特許権を取得し、自社のサービスがその特許権の権利範囲に入る場合には侵害状態となり、その特許権の権利範囲外になるように設計変更できず且つその特許の無効化もできないという最悪の場合には、その事業から撤退しなくてはいけない可能性があります。

　よって、ブロックチェーン技術を新たな用途に使用する発明については、基本的には、競合他社が出願するより前に出願できるよう、なるべく早く特許出願するほうがよいと思われます。

ブロックチェーン技術において知財面で注意する点

　ブロックチェーン技術の知財については、特に以下の点に注意しましょう。

● 1　特許の有効性の確保

　一番気をつけてほしいことは、出願するブロックチェーン特許の有効性の確保です。出願時及び権利化過程において、先行文献による新規性・進歩性の確認と、明確性要件、実施可能要件を十分満たしているかをチェックします。特に、初期のブロックチェーン特許に対する先行例は少ないので、実施可能要件を満たすためにはより多くの開示が求められる可能性があります。有効性が危ういとそれだけ無効審判などで特許を無効化されてしまうリスクが高まるからです。

(1) ブロックチェーンのアルゴリズム特許

　先行例で似たようなアルゴリズムが開示されていて、評価対象の特許と先行例の違いが「ブロックチェーンのアルゴリズム」だけの場合、有効性を疑うべきです。先

行例との違いが明確でなければ、評価対象の特許には進歩性がないとして無効になる可能性があります。有効性が危ういとそれだけ無効審判などで特許を無効化されてしまうリスクが高まります。

(2) ブロックチェーン技術を新たな用途に使用する特許

　ブロックチェーン技術を新しい用途に使うというような特許は進歩性に欠けることがあります。ブロックチェーン技術は仮想通貨だけでなく、流通や身分証明など様々な用途に活用できる可能性がある技術です。汎用性が高い技術なので、すでにブロックチェーン技術の適用先として「新しい用途」が先行例で開示されている場合、ブロックチェーン技術の新しい使い方などの特許には進歩性が欠けている可能性があります。ブロックチェーンの用途だけが新しい特許だと、有効性が危ぶまれるので、無効審判などによる特許無効リスクが高まります。

● 2　オープンソースソフトウェア (OSS) ライセンス (オープンソースライセンス) について

　特許を取っていても、ブロックチェーンが使われた商品やサービスに特定のオープンソースソフトウェア (OSS) が使われていると、そのライセンス規約上、他社に特許技術のコピーを許してしまうような状況にも陥りかねません。すでに評価対象の会社が、ブロックチェーンが使った商品やサービスがある場合は、どのようなオープンソースソフトウェア (OSS) が使われていて、それぞれどのようなライセンス規約なのかをチェックする必要があります。

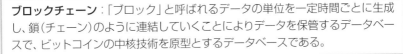

用語の解説

ブロックチェーン：「ブロック」と呼ばれるデータの単位を一定時間ごとに生成し、鎖(チェーン)のように連結していくことによりデータを保管するデータベースで、ビットコインの中核技術を原型とするデータベースである。

第3章

製造業の知財の基礎知識を整理しよう

1 新たな部品を開発しました。知財で注意することは？

新たな部品を開発したんだけど、知財で注意することは何かな？

まずは特許クリアランス調査だね！

特許クリアランス調査

　クリアランス調査とは、他社の特許権を侵害していないか否か調査するものです。せっかく新たな部品を開発しても、他社の特許を侵害している可能性が高い場合には、そのまま製造・販売するのではなく、他社の特許に抵触しないように設計変更を検討すべきです。

　これは、部品の量産を開始してからでは、費用と時間の大きな損失になってしまうので、試作品の製作段階までに、望ましくは試作品の設計段階までに行うべきです。

　自社で特許出願し、審査を経て特許が登録された場合には、その技術について独占的に実施することができます。部品の場合、市場に流通するものであり、他社の部品を入手することが可能であることから、特許権の侵害の発見が比較的容易です。このため、新しい部品を開発した場合、特許出願することが望ましいでしょう。しかし、仮に自社で特許出願しなくとも、クリアランス調査をして他社の特許権を侵害しないことが分かっていれば、その技術については自社で実施することはできます。ただし、その場合には、自社が特許権を持っているわけではないので、自社と同じ技術の部品を製造販売する他社がいたとしても、抗議や排除をすることはできません。この場合は、特許ではなく他の手段（例えば、広告・宣伝、価格、市場への供給タイミングを早くすることなど）で他社に対抗していくことになります。

　一方、他社の特許権を侵害してしまうと、自社で製造・販売できなくなってしまうので、自社にとって最も損失が大きくなります。そういう観点から、クリアランス調

査は非常に重要です。

先行技術調査

新たな品がこれまでにない新規なものである可能性がある場合には、特許取得の可能性がありますが、その場合には先行技術調査をして、新規性があるか否か調査することが好ましいでしょう。先行技術調査をすることによって、今回開発した新たな部品と先行技術の部品との違いが明確になるので、その明確な違いについて、更にその違いを深く掘り下げることによって、特許取得の可能性が高まるからです。

どの範囲で特許を取得するかの検討

先行技術調査が終われば、どの範囲で特許を取得するかを検討しましょう。

例えば、品が自動車のエンジンである場合を例に考えます。

まずは、開発しているエンジンについて、工夫した点を起点として、従来のエンジンと比べて新しい部分を抽出するとよいでしょう。例えばエンジンのバルブの構造が先行技術と比べて新しい場合には、このバルブの構造について先行技術と比べた本質的な違いを検討する必要があります。この検討の際には、現在、設計している試作機だけでなく、他に取り得る構造について何パターンかを捻り出すことによって、本質的な違いが見出される場合があります。

この場合、設計している試作品及び他に取り得る構造について全てが特許権の権利範囲に含まれるように請求項を作成して特許出願すべきです。エンジンのバルブの技術が新しくバルブ単位で市場で流通する場合（例えば、部品メーカにバルブの製作を依頼している場合など）には、エンジンだけでなくバルブ単位での特許権の取得を検討しましょう。バルブ単位での特許権を取得できれば、このバルブについては自社が特許の使用許可（ライセンス）を与えた部品メーカだけが製造できます。

また、部品を搭載する最終製品（例えば、エンジンを搭載する自動車）についての特許権を取得するかどうか検討する必要があります。部品（ここではエンジン）に特許性が認められれば、その部品を備える最終製品（ここでは自動車）についても特許性が認められる可能性が高いです。一般的に、部品より最終製品の方が単価が高いので、最終製品を販売するメーカに対して権利行使した方が、特許侵害に係る損害賠償額が大きくなる可能性があります。最終製品を販売するメーカは、部品メーカから部品を調達する場合には、部品が特許侵害であった場合には、当該部品メーカに損害賠償責任があることを定めた特許保証を契約時に結んでいることが多いで

す。最終製品が特許発明の技術的範囲に含まれる場合には、特許保証を結んでいたとしても特許侵害をしていることには変わりがないので、差止請求及び損害賠償請求を、競合の部品メーカだけでなく最終製品を販売するメーカに対しても行うことが可能です。

　しかし、現実には、最終製品を販売するメーカは、部品メーカにとって当該部品の将来の顧客候補であったり、別の商品の顧客であったりするので、権利行使をしにくいという面があります。

●意匠クリアランス調査

　製品のデザインが固まってきたら、量産を開始する前に、他社の意匠権に抵触しないかどうかの調査をしましょう。仮に、他社の登録意匠に類似している場合には、類似しないようにデザイン変更を検討しましょう。

●意匠権取得の検討

　他社の意匠権に抵触しないようにデザインを決めたら、意匠出願を検討しましょう。意匠登録することによって、同一または類似の形態で他社が販売することを阻止することができるからです。

　例えば、エンジンの場合、エンジン全体の意匠について検討しましょう。エンジンのバルブの形態が新しい場合には、エンジン全体の意匠だけでなく、エンジンのバルブ部分を権利範囲とする部分意匠出願することも検討すべきです。また、バルブ単位で意匠権を取得できる可能性があります。また、そのエンジンのバルブの形態のうち一部分が新しい形態の場合、その一部分を権利範囲とする部分意匠出願することも検討すべきです。

　また、最終的なデザイン候補が複数ある場合には、そのいずれも関連意匠として意匠出願しましょう。これにより、どのデザインになったとしても意匠権を抑えることができるとともに、意匠権で抑えている権利範囲全体を拡大することができ、より他社が類似のデザインを採用することが難しくなるという利点があります。

用語の解説

部分意匠：製品の一部分の形態に対しても意匠権による保護を与えるものです。
関連意匠：ひとつのデザインだけでなく、そのデザインからさらに創り出された複数のバリエーションの形態に対しても意匠権の保護を与えるものです。

2 海外の工場で大量生産するために金型を海外の工場へ送る予定なんだけど知財面で注意することは?

金型を中国の工場へ送る予定だけど、大丈夫かな?

金型は原則送らない方がよいよ!

大量生産のための金型

　ある会社が製品を大量生産するために、下請けの海外の会社で大量生産するために、金型を海外の工場へ送ることを検討する場合があります。

　万が一、海外の会社で金型が違法にコピーされ、そのコピーされた金型が海外の他の会社に流出した場合には、その海外の他の会社は、コピー製品を製造、販売することができてしまいます。

　その金型で作る部品の形態に、その会社の優位性を担保する技術が含まれている場合には、原則、金型は自社工場から外に出すのは避けましょう。なぜなら、一度、金型がコピーされれば、コピー製品を作るのは容易です。コピー製品が流通すれば、たちまち自社の技術優位性がなくなり、価格競争に陥ってしまうからです。当然、自社の海外工場であっても厳重に管理する体制が取れない場合、製品メーカが海外の工場に金型を送ることを避けた方がよいでしょう。

製品メーカが製品を保護するには

　新しい製品の構造または形態については、特許権、実用新案権または意匠権で保護できる可能性があります。

　物の形態が同時に技術的効果を有する場合には、特許権だけでなく意匠権として保護する道もあります。例えばタイヤのドレッドパターンは、スリップ防止という技

術的効果を有するので、その機能について特許権を取得できる可能性があるとともに、その形態について意匠権を取得できる可能性があります。

　製品の構造または形態について従来にないものであり、従来にはない優れた効果または異質な効果を有する場合には、特許権・実用新案権の取得可能性があるので、特許出願をすることをお勧めします。

　一方、製品の形態について従来にないものであるが、従来と比べて優れた効果または異質な効果がない場合、(特許可能性は低いものの)意匠権の取得可能性があるので、意匠出願をお勧めします。

　というのは、新しい製品の形態について特許権、実用新案権または意匠権を取得しておけば、仮にこれらの権利が侵害された場合、侵害訴訟を提起することによって、その製造・販売の停止を請求することができるからです。また、その請求とともに、付帯請求として侵害者の金型の廃棄を請求することもできます。

金型メーカの対応策

　上記は、製造メーカの話でありましたが、製造メーカから金型製作の委託を受ける金型メーカの場合はどうでしょうか？

　近年、金型メーカの間で、金型図面あるいは加工データの流出が問題になっています。金型発注企業(例えば、製造メーカ)からメンテナンスなどを理由に金型図面や加工データの提出を要求された結果、海外企業による二番型などの製作や類似の金型製造委託などの問題が起こり、国内の金型受注が減少したほか、日本の金型企業が持つ技術やノウハウが流出するという問題が発生しました。

　これに対して、以下の現実的対応と将来的対応があります。

●現実的対応

　金型メーカが、金型図面を顧客である製造メーカに提出する際、ノウハウや材料の発注先を記載せず、できるだけ重要部分は自社で管理することが好ましいでしょう。

●将来的対応

　金型メーカが、オンリーワンの技術またはノウハウを獲得した場合、製造メーカにその内容は開示せず、性能データだけを開示することが考えられます。あるいは発注先と製品を共同開発し、特許権を共有することが考えられます。

ここで特許法73条3項には「特許権者が共有に係るときは、各共有者は、他の共有者の同意を得なければ、その特許権について専用実施権を設定し、又は他人に通常実施権を許諾することができない」と規定されています。金型メーカとその発注先が特許権を共有する場合、発注先は、他の金型メーカに特許ライセンスする際には、特許法73条3項によれば、当該金型メーカの同意が必要になります。ビジネス上、金型メーカが、他の金型メーカへの特許ライセンスを同意することはありえないので、結果的に発注先は、当該金型メーカから金型を購入することになりますので、他社の金型メーカに仕事を奪われるリスクを低減することができます。

3

3 競合他社の新形態の商品が売れています。形態が同じ商品を当社でも販売したらどうなりますか？

競合他社の新形態の商品が売れているね。形態が同じ商品を当社でも販売したらどうなるかな？

競合他社から差止請求、損害賠償請求を受ける恐れがあるよ！

商品形態模倣の禁止（不正競争防止法2条1項3号）

　他人の商品の形態を**模倣**した商品、商品形態模倣の不正競争行為（不正競争防止法2条1項3号）に該当し、不正競争行為として差止や損害賠償請求の対象となります。ここで、模倣とは、他人の商品の形態に依拠して、これと実質的に同一の形態の商品を作り出すことをいいます。ただし、オリジナルの商品が日本国内で最初に販売されてから3年間に限ります（不正競争防止法19条1項5号イ）。

　このように、不正競争防止法により、オリジナルの商品の日本国内における販売開始から3年間は、実質的に同一の形態の商品を販売してはいけないことになっています。仮に販売開始から3年経過する前に、自社が実質的に同一の形態の商品を販売した場合には、オリジナルの商品を製造販売する会社から、販売差し止め及び損害賠償の請求を受ける可能性があります。

　オリジナルの商品を製造販売する会社がその新商品に関する機能について特許権が取得していないならば、オリジナルの商品を販売する会社以外の会社は機能は同じでも、形態が異なるものを販売することは可能ですので、形態の変更を検討するとよいでしょう。

　実質的に同一か否かの判断基準については、東京地判平成11年6月29日「ファッション時計事件」判決において、以下のとおり判示しています。

「問題とされている商品の形態に他人の商品の形態と相違する部分があるとしても、その相違がわずかな改変に基づくものであって、商品の全体的形態に与える変化が乏しく、商品全体から見て些細な相違にとどまると評価される場合には、当該商品は他人の商品と実質的に同一の形態というべきである。これに対して、当該相違部分についての改変の着想の難易、改変の内容・程度、改変が商品全体の形態に与える効果等を総合的に判断したときに、当該改変によって商品に相応の形態的特徴がもたらされていて、当該商品と他人の商品との相違が商品全体の形態の類否の上で無視できないような場合には、両者を実質的に同一の形態ということはできない。」

　すなわち、実質的に同一か否かの判断基準は、問題とされている商品の形態に他人の商品の形態と相違する部分があるとしても、その相違がわずかな改変に基づくものであって、商品の全体的形態に与える変化が乏しく、商品全体から見て些細な相違にとどまると評価される場合には、当該商品は他人の商品と実質的に同一の形態と判断されます。

自社でオリジナルの形態の商品を開発した場合の検討事項

　それでは、逆に、自社でオリジナルの形態の商品を開発した場合には、どのような検討が必要でしょうか？

1　販売前の意匠登録出願の検討

(1) 商品形態模倣と意匠権の期間の比較

　実質的に同一の形態の商品（不正競争防止法2条1項3号）の販売禁止期間は、オリジナルの商品が日本国内で最初に販売されてから3年間に限定されますので、販売前に、意匠登録を検討しましょう。意匠権は、登録されると出願日から25年が保護期間となり、この保護期間が、不正競争防止法2条1項3号の販売禁止期間よりも長いからです。特に製品のライフサイクルが3年以上になるロングラン商品や販売後の模倣が懸念される商品であれば、積極的に意匠出願することをお勧めします。

　一方、製品のライフサイクルが3年未満と短い場合には、意匠登録するか否かは、慎重に考えた方がよいでしょう。

(2) 商品形態模倣と意匠権の保護範囲の比較

但し、商品形態模倣 (不正競争防止法2条1項3号) は、形態を模倣したことが要件になりますが、他人が独自開発した商品と偶然同じような商品形態になってしまった場合は、他人の商品の形態に依拠したとはいえないため、「模倣」には該当しません。しかし、まったく同じ商品形態とまでいえない場合でも、実質的に同一の形態 (たとえば、基本的な形態が同一またはきわめて類似しており、オリジナルの商品に若干の改変を加えただけのような場合等) は、「模倣」とみなされます。すなわち、商品形態模倣 (不正競争防止法2条1項3号) は、実質的に同一の形態までが保護範囲になります。

一方、意匠権は、他人の商品の形態に依拠するということが要件としてなく、形態が類似していれば権利範囲に入り、類似の範囲は通常は実質的に同一の形態の範囲よりも広くなりますので、商品形態で意匠権を取得した場合、商品形態模倣 (不正競争防止法2条1項3号) の保護範囲より意匠権の方が保護範囲が広くなるでしょう。

● 2 　販売前の特許出願の検討

商品形態模倣と特許権の保護対象の比較

当該商品の機能を確保するために不可欠な形態は、商品形態模倣にいう「商品の形態」から除外され (不正競争防止法2条1項3号)、不正競争行為には該当しません。例えば、自動車のタイヤの場合、自動車が道路を進むために、タイヤはシャフトの回転に応じて回転する必要があるので、タイヤのリング状の形態については商品形態模倣にいう「商品の形態」から除外されます。これは、そのような形態まで対象にすると、特許で公示されることなく、一定の機能を有する商品を特定の者に独占させることになってしまうためです。なお、物品の機能を確保するために不可欠な形状のみからなる形態については、意匠権を取得することはできません (意匠法5条3号)。

一方、特許権は、特定の機能を有する形態について保護対象としています。その形態または構造が従来にないものであり、従来と比べて格段優れた効果または従来にはない異質な効果を発揮すれば、特許を取得できる可能性があります。形態または構造について特許を取得すれば、請求項の書き方にも依存しますが、少し異なる形態についても機能が共通していれば、保護対象になりえます。また、意匠権では、他社の製品 (イ号製品：裁判では、被告製品をイ号製品と表現します) の形態が類似していることが必要ですが、特許の場合には、形態の類似は必ずしも必要なく、請求項で表される発明の技術的範囲に含まれてさえいれば、形態が非類似のものまで保護

対象になりえます。

商品形態に関する知財戦略

　不正競争防止法により、オリジナルの商品の日本国内における販売開始から3年間は、デッドコピー品を販売してはいけないことになっていますので、そのような行為は厳に慎むべきです。社内で、デッドコピーを製造及び販売しないようにする注意喚起しましょう。

　一方、オリジナルの商品を販売する前には、特許権及び意匠権の取得を検討すべきです。特に、不正競争防止法では、当該商品の機能を確保するために不可欠な形態については、保護対象外になっていますので、機能に特徴があるものについては、積極的に、特許権及び意匠権の取得を検討すべきです。

　また、商品形態模倣（不正競争防止法2条1項3号）の禁止期間は、日本国内において最初に販売された日から3年間と短いので、ライフサイクルが長い商品（ロングラン商品）については、保護期間が長い意匠権、及び保護期間が出願から20年と長い特許権の取得を検討すべきです。なお、2019年の意匠法の一部改正によって、意匠権の保護期間が「登録日から20年」から「出願日から25年」に変更になります。本改正の施行は、令和元年5月17日（公布日）から起算して1年を超えない範囲で政令で定める日からとなっています。

用語の解説

　模倣：他人の商品の形態に依拠して、これと実質的に同一の形態の商品を作り出すこと。他人が独自開発した商品と偶然同じような商品形態になってしまった場合は、他人の商品の形態に依拠したとはいえないため、「模倣」には該当しません。

4 電気製品の部品について新しい機能を有する構造を設計したのだけど、知財で保護するには？

電気製品の部品について新しい機能を有する構造を設計したのだけど、知財で保護するには、どうしたらよいだろうか？

特許出願、部分意匠出願及び関連意匠出願を検討しよう！

新しい機能を有する構造を保護する方法

新しい機能を有する構造を保護する方法には、機能面に着目して、同じ機能を有するバリエーションの構造を包含するように特許権を取得することが考えられます。

その一方で、構造の形態に着目して、その新しい構造の部品全体について意匠登録出願するか、もしくは部品の新しい構造の部分について部分意匠出願をすることが考えられます。

また、実際に設計及び販売する部品の形態だけではなく、その形態に類似する形態について、関連意匠出願（意匠法第10条第1項）をすることが考えられます。関連意匠出願は、同一出願人であれば、1つの意匠出願に係る意匠（以下、本意匠という）に類似する意匠について本意匠の出願日から当該本意匠の意匠公報発行日前であれば、本意匠を引用意匠としないことにより、後から出願する関連意匠が先に出願された本意匠によって拒絶されないようにする制度です。これにより、様々なバリエーションの形態について、広く意匠権を抑えるのに役立ちます。なお、2019年の意匠法の一部改正によって、関連意匠の出願可能期間が「本意匠の登録公表日まで」から「本意匠の出願日から10年以内まで」に延長になります。また、登録の対象となる関連意匠は、「本意匠に類似する意匠」に限定されていたのが、「関連意匠にのみ類似する意匠」まで拡大されます。本改正の施行は、令和元年5月17日（公布日）から起算して1年を超えない範囲で政令で定める日からとなっています。

部分意匠の意匠権についての権利範囲の広さについて

部分意匠の意匠権についての権利範囲の広さについて、裁判例（平成28（ワ）第12791号）を用いて説明します。本裁判例は、LED放熱フィンの部分意匠に係る意匠権の侵害について争った事件です（図1）。

▼図1　本件意匠権の本件意匠の図面

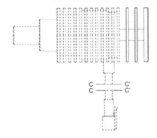

実線で表された部分が、部分意匠として意匠登録を受けようとする部分で、破線で表された部分は権利範囲を表していないので、正面図において、右側のフィンが支柱で3枚連なった部分についての部分意匠登録がされています。

それに対して、被告は、被告が販売している製品（被告製品）として、以下のイ号物件を販売していました。なお、裁判では、被告製品を、イ号物件と表現します（図2）。

3

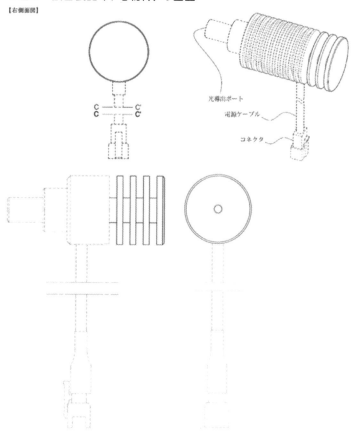

▼図2　被告製品（イ号物件）の図面

【右側面図】

光導出ポート

電源ケーブル

コネクタ

図2において実線部分が本件意匠に対応する箇所です。

裁判所は、このイ号物件については、以下のように侵害であると判断しました。

「中間フィンの枚数，支持軸体とフィンの径の関係，フィンの間隔とフィンの径の関係について，大きく相違すれば異なる美感を生じさせる場合があることは前述したところであるが，本件意匠とイ号物件ないしハ号物件の各意匠との差異はわずかであり，格別異なる美感を生じさせるとまでは認められない。」

　意匠権は、類似の範囲まで権利行使できますが、上記の裁判例では、被告のイ号物件が本件意匠に類似するとして、被告による意匠権の侵害を認めました。

お勧めの知財保護戦略

　それでは、どのような戦略がよいのでしょうか？　お勧めの知財保護戦略としては、まず、自社で販売する部品の形態については、公表前（すなわち、プレスリリース前、且つ販売前）に、仮にその新しい構造に新しい機能がある場合には、その構造について特許出願することを検討しましょう。その機能について特許権を取得することができれば、同じ機能を有する競合製品が現れた場合に、その競合製品を販売する競合会社に対して権利行使することができるからです。

　また、その新しい構造の部分について、部分意匠出願するとともに、他社に簡単に意匠権を回避されないように、その構造の部分について考えられるバリエーションの形態についても関連意匠制度を利用して部分意匠出願することをお勧めします。特許権と部分意匠の意匠権との両方を取得することができれば、将来の競合製品に対して権利行使できる可能性を高めることができ、参入障壁を高くすることができます。

　また特許出願から意匠登録出願へ変更することができます（意匠法第13条第1項）ので、将来、部品を模倣してくるような侵害者がいた場合に、その侵害者に対して、特許出願から意匠登録出願に変更して意匠権で権利行使をする余地を残しておくことを事前に検討しておきましょう。その際には、予め特許出願明細書及び図面において、様々なバリエーションの形態について、六面図（底面図、正面図、背面図、右側面図、左側面図、平面図）と斜視図を記載しておくことが望ましいです。ここで、特許出願を意匠登録出願に変更すると、もとの特許出願はみなし取下げとなる点には注意が必要です。

　なお、特許出願書類に六面図を記載していない場合であっても、特許出願から意匠登録出願への変更する際に、特許出願書類において開示されていないところを破線とし、開示されている部分を実線で表わして、部分意匠の意匠登録を受けることができます（意匠審査基準71.12）。

　特許出願から部分意匠出願に変更し、部分意匠登録を受けた例について説明します（図3）。意匠登録第1407356号の登録意匠（意匠に係る物品：ローラー付き靴）は、特願2009－254011の特許出願から部分意匠出願に変更されて登録されたものです。特願2009－254011の特許出願は、米国仮出願60／353,868に対して優先権を主張して出願したものであり、米国仮出願60／353,868に基づく米国特許US6698769号とほぼ同じものであると思われます。

3

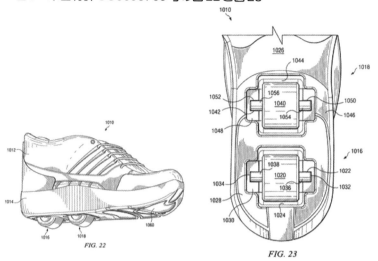

このように、元の特許出願（特願2009－254011）と実質的に同一と思われる米国特許US6698769号には、図3にあるFig22の斜視図とFig23の一部底面図しか記載されていません。

▼図4　意匠登録第1407356号の登録意匠

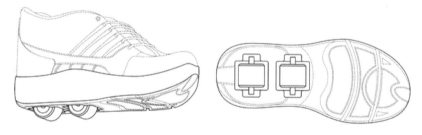

　一方、特許出願から変更して登録された登録意匠については、図4に示すように、実線で表された部分が、部分意匠として意匠登録を受けようとする部分です。図4において破線で表された部分は権利範囲を表していないので、ローラー付き靴のソールの側面とソールの底面のローラ側の部分について意匠登録されています。ソールの底面のローラ側の部分だけを実線として権利を取得しているのは、特徴的な部分は、ソールの底面のうちローラ側の部分だけですので、広く権利行使可能にするためには、ソールの底面のうちローラ側の部分だけを部分意匠登録しているの

でしょう。今回のケースでは、特許出願書類には、ソールの底面のローラ側の部分だけしか底面図がなかったですが、その底面図が正確な縮尺で記載されていたことで、結果として、広い意匠権を取得することに成功しています。

　よって、特許出願書類には、将来の意匠出願への変更を見据えて、少なくとも特徴的な部分の形態については、正確な縮尺で図面を記載しておくくと良いでしょう。

3

第4章

化学・医薬・食品の知財の基礎知識を整理しよう

1 化学・医薬品分野の特許出願で気をつけることは？

化学・医薬品分野の特許出願で気をつけることは何だろう？

用途発明の重要性、実験データの必要性、発表前の出願、マーカッシュクレームなどがあるよ！

用途発明の重要性

　化学・医薬品分野では、請求項に係る発明が物として新規でなくても、用途が新規であれば、用途発明として特許が付与される可能性があります。

　審査基準においては、請求項に係る発明が用途発明といえる場合として、塗料に関連する組成物の例が以下のように記載されています。

審査基準第Ⅲ部第2章第4節 3.1.2（1）

「例1：特定の4級アンモニウム塩を含有する船底防汚用組成物

（説明）

この組成物と、「特定の4級アンモニウム塩を含有する電着下塗り用組成物」とにおいて、両者の組成物がその用途限定以外の点で相違しないとしても、「電着下塗り用」という用途が、部材への電着塗装を可能にし、上塗り層の付着性をも改善するという属性に基づく場合がある。

そのような場合において、審査官は、以下の（ⅰ）及び（ⅱ）の両方を満たすときには、「船底防汚用」という用途限定も含め、請求項に係る発明を認定する（したがって、両者は異なる発明と認定される）。この用途限定が、「組成物」を特定するための意味を有するといえるからである。

（ⅰ）「船底防汚用」という用途が、船底への貝類の付着を防止するという未知の属性を発見したことにより見いだされたものであるとき。

（ⅱ）その属性により見いだされた用途が、従来知られている範囲とは異なる新たなものであるとき。」

出典：特許庁「特許・実用新案　審査基準」より
https://www.jpo.go.jp/system/laws/rule/guideline/patent/tukujitu_kijun/document/index/allbm.pdf

つまり、物として同じであっても、用途が異なっていれば、別の発明として判断するという考え方です。このような用途発明としての新規性を認める考え方は、塗料に限らず、医薬品や化粧品、その他化学の分野及び後述する食品分野においても広く適用されています。

実験データの必要性と発表前の特許出願の重要性

● 実験データの必要性

化学・医薬品分野では、化合物自体が新規な物質であれば、化合物という物について特許を取得できる可能性があります。

一方、化合物自体が新規な物質でなくても、化合物の濃度についてある範囲にすると、特定の用途（例えば、防腐用途など）において顕著な効果が得られる場合には、特定の用途とその濃度範囲について限定した請求項を作ることによって、特許権を取得できる場合があります。

その場合には、その濃度範囲の境界２点及び境界２点の間の少なくとも１点において、境界外よりも顕著な効果が得られた実験データを明細書中に記載しておく必要があります。実験データが記載されていないと、サポート要件を満たさないとして、特許権を取得できない可能性があります。また、特許権を取得できたとしても、特許取得後、無効審判により無効になりやすいというリスクがあります。

同様に、医薬品の場合には、特定の疾患に対して（例えば、脳梗塞など）、特定の用法（例えば、１日に３回の投与など）及び特定の用量範囲（例えば、１回の投与量を10〜20mg／mlにするなど）の場合に、その特定の疾患に対して顕著な治療効果が得られる場合には、特定の疾患と特定の用法及び／または特定の範囲の用量について限定した請求項を作ることによって、特許権を取得できる場合があります。

この場合にも、特定の用法において特定の用量範囲の境界２点及び境界２点の間の少なくとも１点において、境界外よりも顕著な効果が得られた実験データを明細書中に記載しておく必要があります。実験データが記載されていないと、**サポート要件及び実施可能要件**を満たさないとして、特許権を取得できない可能性があります。また、特許権を取得できたとしても、特許取得後、無効審判により無効になりやすいというリスクがあります。

4

●発表前の特許出願の重要性

　学会発表などの発表の前に、特許出願をしておくことが必要です。この特許出願は、日本出願だけに限らず、**米国仮出願**であっても構いません。特許出願が、学会発表直前になってしまった場合には、学会に投稿した論文をそのままの形式で日本出願または米国仮出願しておき出願から1年以内に優先権を主張して日本出願または米国出願をするという選択肢をとることができます。これにより、先に出願した内容については、先に出願した時を基準に新規性及び進歩性が判断されるという恩恵を受けることができます。

　なお、日本、米国及び韓国では、特許出願の前に学会発表をしても、学会発表の日から1年以内に出願すれば自己の発表によって新規性違反及び進歩性違反に問われない制度 (新規性喪失の例外の適用) はあります。しかし、国によってはそのような救済制度が設けられていないこともありますので、基本的に、学会発表前に特許出願することを心掛けるようにしましょう。

マーカッシュクレームについて

●マーカッシュクレームについて

　マーカッシュクレームとは、2つ以上の選択肢を択一的に記載するマーカッシュ群を含む請求項のことです。例えば、基本構造が共通する化学物質の発明を包括的に保護するためなどに、置換基を択一的に記載したマーカッシュクレームがよく用いられています。

　例えば、以下のような請求項が、マーカッシュクレームです。

【請求項1】Xが、A、B及びCからなる群から選ばれる置換基である、式 (I) の化合物

$$X-\left[C(=O)-C_6H_4-C(=O)OCH_2CH_2CH_2CH_2CH_2CH_2O\right]_n H \quad (I)$$

出典：特許庁「特許・実用新案審査ハンドブック」附属書A 発明の単一性に関する事例集、〔事例42〕マーカッシュ形式から抜粋
https://www.jpo.go.jp/system/laws/rule/guideline/patent/handbook_shinsa/document/index/app_a2.pdf

---

　このように、A、B、Cのいずれでも同様の効果を発揮する場合には、A、B、Cのうちいずれでもよいというように請求項を作ることがあります。

マーカッシュクレームで記載すれば、物質ごと請求項（クレーム）を作成する場合と比較して、請求項の数を減らすことができるメリットがあります。ただし、列挙した選択肢に対応する物質の一部だけが記載された先行技術が見つかった場合に、そのクレーム全体が拒絶または無効となってしまうというデメリットがあります。

　特許出願が登録されて特許権が付与された後であっても、日本の場合は、特許庁に対して**訂正審判**を請求するか、**無効審判**中において訂正請求をすることにより、請求項に記載の発明を訂正することができます。
　但し、マーカッシュクレームについて、特許権利化後の訂正の扱いが国毎に異なることに注意すべきです。

　日本の場合、特許権利化後に、列挙した選択肢に対応する物質の一部だけが記載された先行技術が見つかった場合には、訂正により、先行技術が見つかった物質に対応する選択肢だけを列挙された選択肢から削除することができます。これにより、その請求項が無効になってしまうことを避けることができます。

4

　一方、米国は、特許権利化後に、日本のようにひとつの選択肢だけ削除することができません。よって、米国に出願する場合には、マーカッシュクレームではなく、物質ごとに請求項を作成しましょう。

●明細書における過去形及び現在形の使い方

　一般的に、化学やバイオ分野の特許出願の明細書においては、実際に実験を行ったことは過去形で記載し、実際には行っていない事項については現在形で記載します。
　発明者へのインタビューの際に、「こういうデータも必要ですので急いで追加実験してください」と依頼することがあり、これらの実験を実施例に現在形で記載して最先の出願日を確保するために出願（以下、基礎出願という）を行うことがあります。このような場合、この基礎出願に対して優先権を主張して後日、特許出願する段階において、基礎出願後に得られた具体的な実験データを追加するとともに、基礎出願では現在形で記載された実施例の箇所を過去形に書き換えましょう。
　従来、日本の審査では、現在形で記載され、具体的な結果に踏み込んで記載されていない実施例に基づいて発明の効果を主張することは難しいという傾向がありました。それは、見込みの結果であって「願望」に過ぎないからと考えられてきたからです。
　しかし、実施例が「現在形」で記載されており数値データなどの実験結果も示され

195

ていなかったとしても、審査段階で提出された学術論文に記載された実験結果を参酌して特許になった裁判例 (平成22年 (行ケ) 第10203号[*1]) もあります。

[*1] この裁判例では、癌治療用の遺伝子医薬 (細胞障害性の遺伝子産物をコードするベクター) に関し、出願時の明細書には、動物モデルを用いた実施例が「現在形」で記載され、数値データなどの実験結果も示されておらず、具体的に作用効果が記載されているわけでないとしながらも、審査段階で提出された学術論文に記載された実験結果を参酌して、当業者が予測し得ない格別有利な効果を認定した。

用語の解説

サポート要件：特許の登録要件の1つで、請求項に係る発明が発明の詳細な説明に記載した範囲を超えるものであってはならないという要件 (特許法第36条第6項第1号)。発明の詳細な説明に記載していない発明を特許請求の範囲に記載することになれば、公開されていない発明について権利が発生することになるから、このことを防止するために、サポート要件が課されています。

実施可能要件：特許の登録要件の1つで、発明の詳細な説明が、当業者が実施することができる程度に明確かつ十分に記載されていなければならないという要件 (特許法第36条第4項第1号)。特許制度は発明を公開した者にその代償として一定期間一定の条件で独占権を付与するものであるが、発明の詳細な説明の記載が、当業者が請求項に係る発明を実施することができる程度に明確かつ十分になされていない場合は、当業者がその発明を実施することができず、発明の公開の意義も失われることになるから、このことを防止するために実施可能要件が課されています。

訂正審判：特許登録後に、特許出願の願書に添付した明細書、特許請求の範囲または図面を訂正することを目的とする審判のことをいう。

無効審判：特許登録後に、利害関係人が当該特許権を無効にすることを求める審判のことをいう。第三者が特許権者から特許権侵害であると警告を受けたり、侵害訴訟を起こされたりした場合の対抗策として特許無効審判を請求することが行われます。

米国仮出願 (U.S. Provisional Application)：優先権の基礎となる出願としての地位をもつ仮の米国出願であり、その出願日から1年以内に本出願を行うことを前提に先願の地位を付与する出願です (35 U.S.C. 111(b), 37 CFR 1.53(c))。明細書や特許請求の範囲を作成することが必要なく、論文及び実験結果等のみによって出願を行うことができるという利点があります。仮出願の日から1年以内に仮出願を優先権主張の基礎として「米国本出願」または米国を指定国に含むPCT出願をしないと、自動的に放棄されてしまうことに注意が必要です。仮出願は審査されないので、費用が非常に安く、かつ優先権を確保できるという利点があります。

2 プロダクト・バイ・プロセス・クレームとは何なの？

プロダクト・バイ・プロセス・クレームって一体何なの？

特許の対象となる物質についてその製造方法を記載することで
その物質を特定する請求項のことだよ！

プロダクト・バイ・プロセス・クレームとは

プロダクト・バイ・プロセス・クレーム (PBPクレームともいう) とは、特徴的な
製造方法で製造することを記載することで物質を特定する請求項 (クレーム) のこと
です。例えば、「…の方法で製造された物質A」というクレームです。

プロダクト・バイ・プロセス・クレームについては、(1) その発明が明確であるか
否かの判断、(2) 審査、審判等におけるクレーム範囲及び特許成立後の権利範囲のそ
れぞれの解釈、及び (3) 新規性の判断について、国毎に異なっているので注意が必
要です。

日本におけるプロダクト・バイ・プロセス・クレームの取り扱い

● 1 明確性

日本の場合、最高裁判決 (平成24年 (受) 1204号、同2658号) の判示内容を踏ま
えた審査の概要は以下の通りです[*1]。

*1 https://www.jpo.go.jp/system/laws/rule/guideline/patent/tukujitu_kijun/product_
process/index.html

「○物の発明についての請求項にその物の製造方法が記載されている場合は、審
査官が「不可能・非実際的事情」があると判断できるときを除き、当該物の発明は
不明確であるという拒絶理由を通知します。

※ここで「不可能・非実際的事情」とは、出願時において当該物をその構造又は特性により直接特定することが不可能であるか、又はおよそ実際的でないという事情をいいます。

○出願人は、当該拒絶理由を解消するために、以下の対応をとることができます。

ア. 当該請求項の削除
イ. 当該請求項に係る発明を、物を生産する方法の発明とする補正
ウ. 当該請求項に係る発明を、製造方法を含まない物の発明とする補正
エ. 不可能・非実際的事情についての意見書等による主張・立証
オ. 当該請求項は、「その物の製造方法が記載されている場合」に該当しない旨の反論

○出願人の「不可能・非実際的事情」についての主張・立証の内容に、合理的な疑問がない限り（通常、拒絶理由通知時又は拒絶査定時に、審査官が具体的な疑義を示せない限り）、審査官は、「不可能・非実際的事情」が存在するものと判断します。」

このように、出願人の「不可能・非実際的事情」についての主張・立証が合理的であれば、発明が明確であるとして、プロダクト・バイ・プロセス・クレームで特許権を取得することができます。

● 2　特許成立後の権利範囲の解釈

日本では、プロダクト・バイ・プロセス・クレームで特許権が成立すれば、その製法で製造されていないものにまで権利範囲が及びます。すなわち、プロダクト・バイ・プロセス・クレームで記載された物自体が同一であれば、権利範囲に含まれます。この考え方を物同一説といいます。

● 3　審査、審判等における新規性の判断時（発明の要旨認定時）の解釈

審査、審判等におけるプロダクト・バイ・プロセス・クレームの新規性の判断は、あくまでもプロダクト・バイ・プロセス・クレームで記載された物自体が新規な物であるか否かに基づいて行われます。特許権利化後に、プロダクト・バイ・プロセス・クレームで記載された物が記載された先行文献が見つかれば、その発明の新規性が否定され無効審判において無効になりえます。

米国におけるプロダクト・バイ・プロセス・クレームの取り扱い

1 明確性

米国の場合、日本と違って、プロダクト・バイ・プロセス・クレームそれ自体は不明確にはなりません。

2 権利範囲の解釈

米国では、2009年の「アボット事件」の判決によって、プロダクト・バイ・プロセス・クレームの侵害が成立するためには、同一プロダクトがそのクレームに記載された工程を経て製造されていることが条件であるといった結論が出されました。

プロダクト・バイ・プロセス・クレームは、特許成立後の権利範囲（すなわち発明の技術的範囲）を解釈する際には、請求項に記載された製法で限定されますので、プロダクト・バイ・プロセス・クレームは積極的に使用しない方がいいと言えます。その物質の物理的または化学構造が判明しているのであれば組成物のクレームを採用するか、物質の組成クレームとプロダクト・バイ・プロセス・クレームを併用することが望ましいでしょう。

また、プロダクト・バイ・プロセス・クレームではなく製造方法のクレームについても、権利紛争の交渉時に、相手方に製造方法を開示させることができる可能性があり、製造方法のクレームについても有効である場合があります。また、米国では、ディスカバリ制度があり、訴訟の前段階で対象の製品に関わる資料を相手方に提出させることができるので、製造方法についての資料を得られる可能性があります。これらのことから、米国では製造方法のクレームについても一定程度有効であり、製造方法のクレームについても併用することが好ましいでしょう。

3 審査、審判等における新規性の判断時の解釈

日本と同様に、あくまでもプロダクト・バイ・プロセス・クレームで記載された物自体が新規な物であるか否かで判断されます。日本と同様に、クレームに記載したプロセスを用いていない同一物が先行文献として見つかれば、その発明の新規性が否定され、無効審判において無効になりえます。

4

アボット事件：アボット（Abbott Laboratories）が有する米国特許第4,935,507号について、サンドズ（Sandoz, Inc.）が特許侵害しているか否かが争われた控訴審の事件です。米国連棒酵素裁判所（CAFC）は、問題のクレームは「プロダクト・バイ・プロセス」クレームであり、サンドズのプロダクト（物）は、クレームで規定される方法とは異なる方法で製造されているから、特許権を侵害しないと判示した地方裁判所の判決を維持しました。

3 医薬品の新薬の承認にかかった期間の特許期間延長とは？

医薬品の新薬の承認にかかった期間の特許期間延長とはどんな制度なの？

新薬の承認にかかった期間だけ特許期間を延長することができる制度だよ！

特許権の延長登録申請について

　医薬品の場合には、特許登録がされても、新薬の承認がおりるまでの間は、特許権の有効期間内であるにもかかわらず実施ができません。特許権の延長登録申請は、その侵食されてしまった期間分の補填として、その新薬の承認にかかった期間だけ特許期間を延長することができる制度です。延長登録申請については、国毎に扱いが異なっていますので注意が必要です。ここでは、日本と米国について説明します。

● 1　日本

(1) 延長の対象

　医薬品、農薬、体外診断薬、再生医療製品が該当します。

(2) 延長可能な特許

　承認された製品に関するすべての特許 (物質特許だけでなく、製法、用途、製剤、用法・用量などで限定された特許も含む) が延長可能です。

(3) 延長の態様

　日本では、物質特許を複数の用途 (例えば、胃がんに対する薬、肝臓がんに対する薬など) に使用する場合、用途毎に新薬の承認をするため、用途毎に新薬の承認にかかった期間について5年を限度に延長登録を申請することができます。その結果、用途毎に、その特許権の保護期間が異なることになります。

(1) 延長の対象

医薬品だけでなく、日本と異なり、医療機器、食品添加物、着色料が該当します。

(2) 延長可能な特許

日本と異なり、1つの製品と関係のある特許のうち特許権者が選択した特許について延長が可能です。通常の場合には、権利範囲が最も広い物質特許について延長されることになる場合が多いです。

(3) 延長の態様

米国では、1回に限り、延長登録が可能です。但し、用途については、その後の新たな承認で加わった用途についても延長されることになります。例えば物質特許について延長登録申請した後に、その物質が使用される複数の用途についての承認を得られるようになれば、物質特許もこれらの用途発明特許についても、同じ期間だけ特許期間が延長されることになります。

医薬品の保護期間を延ばす戦略

ヒト用医薬品については、日本では**データ保護期間**（医薬品医療機器等法による再審査期間）が4～10年あるので、その間は、他社が実施できません。データ保護期間は、先に販売認可された業者が持つ（前）臨床試験に関するデータが保護される期間のことです。このデータ保護期間と、特許の保護期間を組み合わせて、最も保護期間が長期に得られる方法を考えることが重要です。ここでデータ保護期間は、以下の表のように国毎に異なっている点に注意することが必要です（表1）。

▼表1 データ保護期間の比較

	日本	米国	欧州連合
データ保護期間	4～10年（医薬品医療機器等法による再審査期間）	新規の医薬化学物質は5年、医薬品の新規適応は3年、生物学的製品は12年	8年（販売の独占に＋2年、新規適応に＋1年）

出典：https://www.cao.go.jp/consumer/history/01/kabusoshiki/tokuho/doc/110228_shiryou5.pdf

特許の保護期間を後ろ倒しにする方法

　特許の保護期間を後ろ倒しにする方法の1つとして、先の特許出願から、1年以内にパリ優先権（または国内優先権）を主張して、国際特許出願（PCT出願）または各国出願をすることが考えられます。これにより、日本及び米国では、特許期間が現実の出願日から20年であるので、特許の保護期間を最大で1年間後ろ倒しにすることができます。特許期間が切れるまでは、ジェネリック医薬品メーカは、当該特許の権利範囲に含まれるジェネリック医薬品を販売できません。特許の保護期間を最大で1年間後ろ倒しにすることにより、ジェネリック医薬品メーカが当該特許の権利範囲に含まれる医薬品の販売が開始できるタイミングをその分の期間だけ遅くすることができるので、その期間についても更に当該特許に係る医薬品の独占的な販売によって、利益を独占することができます。

用語の解説

データ保護期間：先に販売認可された業者が持つ（前）臨床試験に関するデータが保護される期間のこと。

4

4 食品分野の用途発明とは？

 食品分野の用途発明とは何かな？

 食品分野の用途発明は、食品組成物を数値や機能で限定したものだよ！

食品用途特許

　平成28年4月1日より前までは、食品が物として公知である場合には、その食品の新たな用途を見つけたとしても、新規性がないものとして特許を受けることができませんでした。

　しかし、食品の特許に関する審査基準が平成28年4月1日から改訂され、食品についても化学・医薬品と同様に、用途発明について特許が付与されるようになりました。食品の場合の用途発明は、食品組成物を数値や機能で限定したものになります。

　食品の用途発明の特許（食品用途特許という）の登録は増加しており、異業種企業の参入や機能性表示食品市場の拡大によって、食品用途特許の出願件数は増加しています。

　従来、食品業界では、特許の取得よりも、営業秘密として製造方法などを秘匿化する手法が一般的でした。食品の製造方法は、外部から解明されにくく、特許取得で技術公開されるほうがデメリットだと考えるメーカが多かったからでしょう。しかし、化粧品や通販など異業種メーカの参入件数の増加や、機能性表示食品制度の開始などによって、特許で製品を保護する必要性の認識が浸透し始めました。

食品の用途特許

● 1 審査基準とは

　特許・実用新案審査基準（以下、審査基準という）とは、審査官が特許法等の法律を特許出願の審査において適用するための指針であり、審査の公平性や透明性を担保するためのものです。平成5年に公表されて以来、審査官のみならず、出願人等の制度ユーザーが特許庁における審査実務の理解を深めるためにも広く利用されてきました。あわせて、審査官が審査の際に考慮すべき留意事項や手続的事項をまとめた特許・実用新案審査ハンドブック（以下、審査ハンドブックという）も、平成17年に公表されて以来、幅広く活用されてきました。

　審査官は、この審査基準に従い、審査を進めており、また、審査官は審査業務を進めるに当たり、審査ハンドブックを審査基準と併せて利用しています。

● 2 用途発明の審査基準

　それでは、一般的に、**用途発明**とはどのような発明をいうのでしょうか。審査基準においては、用途発明は特許庁の「特許・実用新案審査基準」（https://www.jpo.go.jp/system/laws/rule/guideline/patent/tukujitu_kijun/document/index/03_0204.pdf）で以下のように定義がなされています。

> 審査基準第Ⅲ部第2章第4節 3.1.2
> 「用途発明とは、（ⅰ）ある物の未知の属性を発見し、（ⅱ）この属性により、その物が新たな用途への使用に適することを見いだしたことに基づく発明をいう。」

　平成28年4月1日の審査基準の改定により、審査基準において、食品分野の用途発明といえる場合として、二日酔い防止用食品組成物の例が以下のように追記されました。

> 審査基準第Ⅲ部第2章第4節 3.1.2（1）
> 「例2：
> [請求項1]成分Aを有効成分とする二日酔い防止用食品組成物。
> [請求項2]前記食品組成物が発酵乳製品である、請求項1に記載の二日酔い
> 防止用食品組成物。
> [請求項3]前記発酵乳製品がヨーグルトである、請求項2に記載の二日酔い防止用

4

食品組成物。

(説明)
「成分Aを有効成分とする二日酔い防止用食品組成物」と、引用発明である
「成分Aを含有する食品組成物」とにおいて、両者の食品組成物が「二日酔い防止
用」という用途限定以外の点で相違しないとしても、審査官は、以下の(i)及び(ii)
の両方を満たすときには、「二日酔い防止用」という用途限定も含め、請求項に係
る発明を認定する(したがって、両者は異なる発明と認定される。)。この用途限定
が、「食品組成物」を特定するための意味を有するといえるからである。
(i)「二日酔い防止用」という用途が、成分Aがアルコールの代謝を促進するという
未知の属性を発見したことにより見いだされたものであるとき。
(ii)その属性により見いだされた用途が、「成分Aを含有する食品組成物」について
従来知られている用途とは異なる新たなものであるとき。
　　　請求項に係る発明の認定についてのこの考え方は、食品組成物の下位概念
　　　である発酵乳製品やヨーグルトにも同様に適用される。」

　つまり、食品分野においても、物として同じであっても、未知の属性が発見され、
その属性により見いだされた用途が従来知られている用途とは異なる場合、別の発
明として判断するというものです。

食品分野の特許戦略

　原料メーカが特許取得により自社原料のブランディングを進める事例や、受託
メーカが自社独自の製造工程を特許で権利化する事例も増加しています。他社の先
行特許との抵触を避け、特許で保護された製品を開発、上市するためには、競合会社
の用途発明の特許取得状況を監視(ウォッチング)し、広い視点から、特許で保護さ
れる自社製品の領域を作っていくとよいでしょう。
　そのためには、食品分野においては、用途発明の特許について、特許クリアランス
調査により、競合会社の用途発明の特許権に抵触しないようして商品の法的安定性
を確保しましょう。一方、自社の用途発明の特許権利化により長期間の市場占有を目
指しましょう。

第5章

会社立ち上げ段階の注意点を押さえよう

1 会社名の商標登録をしないと どのようなリスクがある？

会社名の商標登録をしないとどのようなリスクがあるのかな？

会社名を変更する必要が生じる場合があり、その場合、それまでに労力をかけて会社名を浸透させた時間とコストが無駄になるよ！

会社名の登記と商標登録は別のもの

会社名は、法務局で商号として登記をしますが、登記と商標登録は異なるものです。よって、商号を登記したとしても、商標登録がされているわけではありません。

自社で商標登録した場合、自社は、指定商品・指定役務について同一の商標を独占的に実施する権利（いわゆる専用権）と、類似の商品・役務について、同一または類似の商標の他者の使用を排除することができる権利（いわゆる禁止権）を有します。

逆に言えば、商標登録をしていなければ、自社の会社名と同じネーミングを、他社が商標として使用したとしても、それを止めることはできません。

更に、自社の会社名について、商標登録していないと、実は、非常に困ったことになることがあります。

会社名を商標登録しない場合のリスク

仮に自社がその商標について他社よりも先に使用していたとしても、他社が、その会社名の商標または類似の商標について、自社の商品・サービスと同一または類似の商品・サービスにおいて、商標を取得することができます。

そして、一旦、他社が、その会社名の商標または類似の商標について、自社の商品・

サービスと同一または類似の商品・サービスにおいて、商標を取得してしまうと、自社は当該商品・サービスにおいて、自己の商号（例えば、株式会社ABCD）を不正競争の目的なく、「普通に用いられる方法で」ことはできますが（商標法26条1項1号、商標法26条2項）、不正競争の目的がある場合、もしくは当該商標を「普通に用いられる方法ではない態様で」使用する行為については、当該他社の商標権の侵害になり、使用の差止及び損害賠償を請求されるおそれがあります。

　このように、不正競争の目的ではなく、取引の実情に照らして普通の方法で使用している範囲であれば、自己の商号（例えば、株式会社ABCD）を商標として例外的に使用することができます。

　しかし、実際のビジネス現場では、以下の2つの問題（デメリット）が生じます。

　この自己の商号（例えば、株式会社ABCD）を商標として使用できるのは、「普通に用いられる方法」での使用に限られることです。商号が目立つ表示態様になっている場合などには上記の例外は適用されなくなってしまうので、そのような使用はできないという問題があります。

　もう1つは、あくまで「自己の商号（例えば、株式会社ABCD）」に限って使用できるのであり、商号から「株式会社」など会社の種類を表す表記を除いたものは商号の略称（例えば、ABCD）であるから上記の例外は適用されず、使用できないという問題があります。商品やサービスなどに商号を使用するときには、商号から「株式会社」などの表示を除いた略称を使用することが多いので、特に注意が必要です。

　したがって、商号を目立たせるような形態で商品又はサービスに使用したい場合や、商号の略称（商号から「株式会社」など会社の種類を表す表記を除いたもの）を使用したい場合には、商業・法人登記とは別に、商標登録出願を行って、商標登録しましょう。

商号を登記するときに商標も一緒に登録することの勧め

　創業間もないころは、商標登録のために費用を支払うことは、もったいないように感じるでしょう。創業したころは業界における影響力も小さいので、商標権の問題が起こることはあまりありません。

　ただ、事業規模がある程度大きくなった段階で、突然、問題となることがあります。転ばぬ先の杖ということわざのように、自社だけは大丈夫だと思わないで、商標登録をすることについて前向きに検討しましょう。

　商標登録を忘れないように、会社の商号を登記するときに、商標も一緒に登録す

るとよいでしょう。定款には、法人の目的のところに、法人が行う指定商品・サービスを記載しますので、それを商標出願の指定商品・指定役務に使用すれば、あまり手間もかかりません。

　以下に、会社名（商号）を決める際の最低限守るべき法律のルールについて紹介します。以下の法律のルールを最低限守って商号を決定し、その商号を商標登録しましょう。

> **(1) 同一商号・同一本店の禁止（商業登記法第27条）**
> 　同じ本店所在地で、同じ商号を登記できません
>
> **(2) 著名表示冒用行為の禁止（不正競争防止法2条1項2号）**
> 　有名企業の商号もしくは著名なブランド名や著名な商品名など著名な他人の商品等表示を商号に使用することは避けましょう。不正競争防止法に違反するとして、「商号の使用差止め請求」や「損害賠償請求」を受けるおそれがあるからです。
>
> **(3) 周知表示冒用行為の禁止（不正競争防止法2条1項1号）**
> 　他社の商品等表示（人の業務に係る氏名、商号、商標、標章、商品の容器若しくは包装その他の商品又は営業を表示するものをいう）として需要者の間に広く認識されているものと同一若しくは類似の名称を商号に使用することは避けましょう。不正競争防止法に違反するとして、「商号の使用差止め請求」や「損害賠償請求」を受けるおそれがあるからです。
>
> **(4) 商標権侵害行為の禁止（商標法）**
> 　候補となる商号が、他社の商標権に係る商標と同一もしくは類似であり、他社の商標権に係る商品・役務と同一もしくは類似の商品・サービスに使用する予定の場合には、当該商号を使用することは避けましょう。商標権侵害として「商標の使用差止め請求」や「損害賠償請求」を受けるおそれがあるからです。

ホームページ作成の際の知財面の注意点は？

 ホームページ作成の際の知財面の注意点は何かな？

 著作権、商標法、不正競争防止法などに注意する必要があるよ！

商標権に関する注意事項

通常、創業時に会社のホームページを作成します。また小売業であれば、ECサイトを立ち上げて物品を販売することがあると思います。その際には、知財面でいろいろ注意が必要です。

5

● 1 創業の際の会社のホームページ

まず、自社のホームページに掲載する自社商品・サービスの標章について、同一または類似の商品・サービスについて他者が登録している登録商標を使用してはいけません。この点は、事前に、自社が行う商品・サービスの標章が他社の商標権を侵害しないかどうか調査することにより、他者の商標権を侵害する事態を回避することができます。

● 2 ECサイト

(1) ウェブサイトのタイトルやロゴデザインの商標登録のすすめ

一般的には、ウェブサイトで商品を販売する場合や、何らかのサービスを提供する場合は、商標登録を検討することをお勧めします。

例えば、商品を販売するECサイトのタイトルについて商標登録をしていなければ、他社が同じタイトル名でウェブサイトを運営したり、同じネーミングの商品を販売したりされても、何の手も打つことができません。

また、そのタイトル名について、自社で商標登録されていなければ、他社に商標登

録されてしまう可能性もあります。

　すでにECサイトの運営をしているのに、他社に先に商標登録されてしまうと、タイトル名の使用が他社の商標権を侵害する場合、結果として、タイトルを変える必要もでてきます。

　その他、ECサイトでなくても、例えば、ポータルサイトで広告収入を得ているような場合や、**ASP**サービスを提供しているような場合でも、ウェブサイトのタイトルやロゴは、商標登録をしておいた方が良いでしょう。

(2) 商標登録のポイント

　ECサイトについて商標出願する場合、例えば、洋服のECサイトであれば、「洋服の小売業務」や「洋服」を指定商品・指定役務とすることが考えられます。一方、ポータルサイトで広告収入を得ているような場合は、「広告」を指定役務とします。

　更に例えば、自社で、洋服についてのポータルサイトで広告収入を得ている場合、たとえ、洋服の販売を行っていなかったとしても、指定商品は「広告」だけでなく、「洋服の小売業務」や「洋服」も含めておいた方が良いでしょう。将来、そのポータルサイト経由で洋服の販売をする可能性もあるかもしれませんし、自社で洋服の販売をしない場合であっても、他社が同じ名称で「洋服」のECサイトを始められると消費者は自社のサイトと思って間違って他社のECサイトに流れてしまうことになってしまうと、困ってしまうからです。

　指定商品・指定役務を決めるにあたっては、自社のビジネスの範囲だけでなく、同じ名称で他社にビジネスをされると困る範囲まで視野に入れて、検討をした方が良いでしょう。

ドメイン名に関する注意事項

　不正の利益を得る目的（例えば、他人の著名な名称にフリーライドして儲けようとする場合）で、他社の商品等表示（人の業務に係る氏名、商号、商標、標章その他の商品または役務を表示するものをいう）と同一若しくは類似のドメイン名を取得し、または使用した場合、不正競争行為に該当し（不正競争法2条1項19号）、ドメインの使用差し止め及び損害賠償を請求されるリスクがあります。よって、ホームページに使用するドメイン名を取得する場合には、ドメイン名が他人の著名な会社名や商品名・サービス名と同一または類似のドメインを取得しないように注意しましょう。

著作権に関する注意事項

　ホームページで、他人の文書、画像、写真、漫画や商品などのキャラクター、新聞・雑誌の記事などを公開することは、後述する引用に該当しない限り、原則、著作権侵害に該当します。なお、利用フリーの画像は、利用可能ですが、「利用時の注意事項」をよく読み、利用の範囲を守ることが必要です。またホームページで、これらの他人の著作物を利用する場合には、引用の条件を守ることが必要になります。

　引用の条件とは、文章の場合、文章の質的にも量的にも、利用する側の本文が「主」であり、引用部分が「従」であるという関係が必要です。すなわち、自分のオリジナルの文章が多くを占め且つ内容についてもそれが主であり、自分の文章の説明や補強として、他人の文章を利用するというのが引用です。

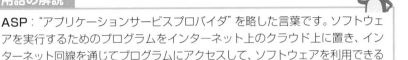

用語の解説

ASP："アプリケーションサービスプロバイダ" を略した言葉です。ソフトウェアを実行するためのプログラムをインターネット上のクラウド上に置き、インターネット回線を通じてプログラムにアクセスして、ソフトウェアを利用できるようにした仕組みのこと。

5

3 会社立ち上げ時の知財戦略とは？

会社立ち上げ時の知財戦略って必要かな？

技術系の会社であれば、会社立ち上げ時には、ビジネスモデルとともに知財戦略が必要になるよ！

知財戦略の必要性

　会社立ち上げ時には、ビジネスモデルを作成すると思います。作成したビジネスモデルで、その会社の利益を上げていくには、他社との競争に打ち勝っていかなければいけません。そして、商品・サービスが新しいものであったとしても、他社に模倣されてしまえば、とたんに価格競争になり、価格競争や他の会社にシェアを奪われることによって利益が目減りしてしまいます。

　このような事態にならないようにするために、他社が市場に参入するのを防いだり、市場における自社商品・サービスの競争優位性を担保したりするために、特許取得が必要になる場合があります。

　ビジネスモデルに基づいて、公開する代わりに特許を取得する技術と、公開せずにノウハウとして秘匿化する技術を区別することが、知財戦略の基本になります。

特許権の必要性の判断基準

　特許権は、以下に該当する物またはサービスの場合に必要性が高まります。すなわち、「1　模倣が容易」であり、「2　第三者の出願可能性が高く」、「3　製品のライフサイクルが長く」、「4　ODM生産 *1」で、「5　技術が使用されていることが判別容易である」（つまり侵害立証が容易な技術）ものです。以下、これらについて順に説明します。

*1　主として台湾や中国などの企業（受託者）に見られ、製造する製品の設計から製品開発までを受託者が行う生産方式です。

●1　模倣が容易

　模倣が容易であれば、自社の商品が販売された後に、短期間で他社は簡単に同じような商品を販売できてしまいます。これにより、他社の追随を許してしまい、価格競争に巻き込まれてしまうからです。

●2　第三者の出願可能性が高い

　第三者の出願可能性が高ければ、自社が特許出願しなかった場合に、第三者が特許出願して特許権を取得してしまうという事態が起こり得ます。そのような事態になってしまった場合、自社は他社の特許権を侵害している状況になり、商品販売の継続が難しくなるばかりか、損害賠償リスクも抱えることになります。よって、他社に権利を取らせないという観点から、特許出願をしておきましょう。

●3　製品のライフサイクルが長い

　ライフサイクルが長い製品については、他社の参入や模倣を防ぐために、特許を取得する価値が高いといえます。逆に製品のライフサイクルが短い場合には、特許を取得したころには、その特許技術が含まれる製品が既に時代遅れになって売れなくなっているという事態が考えられます。しかし、近年では、早ければ特許は6か月程度で取得可能になっていることから、6か月以上のライフサイクルがある製品については特許出願することを検討しましょう。

●4　ODM生産

　ODM生産する場合には、OEMと違って、製造する製品の設計から製品開発までを受託者が行うので、受託者は、他の企業に対しても類似の製品を提供することができてしまいます。ここで、委託者である自社がその製品の特許権を保有していれば、その技術についての製品は自社向けだけに生産し、他社向けには生産しないように、受託者をコントロールすることができるからです。

●5　技術が使用されていることが判別容易である（つまり侵害立証が容易な技術）

　技術が使用されていることが判別容易である技術については、特許権の侵害の立証が容易であることから、積極的に特許権を取得すべきです。この特許を取得していることにより、他社の侵害を容易に発見できるからです。他社もその特許権を迂回せざるを得なくなるので、他社はその技術を使用できなくなるので、その技術で他社と差別化を図ることができます。

5

特許権を取得すべき技術、秘匿化すべき技術

　一般的には、製品の構造については、侵害の立証が容易であるので、特許を取得すべきでしょう。一方、製品や材料からだけでは分からない製造方法や生産過程の温度や時間等のノウハウ（但し、製造方法も明らかな証拠がでる場合には権利化する意義がある）、分解しても詳細が分からない技術については、侵害立証が難しく、特許権を取得するよりもノウハウとして秘匿化することが好ましいでしょう。

第6章

企画・開発段階の注意点を押さえよう

1 事業企画段階における知財面での留意点とは？

事業企画段階において知財面で留意することとはどんなこと？

将来の海外展開を踏まえて、知財権利化の方針を決定することがあるよ！

特許取得すべき技術とノウハウとして秘匿化すべき技術を区別

　まず、特許取得すべき技術とノウハウとして秘匿化すべき技術を区別します。特許出願すべきか否か判断する基準の1つに、侵害の立証可能性の有無があります。すなわち、侵害が立証できるのものについては特許出願し、侵害の立証が難しいものは、特許出願しないで秘匿化するということです。

　侵害が立証できるのとしては、(1) 製品の外観または動作から侵害が判断できるもの、(2) 分解するとその機構や機能が分かるもの、(3) 成分分析すれば成分が分かるものなどがあります。

　一方、侵害の立証が難しいものは、工場で実施される製造方法などです。製造方法は、概して製品をみただけでは分かりませんし、競合の工場に査察することが難しく製造方法の証拠を入手するのが難しいからです。

　その後、特許取得すべき技術については、特許の権利化を日本だけでなく、販売する国（事業を行う国）、生産委託をする国において、個別に特許権を取得する方針を考えましょう。

特許登録の新規性要件

　特許権を取得するための要件に、「新規性」があります。出願時点において、新規なもの（世の中にないもの）である必要があります。出願前に試作品またはデモ品を展

示会に出品してしまうと、新規性がなくなり、原則、特許を取得することができなくなります。但し、日本、米国、韓国など限られた国では、**新規性の喪失の例外**といって、発表後1年以内に特許出願した場合に限って、展示会の出品、論文での公開など、自らが公開した行為によって、新規性が喪失されないという規定があります。

中国、欧州にも、新規性喪失の例外の規定がありますが、中国では、この規定の適用が、中国政府が主催又は承認した国際展覧会への出品などに限定されますし[*1]、欧州では、この規定の適用が、国際博覧会に関する条約にいう公式または公認の博覧会への出品に限られます[*2]。よって、中国、欧州では、日本の展示会で出品した場合または論文、学会で発表した場合には、原則、新規性の例外の規定が適用されず、新規性がないとして、特許権を取得することができません。

よって、外国出願を考慮している場合には、展示会、学会または論文での発表の前に、特許出願をしておくと良いでしょう。

[*1] 中国では、出願日（優先権主張の場合、優先日を指す）から遡って6か月以内に下記行為の何れかに該当する場合には、新規性を喪失しないとされています。
(a) 中国政府が主催又は承認した国際展覧会において初めて出展した場合
(b) 指定された学術会議又は技術会議で初めて発表した場合
(c) 他人が出願人の同意を得ずにその内容を漏らした場合
[*2] 欧州では、出願日（優先権主張の場合、優先日を指す）から遡って6か月以内に下記行為の何れかに該当する場合には、新規性を喪失しないとされています。
(a) 出願人又はその法律上の前権利者に対する明らかな濫用による公知（Article 55(1)(a) EPC）
(b) 出願人又はその法律上の前権利者が、1928年11月22日にパリで署名され、最後に1972年11月30日に改正された国際博覧会に関する条約にいう公式又は公認の国際博覧会に発明を展示したことによる公知（Article 55(1)(b) EPC）

6

外国出願のルート

外国出願には、主に以下の2通りの方法が一般的です（図1）。

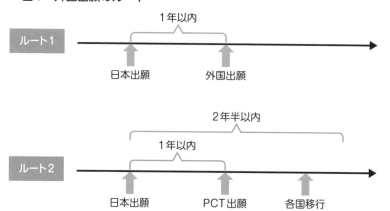

▼図1　外国出願のルート

ルート1

1年以内

日本出願　　　　　外国出願

ルート2

2年半以内

1年以内

日本出願　　　　　PCT出願　　　各国移行

（ルート1：パリルート）日本出願から1年以内に優先権を主張して外国特許庁へ直接出願する方法

（ルート2：PCTルート）日本出願から1年以内に優先権を主張して国際特許出願（PCT出願）する方法

　優先権を主張することによって、いずれも新規性・進歩性の判断時を、元の日本出願の時にすることができます。

　ルート1の方法は、出願する国が確定している場合に用いることができる方法です。出願する国が少ない場合に、ルート2の方法よりも通常は費用が安くなる傾向にあります。

　ルート2の方法は、出願する国が確定していない場合に、お勧めの方法です。国際出願後、日本出願から2年半の期間まで実際に国内移行する国の選択を先延ばしにすることができるからです。また、PCT出願の場合には、出願後2〜3か月後に送付される国際調査報告において国際調査機関による暫定的な新規性、進歩性判断が示されるので、特許権を取得できるか否かの目安として使用することができます。国際調査報告における調査報告の内容を見てから、実際に各国に国内移行するかどうか決めることができるので、新規性等がないと分かった場合には、国内移行しないようにすれば、無駄な費用を払わなくても済むでしょう。

2 展示会及びプレスリリース前に知財面で注意することは？

商品・サービスについて展示会及びプレスリリース前に商標出願しないリスクってなにかな？

その商品・サービス名で他人に商標権を取得されて、その商品・サービス名で販売できなくなるというリスクがあるよ！

特許権・実用新案権、意匠権には新規性の要件がある

　展示会及びプレスリリース前には、展示会及びプレスリリースに公開する製品の技術について特許権・実用新案権として登録できるところがないか検討しましょう。特許権・実用新案権にできそうな技術がある場合には、展示会に出展する前及びプレスリリース前に、特許出願・実用新案出願をしましょう。特許・実用新案の登録要件に、新規性の要件[*1]が課されているからです。

　また、その製品の形態について、独自の形態であれば、意匠権にできないか検討しましょう。形態が意匠登録できそうであれば、展示会に出展する前及びプレスリリース前に、意匠登録出願をしましょう。意匠の登録要件にも、新規性の要件が課されているからです。

6

＊1　今までに無かった新しい発明、考案、意匠であることが必要という条件。

商標登録には新規性の要件はない

　商標の登録要件に、特許・実用新案、意匠で課されている新規性の要件はありません。商標登録の要件として新規性が要求されないのであれば、商品・サービス名の商標登録出願前に、その商品・サービス名を発表してしまっても問題ないようにも思われます。

　確かに、商標登録では新規性を問われないので、プレスリリース後に商標登録出

願をしても、そのことのみをもって商標登録を受けることができなくなることはありません。こうした事情もあって、発明・考案・意匠よりも商標の出願には"甘さ"があるケースがあります。

●1　商標登録は先願主義

商標登録は先願主義という制度を採用しています（特許・実用新案・意匠も同様です）。先願主義は、先に特許庁に出願をした者が優先されるという"早い者勝ち"の制度です。

具体的には、同じような商標が別々の者から商標出願された場合、先に出願した者の商標が登録され、後から出願した者の商標は先に出願した者の商標と同一又は類似であるとして登録を受けることができなくなるという制度です。

つまりプレスリリースを見た他人が、その商標を先に出願してしまい、自分が商標登録を受けることができなくなるリスクがあるということです。

最近は、当事者とは無関係の者が先取りして商標出願をしてしまったというニュースが頻発していますので、注意が必要です。

●2　商標登録の新規性要件がないことのリスク

商標登録に新規性要件がないことが、新規性要件のある特許・実用新案・意匠よりも、商標の方がより大きなリスクを抱えることになりかねない場合があります。

特許・実用新案・意匠に関しては、登録要件として新規性が要求されるので、発明・考案・意匠の内容を公表してしまうと、新規性を失うので、基本的には登録を受けることができないのですが、それは、自分だけでなく、他人も同様に登録を受けることができなくなるという効果があります。

そのため公表の順番を間違えると、特許・実用新案・意匠の登録を受けることができなくなりますが、同様の発明・考案・意匠を他人に登録されてしまうという心配は原則としてありません。

一方、商標登録の場合は、新規性が要求されないので、自分が公表した商標を、その後、他人が商標登録をすることも可能なので、新規性がないことは、むしろその商標の商標権が他者に取得されるリスクを大きくします。

●3　商品・サービスについての展示会及びプレスリリース前に商標出願すべき

商品・サービスに用いる商標を出願する前に、その商品・サービスについて発表

する展示会への出展、及びプレスリリース等は行うべきではありません。商品・サービスについての展示会への出展及びプレスリリース前に、商品・サービス名について商標出願すべきです。なお、特定の要件を満たす博覧会に出品した商品又は出展した役務について使用をした商標について、その商標の使用をした商品を出品した者又は役務を出展した者がその出品又は出展の日から6か月以内にその商品又は役務を指定商品又は指定役務として商標登録出願をしたときは、その商標登録出願は、その出品又は出展の時にしたものとみなすという救済規定があります（商標法第9条1項）。

外国における商標権の取得検討

　日本だけでなく、商品を販売またはサービスを提供する国（事業を行う国）において、商標権を取得する方針を考えましょう。外国で商標の登録を受ける場合、それぞれの国で個別に出願手続を行う方法があります。

　一方、複数国での商標権の取得は、「マドリッド協定議定書（マドプロ）」に基づく一括手続が便利です。マドプロ出願による国際登録出願を利用することで、日本国特許庁に提出する1つの願書で複数国に一括して手続を行うことが可能になります。

　但し、マドプロ非加盟国への出願ができません。商標権を取得したい国が、マドプロ加盟国に含まていることを、特許庁のホームページ（https://www.jpo.go.jp/system/trademark/madrid/madopro_kamei.html）で確認しましょう。通常、次の図1のように日本の商標出願から6か月以内に優先権を主張してマドプロ出願することで行われます。優先権を主張することにより、日本出願時を基準として出願の先後願が判断されます。

6

▼図1　マドプロを用いた外国における商標権の取得の工程

6か月以内　　　　　　　　12、18か月以内

各国での審査

日本商標出願　　　マドプロ出願

● 1　マドプロ出願の要件

　マドプロ出願をするには、以下の要件を満たす必要があります。
(1) 日本において、既に登録商標を有しているか又は商標登録出願を行っていること

(2) マドプロ出願する商標とその基礎となる日本の登録商標又は出願中の商標が同一であること

(3) マドプロ出願による国際登録出願の出願人と、その基礎となる日本の登録商標の権利者又は出願中の商標の出願人が同一であること

● 2　マドプロ出願のメリット

マドプロ出願には次のメリットがあります。

(1) マドプロ出願は、日本出願または登録を基礎として特許庁に英語により国際出願すれば、国別の出願手続き、翻訳が不要ですので、経費の削減及び手続の簡素化を図れます。

(2) 審査国の審査機関が12または18か月以内に保証されています。

(3) WIPO国際事務局における国際登録簿により権利関係が一元管理されるので、同事務局へ存続期間の更新等の手続を一括して行うことにより、各指定国への手続を省略でき、権利の管理が容易になります。

(4) 指定国で拒絶理由が発見されずに登録になる場合は、その指定国においては現地代理人の選任は不要となります。

(5) 出願時に指定しなかった締約国、出願後に新たに加盟した締約国についても事後指定の手続により領域指定ができます。

(6) 国際登録出願時に特定の国に対し商品・役務を限定的に指定した場合でも、国際登録の範囲内であれば、指定しなかった商品・役務を事後指定により追加することができます。

● 3　マドプロ出願のデメリット

一方、マドプロ出願には次のデメリットがあります。

(1) マドプロ出願は、日本出願と同一書体で、指定商品及び指定役務も日本出願に含まれている必要があるため、国際出願を前提として日本出願をする必要があります。

(2) 日本の基礎出願または基礎登録が、国際登録から5年以内に拒絶や無効等になると、基礎出願または基礎登録が取り消された範囲内で、国際登録も取り消される（いわゆる**セントラルアタック**）点に注意すべきです。

(3) 出願書類が1通りのため、各国の事情に応じた出願ができず、各国特許庁から拒絶理由を受けることがあります。

新たな製品は外形に特徴があります。他社に模倣されないようにするにはどうしたらいい？

新たな製品は外形に特徴があるんだけど、他社に模倣されないようにするにはどうしたらいい？

特許出願・実用新案出願と意匠出願を検討しよう！

特許出願・実用新案出願の検討

　新たな製品の外形に、機能的特徴がある場合には、その機能について特許権または実用新案権を取得できる可能性がありますので、特許出願・実用新案出願を検討しましょう。

　仮に特許出願後にその特許出願に記載の発明が進歩性がない可能性が高いが形態に従来にない特徴がある場合には、特許出願は出願後に意匠出願に変更して、製品の形態を意匠権で保護することが可能です。この特許出願から意匠出願への変更は、その特許出願について拒絶をすべき旨の最初の査定の謄本の送達があった日から3か月を経過するまで可能です。意匠出願に変更することができるように、特許出願書類には、製品の外形が分かる六面図を載せておくことが好ましいです。六面図を掲載していないと、意匠の外形が特定できない部分が出てくる可能性があるからです。仮に六面図がなく意匠の外形が特定できない部分がある場合には、外形が特定できない部分を除いた部分について部分意匠として登録できる可能性があります。しかし、外形が特定できない場合、部分意匠でも登録できない場合があります。よって、基本的には、六面図を特許出願書類に載せておくことが望ましいです。

●特許・実用新案のみの保護による問題点

　見た目は同じであるが機能が異なる模倣品（外観だけ真似した模倣品）が販売されている場合、製品の機能について特許権・実用新案権を取得しても外観までは保護

6

されない場合があります。一般消費者は、外観が同じ模倣品を正規品と間違えて購入してしまう可能性があります。

　形状だけで何の技術的な効果を生み出さない場合には、特許の取得は困難です。このような模倣を防止するためには、意匠権による形態の保護が有効です。

意匠権による形態の保護

● 1　意匠権による形態の保護例

　ワコールの機能性タイツCW－Xは、特許・実用新案だけでなく意匠によっても保護されています。CW－Xのような機能性タイツは見た目にも特徴があるため、意匠の保護対象となりえます。ワコールの機能性タイツCW－Xは、テーピング機能が幾何学的模様となっており、見た目にも特徴があります。そこでワコールは特許だけではなく（特許第1919040号、特許第3012819号）、下半身、上半身、膝など各部用の商品ごとに形態も意匠登録しました（意匠登録第1021887号）。理由は「模倣品は見た目だけをまねて機能がない場合も多く、特許だけでは守れない」からです。

● 2　意匠によるデザイン保護

　意匠の場合、模倣品が登録意匠と完全に同一でなくても、登録した意匠に類似している場合には意匠権の侵害となります。従って、模倣品が販売された場合でも、模倣品が登録意匠に類似していれば、その意匠権により模倣品を市場から排除することができます。但し、登録意匠の類似の範囲については、先行意匠との関係で、その範囲が狭くなったり広くなったりすることに注意が必要です。すなわち、模倣品が、登録意匠よりも、その登録意匠の出願前に存在する先行意匠の方に類似していれば、登録意匠の権利範囲に入らない可能性が高く、逆に登録意匠の方に類似していれば登録意匠の権利範囲に入る可能性が高いという点に注意が必要です。このようになっている理由は、登録意匠の権利範囲が、仮に先行意匠または先行意匠に類似する範囲にまで及ぶとすると、登録意匠の前に先行意匠を使用していた第三者がその意匠を使用できなくなってしまうという不利益を被ってしまうので、そのような事態を回避するためです。

　意匠は、特許よりも早期に権利化することができ、料金も特許と比較すると安いです。ただし、特許と同様に新規性・創作性が必要とされるため、製品販売前に意匠登録出願する必要があります。意匠権は出願日から25年間存続するとする意匠法改

正が令和元年5月10日に成立し、交付日（令和元年5月17日）から1年以内に有効になるため、特許権（出願から20年間有効）よりも長く保護を受けられる可能性があります。

● 3　製品についての展示会またはプレスリリース前に意匠出願すべき

製品に用いる意匠出願する前に、その製品について発表する展示会への出展、及びプレスリリース等は行うべきではありません。製品についての展示会への出展及びプレスリリース前に、製品の形態について意匠出願すべきです。

外国における意匠権の取得検討

日本だけでなく、販売する国（事業を行う国）及び生産する国において、意匠権を取得する方針を考えましょう。外国で意匠の登録を受ける場合、それぞれの国で個別に出願手続を行う方法があります。

一方、複数国における意匠権の取得には、ハーグ協定に基づく国際出願が便利です。通常、次の図1のように日本の意匠出願から6か月以内に優先権を主張してハーグ協定に基づく国際出願することで行われます。優先権を主張することにより、日本出願時を基準として出願の新規性及び創作非容易性が判断されます。

▼図1　ハーグ協定を用いた外国における意匠権の取得の工程

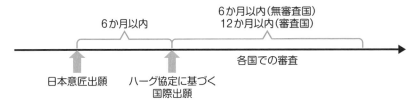

● 1　国際登録された意匠の保護の具体的な内容

国際登録された意匠は、指定国において、次の保護を受けることができます。

(1) 国際登録日から、指定国の官庁に出願されていた場合と同一の効果があります。

(2) 指定国の官庁が、拒絶の通報期間（国際公表から6か月又は12か月）内に拒絶する旨の通報をしない場合には同期間の経過時、拒絶の通報後に当該通報を取り下げた場合はその取下げ時、又は、拒絶の通報期間内に保護の付与の声明を行った場合はその声明時から、指定国の法令に基づく保護の付与と同一の効果が得

られます。

(3) 国際登録の存続期間は、国際登録日から5年です(その後更新可能)。

● 2　国際出願のメリット

ハーグ協定に基づく国際出願には次のメリットがあります。

(1) 1通の願書・図面をWIPO(国際事務局、特許庁経由も可)に提出すれば、国別の
出願手続き、翻訳が不要になります。但し、国際出願の言語は、英語、フランス語、
スペイン語の中から任意に選択します。

(2) 1つの国際出願で、複数の指定国を選択することができます。また、1つの国際出
願に、最大100までの意匠を含めることができます。

(3) 審査期間が明確です(無審査国:6か月以内、審査国:12か月以内)。

(4) 更新の手続はWIPO国際事務局に対して行うものであり、指定国ごとに行う必
要がありません。

● 3　国際出願のデメリット

一方、ハーグ協定に基づく国際出願には次のデメリットがあります。

(1) 国際登録された意匠は、国際登録から6か月で国際公開されます(30か月公開繰
り延べも可能だが、出願指定国に公開繰り延べの禁止や短期化を宣言する国が
含まれると最短時期に合わせて公開される)。

(2) ある国で登録が拒絶された場合、その拒絶理由が公開され、他国でも拒絶や無効
とされる可能性があります。

4 製品の企画・開発時の技術開発で留意する点とは?

製品の企画・開発時に技術開発で留意する点とは何かな?

他社の特許権・実用新案権を調査し、他社の特許権・実用新案権に抵触しないようにする必要があるよ!

特許権に抵触しないかの検討の必要性

　自社で新製品を企画することがあります。また他社の新製品が非常に売れゆきがよい場合、自社でも同じような製品を開発して販売しようとすることがあります。その場合、その他社がその新製品について特許権を取得しており、自社が製造・販売する製品がその特許権の技術的範囲に含まれる場合には、その特許権の直接侵害のうちの文言侵害(後述)となり、販売後の差し止めや損害賠償を請求されるリスクがあります。よって、仮に他社の製品と同じ用途の製品を開発するとしても製品開発の当初から、当該他社の特許権について調査し、当該特許権の技術的範囲に含まれないようにすることが重要になります。

　また、その際には、文言侵害だけでなく、均等侵害(後述)に該当しないようにしましょう。また、直接侵害だけでなく間接侵害に該当しないようにしましょう。

6

直接侵害

　直接侵害には文言侵害と均等侵害があります。それぞれについて以下に整理します。

● 1　文言侵害とは

　製品またはサービスが、特許権の特許請求の範囲のいずれかの請求項に記載された全ての構成要件を満たす場合に、文言侵害になります。一方、1つでも構成要件を満たさない場合には、文言侵害になりません。

例えば、他社の特許権の特許請求項の範囲に記載された請求項1の発明が、構成要件Ａ〜Ｅの5個の構成でなっている場合に、自社の製品が同様に構成要件Ａ〜Ｅの全てを充足している場合に、その特許権の文言侵害となります。

● 2　均等論（均等侵害）とは

　均等論とは、請求項の文言どおり忠実に解釈すれば権利範囲に含まれないような物（方法）であったとしても、本質的に特許された発明を模倣していると考えられる場合には、均等物（均等方法）であるとして権利範囲に含める解釈をいい、このように特許発明の均等物に該当する場合、均等侵害といいます。

　この均等論（均等侵害）は、たとえ請求項の文言の上では構成要件を充足していなくとも、実質的に特許発明を模倣している場合に、特許権の侵害でないとすれば、特許権者を実質的な模倣から保護することができなくなるので、上記のような場合を侵害とする判例上の理論です。

　例えば、他社Ｘ社が、断面を六角形にして転がりにくくした鉛筆を発明して特許権を取得した場合を例に考えましょう。そのときの特許請求の範囲が以下のとおりであったとします。

【特許請求の範囲】
【請求項1】
黒色の芯材と、
前記芯材を取り囲み横断面において六角形の木材と、
を備えた鉛筆。

　このとき、自社Ｙ社が他社Ｘ社に無断で、横断面が六角形の赤鉛筆を販売したとします（ここでは仮に横断面が丸い赤鉛筆は世の中に知られているとします）。他社Ｘが特許を取得した発明は、転がりにくくするために横断面を六角形にしたことが本質ですが、自社Ｙの赤鉛筆はその本質部分は模倣していますが、鉛筆の芯の色を変えているため、文言上権利範囲に入らないことになります。そもそも上記の請求項の書き方がまずいのですが、このような場合であっても、芯材が黒色であることは特許発明の本質的な部分でなく、もともと赤鉛筆は世の中に知られていることから、横断面が六角形の芯材を黒色から赤色に容易に置き換えられ、置き換えても転がりにくいという同様の効果が得られることから、自社Ｙが赤鉛筆を販売する行為

は、均等論により均等侵害となります。

均等侵害が成立するには、以下の5つの要件を満たす必要があります。

（第1要件） 特許発明の構成要件のうち対象製品（以下、イ号製品という）との相違部分（上記の例では、芯材が黒色）が、特許発明の本質的部分ではないこと

（第2要件） 相違部分（上記の例では、芯材が黒色）をイ号製品に対応する部分（上記の例では、芯材が赤色）に置き換えても、特許発明の目的（上記の例では、転がりにくい）を達することができ、同一の作用効果（上記の例では、転がりにくい）を奏すること

（第3要件） 相違部分を置き換えること（上記の例では、芯材を黒色から赤色に置き換えること）に、当業者が、イ号製品の製造の時点において（上記の例では、自社Yの赤鉛筆の製造時の時点において）容易に想到することができたものであること

（第4要件） イ号製品が、特許発明の特許出願時における公知技術と同一又は当業者がこれから出願時に容易に推考できたものではないこと

（第5要件） イ号製品が特許発明の特許出願手続において特許請求の範囲から意識的に除外されたものに当たるなどの特段の事情もないこと

6

間接侵害

特許発明の直接侵害となるためには、製品または方法が、特許権の請求項に記載された全ての構成要件を満たす必要があります。

しかし、この原則を貫くと、妥当ではない結果が生じてしまいます。例えば、特許侵害品を製造するための部品であって、他の用途のない部品の製造は、特許の直接侵害行為を誘発する危険の高い行為ですが、上の原則を貫くと侵害には問えず、差止請求などをすることができなくなってしまいます。

そこで特許法は、特許の直接の侵害行為には該当しないものの、侵害の蓋然性の高い一定の行為を禁止する趣旨で、間接侵害に関する規定を設けています（特許法第101条）。以下、間接侵害となる各行為につき簡単に説明します。

以下、間接侵害となる各行為につき、3つの類型に分けて説明します。

（1）間接侵害の第1類型（特許法第101条1号、4号）

特許侵害を構成する物や方法に「のみ」用いられる物、つまり専用品の製造を特許権の間接侵害とみなす、という規定です。

ここでいう「のみ」とは、ある物が特許発明の直接の侵害品・侵害行為にかかる物の生産にのみ使用され、「実用的な他の用途がないこと」をいいます。そしてこの「他の用途」とは、抽象的・試験的な使用の可能性では足らず、社会通念から見て、経済的・商業的・実用的であると認められる用途であることを要する、と考えられています（東京高裁平成16年2月27日判決「リガンド分子事件」等）。この「のみ」の立証責任は特許権者が負うものとされています。

（2）間接侵害の第2類型（特許法第101条2号、5号）

上述した第1類型の「のみ」品（専用品）の規定では、侵害行為・侵害製品に使用されることを知りつつ特許侵害品の重要部品等を供給する場合でも、専用品でなければ、間接侵害に該当しないこととなります。しかしこの場合、侵害につながる蓋然性の高い予備的行為が差し止められないこととなり、特許権者の正当な利益が保護されない事態が生じ得ます。

そこで間接侵害の第2類型は、間接侵害に該当する物について「その発明による課題の解決に不可欠なもの」と限定した上で、行為者の主観的要件すなわち「その発明が特許発明であること及びその物がその発明の実施に用いられることを知っていた」場合に、特許権の間接侵害にみなす、という規定です。

（3）間接侵害の第3類型（特許法第101条3号、6号）

間接侵害の第3類型は、侵害品の個々の販売行為や流通を未然に防止するという目的から、譲渡等の前段階である「所持」行為を侵害とみなすことができるように設けられた規定です。ただし、単なる所持では足らず、「譲渡等」又は「輸出」のために所持する行為が対象となります。

5 他社特許のウォッチングとは

 他社特許のウォッチングとは何かな？

 自社の製品・サービスに関連する他社特許出願及び特許登録を監視することだよ！

他社特許出願の監視（ウォッチング）の必要性

　他社から侵害であると警告されたり侵害訴訟を訴えられたりするのを、ただ単に手をこまねいて待っているのは、リスク管理の観点から好ましいものではありません。自社の製品・サービスに関連する他社の特許出願を監視して、権利化を阻止したり、権利を狭くしたりして特許侵害になるリスクを最小限に抑えることが好ましいです。

　特許出願は、優先日（優先権を主張していない場合は現実の出願日）から1年半後に、特許庁から公開されます。特許検索ソフトを利用して、自社の製品・サービスに関連する他社の特許出願がヒットするように検索式を作ることにより、検索式の条件に該当する特許出願が公開された場合に、通知されるようにすることができます。他社の特許出願が、このままの状態だと、その権利範囲が、自社の製品・サービスを含むような場合には、情報提供を検討しましょう。

●情報提供

　特許庁では、特許出願に係る発明が新規性・進歩性を有していないなどについて、情報提供を広く受け付けています（特許法施行規則第13条の2）。また、特許付与後においても同様に、情報提供を受け付けています（特許法施行規則第13条の3）。

　「近年、情報提供件数は、年間7千件前後で推移しており、**情報提供を受けた案件の73％において、情報提供された文献等を拒絶理由通知中で引用文献等として利**

6

233

用しています（平成25年12月に拒絶理由通知書が起案された案件について調査）。」
（出典：特許庁）

　このように、情報提供により、特許が登録される前に、新規性・進歩性を否定できる文献を提出すれば、審査官によって採用される可能性が高いです。しかも、情報提供は完全に匿名でできるため、情報提供された者が特定される心配がなく、情報提供によって、特許出願人から、その特許出願の内容を実施していることを疑われて将来的に特許登録後に権利行使を受ける心配もありません。

　このように情報提供を行うことによって、他社の特許出願が権利化されること、もしくは、他社の特許出願が自社の製品・サービスを含む範囲で権利化されることを防ぐことができます。特に、自社の製品・サービスを含まないようにすることを第1目的にすべきであり、情報提供で提出する文献についても、自社の製品・サービスと同一または類似する技術の文献を最も重点的に提出すべきです。

他社特許登録のウォッチング

　自社の製品・サービスに関連する他社の特許登録を監視して、自社の製品・サービスが抵触している他社の特許権については取消や無効化を図ることで、特許侵害リスクを最小限に抑えることが好ましいです。特許が登録されると、3週間ほどで特許登録公報が発行されます。特許検索ソフトを利用して、自社の製品・サービスに関連する他社の特許登録がヒットするように検索式を作ることにより、検索式の条件に該当する特許発明を含む特許公報が発行された場合に、通知されるようにすることができます。他社の特許権の権利範囲が、自社の製品・サービスを含むような場合には、次の異議申立もしくは無効審判の請求を検討しましょう。

1　異議申立

　異議申立は、特許公報発行日から6か月以内に特許権の取り消しを申し立てることができる制度です。申立人の名前は出てしまいますが、何人も請求することが可能ですので、ダミーの申立人（例えば法律事務所や特許事務所などの事務員）などの名前で請求することができます。これにより、自社の名前を出さずに、特許権の取り消しを申し立てることができますので、特許権者に後々、この異議申立が原因で当該特許権者から権利行使を受けるリスクをほぼなくすことができます。

　次に、特許異議申立の審理結果（図1）によれば、異議申立の対象請求項の全て又は一部が取り消されたものが11.6%、異議申立の対象請求項の全てを削除する訂正

が認められて異議申立が却下されたものが0.2%、特許の請求項が訂正されて特許が維持されたものが50.7%です。これらを合計すると、権利範囲が変更されたものが63.3%です。

　異議申立の対象の特許の請求項が取り消される確率は11.6%と少ないですが、権利範囲が変更されたものの確率は63.3%ですので、権利範囲を狭くできる可能性が結構あることが分かります。このように、特許異議申立は、ダミーの申立人を使うことによって、自社の名前を伏せたままで、他社の権利範囲を狭くすることができる可能性がある制度といえます。

▼図1　特許異議申立の審理結果

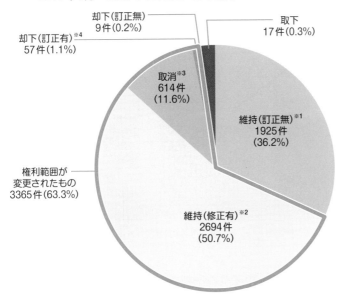

2015年4月〜2020年12月末までに異議申し立てがされた事件の審査結果

※1　訂正されることなく又は訂正が認められず、特許がそのままの形で維持されたもの。
※2　訂正が全て又は一部認められて、特許が維持されたもの。
※3　異議申立の対象請求項の全て又は一部が取り消されたもの。
※4　異議申立の対象請求項の全てを削除する訂正が認められて、異議申立が却下されたもの。

出典：特許庁「特許異議申立の統計情報」【グラフ1】特許異議申立の審理結果（2020年12月末時点）をもとに作成
https://www.jpo.go.jp/system/trial_appeal/shubetu-tokkyo-igi/igi_moushitate_tokei.html

● 2　無効審判

　無効審判は、対象の特許権に対する利害関係人のみが特許の無効を請求できる制

6

度です。異議申立のように時期的制限はありません。利害関係人であることが要求されていますので、異議申立のようにダミーの申立人をたてて請求することはできず、自社の名前で請求する必要があり、特許権者側に自社の名前が分かってしまいます。よって、特許無効審判は、特許権者から既に特許侵害の警告を受けている場合や、特許侵害訴訟で訴えられている場合に活用する制度になります。

次に、特許無効審判の審理結果（図2）によれば、2016年では無効の確率が25%です。異議申立よりも無効にできる可能性は高いですが、特許権者が有利なことには変わりがありません。

▼図2　特許無効審判の審理結果

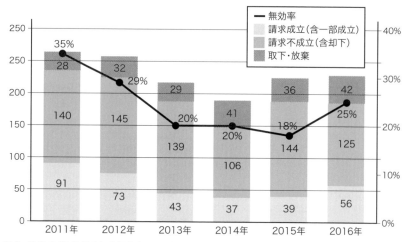

出典：特許庁「特許行政年次報告書2017年版」のデータをもとに作成
https://www.jpo.go.jp/resources/report/nenji/2017/document/index/0107.pdf#page=3

ウォッチングの継続の重要性

自社の製品に関連する他社の特許出願、及び他社特許登録は、いつ公開されるかわからないので、他社特許出願及び他社特許登録のウォッチングは、企画・開発時の一度だけでなく、継続して行うことが重要です。特許検索ソフトには、キーワードや特許分類などを用いて特定の検索式に該当する特許出願または特許登録が公開された場合に通知するようにすることができるものがあります。このようなソフトを利用することによって、日々のウォッチングに係る労力を軽減することができるので利用をお勧めします。

6 製品の形態を検討する際に留意する点とは？

製品の形態を検討する際に留意する点とは何かな？

他社の特許権・実用新案権だけでなく意匠権、商標権に抵触しないようにし、且つ不正競争行為に該当しないようにすることだよ！

他社の意匠権に抵触しないか否かの検討の必要性

　自社で新たなデザインの製品を企画することがあります。また売れている他社の商品の形態を研究して、類似の形態を持つ商品の開発が検討されることがあります。その場合、まずは、その商品について意匠権が取得されていないかどうか調査する必要があります。

　仮にその商品の形態について意匠権が取得されている場合には、その意匠権は、その登録意匠の類似範囲にまで及びますので、自社の商品の形態がその類似範囲に入らないようにする必要があります。

　それでは登録意匠の類似範囲は、どのようにして決まるのでしょうか？　登録意匠の類似範囲について以下に例を用いて説明します（図1）。

6

▼図1　登録意匠とイ号意匠の類比判断

登録意匠 X　　　　　　　公知意匠 Y

イ号意匠 Z　　イ号意匠 Z がどちらにより似ているかで
　　　　　　　　登録意匠 X に類似しているか否かを判断

（裁判では被告意匠をイ号意匠と表現します）

例えば、他社Bがクッションについて上記のようにドーナツ状の形態について意匠登録していたとします。登録意匠Xの出願前に公知の意匠（以下、公知意匠という）Yとしてハート型のクッションがあったとします。

　この場合に自社がリング状で直径方向に直線状の素材が入ったクッションの販売を企画したとします。ここで、裁判において被告意匠のことをイ号意匠と呼ぶことから、自社のクッションの形態をイ号意匠Zと呼ぶことにします。

　自社の製品形態が、他社の登録意匠と公知意匠のどちらにより似ているかを判断して、仮に登録意匠の方により似ていれば登録意匠に類似するので、当該他社の意匠権に抵触します。一方、仮に自社の製品形態が公知意匠の方により似ていれば、登録意匠とは非類似と判断され、当該他社の意匠権に抵触しません。

　上記の例の場合、外縁の形状が円状である点で、イ号意匠Zは、基本的な形態が公知意匠Yよりも登録意匠Xの方により似ています。このような場合には、登録意匠Xに類似し、当該意匠権に抵触すると判断される可能性があるので、製品形態の変更を検討しましょう。

他社の商標権に抵触しないか否かの検討の必要性

　商標権は、平面的な文字だけでなく、模様（例えば、ルイ・ヴィトンのモノグラム）、キャラクタ（例えば、冷えピタシートのキャラクタ）や3次元的な形態（以下、立体商標という）でも登録することが可能です。

　売れている他社の商品のパッケージを研究して、類似のパッケージについて商品を開発することが行われる場合があります。その場合、まずは、その商品パッケージに付されたキャラクタ、その商品パッケージそのものの形態について商標権が取得されていないかどうか調査する必要があります。

　登録商標が指定する商品・サービスと同一または類似している商品またはサービスについて、登録商標と同一または類似の商標を使用している場合に、当該商標権の侵害になります。

　それでは商標の類似範囲は、どのようにして決まるのでしょうか？　商標の類比は、外観、称呼、観念を総合的に判断して決まります。登録商標の類似範囲について以下に2つの例を用いて説明します（図2）。

▼図2　登録商標とイ号商標の類比判断1

登録商標

スマイル

イ号商標

スマイル

　例えば、他社Bが、「洋服（第25類）」を指定商品にして上記の登録商標を取得していたとします。この場合に、自社Aが、洋服に上記のイ号商標をプリントして販売することを企画したとします。

　この場合、登録商標とイ号商標とが、外観（見た目）、観念（意味）、称呼（呼び名）の観点から総合的に類似しているかどうか検討することになります。この例の場合、外観が文字の「スマイル」に、外縁が丸の笑った表情の図柄が記載されている点において類似しております。また両者は「スマイル」と記載されているから「微笑み」という共通の観念を生じます。また両者は、「スマイル」という共通の称呼を生じます。よって、総合的に類似と判断されます。このような場合には、イ号商標を、登録商標に類似しないように、変更することを検討しましょう。

　例えば、他社Bが、飲料水を指定商品にして上記の登録商標を取得していたとします（図3）。この場合に、自社Aが、飲料水の缶をイ号商標の商品名で販売することを企画したとします。

6

▼図3　登録商標とイ号意匠の類比判断2

登録商標

FUNKEE

イ号商標

FANKEE

　この場合にも、登録商標とイ号商標とが、外観、観念、称呼（呼び名）の観点から総合的に類似しているかどうか検討することになります。

　この例の場合、外観上、英字1文字違いで「F○NKEE」という文字が記載されている点において類似しております。また両者は、「ファンキー」という共通の称呼を生じます。よって、総合的に類似と判断される可能性が高いです。このような場合には、イ号商標を、登録商標に類似しないように、変更することを検討しましょう。

不正競争行為に該当しないか否かの検討の必要性

　不正競争防止法では、他社の新商品販売後3年以内は、その新商品の形態を模倣した商品を販売した場合、不正競争に該当すると規定しています（不正競争法2条1項3号）。不正競争行為に該当した場合、販売差し止めや損害賠償の請求をされるおそれがあります。よって、その新商品の形態を模倣した商品の販売を企画するのはやめましょう。

第7章

提携段階の注意点を押さえよう

1 展示会に出展する際に知財面で注意する点は？

展示会に出展するのだけど、知財面で注意する点はどんなことかな？

まずは、展示会で情報がもれないための事前対策を立てることから考えよう！

展示会への出展

　国内及び海外での販路開拓のために国内または海外の展示会に出展することは、有効な手段です。初めて国内または海外展開をする際だけでなく、毎年定期的に出展することによって、新規顧客や代理店の獲得をする可能性を高めることができるでしょう。また自社製品に対する感触の確認や顧客ニーズの把握、代理店との連携強化などを同時に行えるというメリットがあります。

　展示会で成果を上げるためには事前準備が大事です。そして限られた時間の中で成果を上げるために、知財は有効なツールとなります。特許を取得していることにより、顧客の信頼獲得、技術的優位性のアピール、他社に対するけん制などの効果を同時に得ることができるからです。

　特に海外での展示会では、特許権を取得している技術であることを前面に出し、技術面での優位性をPRするとともに、その自社の特許の技術を使うと、目的とする高い効果が得られることを宣伝すると、新規顧客の獲得可能性が高まるでしょう。

　一方、展示会はオープンな空間であるため、様々な情報が洩れる可能性がありますので、事前に情報が洩れないように対策をしておきましょう。

展示会で情報がもれないための事前対策

　展示会では、様々なバックグラウンドの人や様々な思惑を持った人が参加します。展示会におけるブースの来訪者を通じ、技術やデザインが盗まれたり、まだ商標出願していないロゴマーク等が真似されたりして、模倣品が出回るということがリスクとしてあります。他社が自社製品の模倣品を販売した場合において、他社による模倣品が粗悪品のときには、その模倣品を自社製品と思って購入した消費者による製品への苦情が自社に届く場合があります。そのような場合、苦情への対応に人的リソースがとられるだけでなく、自社の製品に対する消費者イメージが低下して自社の売り上げが落ち込むリスクがあります。一方、模倣品が魅力的な製品である場合には、市場を先に押さえられてしまい、自社の製品の売り上げが思うように伸びないリスクがあります。こうしたリスクに対して、次のような事前の対策を打つことが重要です（表1）。

▼表1　展示会前の事前対策

リスク	対策
技術、デザイン、ロゴマーク等の流出	展示会における社外への公開・非公開範囲の設定及びその徹底
	特許、意匠、商標権の先行取得
技術、デザインの新規性喪失	特許、意匠権取得を目指す技術、デザインがある場合、展示会出展前に専門家に相談し、特許、意匠出願を展示会前に完了
	国内及び販売国において権利侵害がないか事前調査
他社からの権利侵害の警告	先使用権主張のための自社実績の事実の収集、及び他社特許無効の主張のための公知・公用技術の証拠の収集

7

展示会当日の対応

　情報の漏えいを防止するために、展示会当日は次のような対応をすることが望ましいでしょう（表2）。

▼表2　展示会当日の対応

項目	対応
製品説明	製品説明として他社に対して優位性のある点を強調し、どうアピールするかを整理するとともに、公開する情報と秘匿化する情報を区分けし、秘匿化する情報を絶対話さないように、当日参加する社員に徹底する。
パンフレット	展示会で配布するパンフレットは、英語版も用意し、特許番号を記載しておく。
カタログの配布	盗用等を防ぐために相手方から名刺を受領し競合他社の社員でないことを確認してからカタログを配布する。
	同業他社に渡った場合に、そのカタログの記載内容で特許侵害を警告してくる場合があるので、カタログには製品の内部構造や制御方法など外部からは把握できない情報を記載しない。
デモンストレーション	デモンストレーションにより製品の構造や制御方法が分かってしまうことがあるため、必要最低限のデモンストレーションに留める。

2 他社との提携に関して知財面で注意する点は？

他社から引き合いの話があるのだけど、どう対応したら良いかな？

まずは開示する範囲を限定するとともに、秘密保持契約を締結しよう！

他社からの引き合い

展示会で発表したりプレスリリースしたりすると、他社（日本の他の会社、及び海外の会社）からの引き合いが来る場合があります。

そうした引き合いの際、「特許を取っているか」という質問がよくあります。特許を取っていることが取引を始める際の最低ラインと捉えている会社もあります。その背景は、その製品や商品のオリジナリティの保証や模倣品が発生した際に排除できるかどうかの指標として確認しているようです。

引き合いから商談へと話しが進むと、工場見学や試作品の提供を相手企業から求められる場合があります。その場合に、何の対処もせずに対応してしまうと、企業秘密である技術や製造方法などが他社へ流出してしまう可能性があります。契約成立の直前になるほど、知財面のリスクに対する対策をわすれがちになるので、注意が必要です。

他社からの引き合い時のリスク回避方法

引き合い時に想定されるリスクについて次のように回避することが望まれます。（表1）。

▼表1　引き合い時のリスク回避対応

対応の概要	具体的な対策
秘密保持契約（NDA）の締結	工場見学や試作品、図面等の提供依頼に対し、事前に秘密保持契約（NDA）を締結してから、提供する。
公開・非公開範囲の設定	技術や製造方法等について、秘密保持契約前には提供しないのはもちろんであるが、事前に、秘密保持契約後に公開する範囲、及び秘密保持契約後であっても非公開の範囲を定める。
	秘密保持契約締結後であっても製造方法については、非公開に設定する。化学組成物については、その組成については開示せず、その性能を示す実験データシートの提供に留めることが望ましい。
工場見学ルールの整備	工場見学時の対応マニュアルを定める。
	ルートの設定、解説範囲 の制限、記録媒体の持ち込み制限、カメラ及びカメラ付き携帯電話の持ち込み制限、来場者または外部の人間であることがわかるような属性 識別の名札準備などをすることが望ましい。

●秘密保持契約書で入れておきたい条項

　自社が秘密情報を開示する側である場合には、秘密保持契約の締結後に問題になりえるリスクを回避するために、次の表にあるような条項を、秘密保持契約書で入れておくことが望ましいでしょう（表2）。

▼表2　秘密保持契約書で入れておきたい条項

条項	内容
秘密情報	秘密保持義務の対象となる秘密情報を規定する条項
秘密保持義務の具体的内容	第三者に開示・漏えいしない義務を規定し、「営業秘密」については、秘密として厳重に管理する義務を規定する条項（上記義務の例外についてはなるべく設けない方が望ましい）
秘密保持期間（契約期間）	秘密保持期間を規定する条項
残存条項	契約終了後に義務が秘密保持義務が残存する期間を定める条項（秘密保持義務を負う期間は、契約期間＋残存条項による期間となる）

契約の解除	どのような場合に契約を解除できるかを定める条項
準拠法	紛争時の準拠法を定める条項（外国企業と契約する際には極めて重要）
裁判管轄	紛争時の裁判管轄を定める条項（本社所在地や顧問弁護士がいる地域が好ましい。外国企業と契約する際には極めて重要）
秘密情報管理者の指定	秘密情報受領者に対して、秘密情報管理者を指定し、厳重に管理させることを規定する条項
立入条項	秘密保持義務の履行を実現するために、相手方の事業所に立ち入り、秘密情報の管理状況を検査できることを規定する条項
契約終了時の受領情報返還・破棄	契約終了時の受領情報返還・破棄に係る義務を規定する条項
秘密情報を利用して知的財産権を創造された場合の知的財産権の帰属	秘密情報を利用して知的財産権を創造された場合の知的財産権の帰属を規定する条項
秘密保持義務違反による損害賠償	秘密保持義務違反による損害賠償、及び損害賠償の予定額を規定する条項

保有する知的財産権の表示

　技術等をPRする方法として、会社案内やカタログ、製品パッケージ等に、「特許取得済」、「特許出願中」、「特許件数○件」という記載をすることによって、技術力のアピールに繋がり、商談相手に信頼感を与える効果があります。また、記載時には、特許番号を記載しておくことによって、訴訟を見越したプレッシャーを競合他社に与えることができます。なお、米国では特許番号表示は義務になります。

　外国では、「知らずに権利の侵害をする」よりも「権利の存在を知った上で侵害する」方が、損害賠償額が上がる場合があります。例えば、米国の場合、「権利の存在を知った上で故意に侵害した」と認定された場合には、損害賠償額が最大で3倍までに上がります（3倍賠償制度と呼ばれています）。このように、特許をPRすることによって、競合他社をけん制することができます。

7

3 日本の他の商圏または海外で事業を展開する際の知財面における注意点とは？

海外の会社からライセンスを受けて事業を展開したいという話がきているのだけど、知財面における注意点とは？

ライセンス契約の契約書にリスクを回避する条項を入れよう！

日本の他の商圏または海外で事業を展開する方法

　日本の他の商圏（自社の商圏とは異なる商圏）または海外で事業を展開する方法として、他社に自社の特許、技術及びノウハウをライセンスして事業運営を任せ、その代わりにライセンス料を事業運営を任せた他社からもらう方法があります。日本の他の会社や海外の会社は、技術力やブランド力を用いて事業を拡大したい者も多く、ライセンスビジネスは、収益力強化のための有効な手段です。

　技術に関するライセンス契約には、特許だけをライセンスする契約と技術と特許を包含した技術ライセンス契約がありますが、いずれの契約においても必ず押さえておかなければいけない大事なポイントがあります。

　まず第1に現在の事態だけでなく、将来どのような事態が発生するかを想定し、外部の専門家とともに相手方と交渉をして契約書にまとめていく根気と努力が求められます。また、外国企業とのライセンス契約では、ライセンス契約の記載事項よりも、その国の法律が優先されることがありますので、その国の法律情報は専門家を通じて事前に押さえておきましょう。

ライセンス契約書で入れておきたい条項

　自社がライセンサー（特許を許諾する側）である場合には、ライセンス契約の締結後に問題になりえるリスクを回避するために、次の表にあるような条項を、ライセン

ス契約書で入れておくことが望ましいでしょう（表1）。

▼表1　ライセンス契約書で入れておきたい条項

条項	内容
不争義務	契約締結後に、許諾した特許に瑕疵があることが判明した場合など不慮の事態に備えて、その不慮の事態を理由に紛争が起こらないように、契約当事者間で互いに争わないことを取り決める条項
改良技術	ランセンシー（特許の許諾を受ける側）が契約期間中に開発した改良技術をライセンサーに無償でライセンス（ライセンス・バックという）することを規定する条項
免責規定	ライセンスした特許に起因して相手方に生じた問題については責任を負わないことを規定する条項
不責任義務／ライセンス料不返還	相手方が第三者の特許で攻められた場合にライセンサー（自社）は責任義務を負わないこと、及び／またはライセンスした特許が将来無効になった場合のライセンス料返還義務を負わないことを規定する条項
ライセンス料	支払期間、ライセンスの額、算定方法（ライセンス料率を含む）、支払方法、支払時期、実施報告書について規定する条項 支払方法としては、一般的には、ライセンス料は、①ライセンス締結時にまとまった額（イニシャルフィー）を支払い、②その後に販売額にライセンス料率を掛けた額（ランニングロイヤリティ）を定期的に支払いますが、そのイニシャルフィーの額と、ランニングロイヤリティの支払い時期と販売額が記載された実施報告書の提出義務を規定する。
帳簿閲覧	ライセンシーがライセンス料額をごまかしていないかチェックするために、ライセンシーによって報告する実施料の裏付けとなる帳簿をライセンサーが閲覧することができる権利を規定する条項
監査権	ライセンシーがライセンス料額をごまかしていないかチェックするために、第三者による監査権、及び監査に係る費用負担を規定する条項

7

ライセンス契約の注意点

　ライセンス契約では、ライセンサーとライセンシーの間で、「ライセンスの対象特許」、「利用の態様」、「独占ライセンスか非独占ライセンスか」、「ライセンス期間」、「ライセンス料」などの条件を合意する必要があります。

　特に、ライセンスを独占ライセンスにするか、非独占ライセンスにするかは慎重に検討した方がいいでしょう。

　独占ライセンスを許諾すると、許諾した分野、地域及び期間においては、ライセンシーのみがその特許発明を実施することができるので、独占ライセンスは、ライセンシーに商権を許諾する行為に近いからです。

　ライセンシーの立場では、競合他社が同じ特許のライセンスを受けられないように、独占ライセンスを要求してきます。しかし、独占ライセンスを受けたライセンシーが宣伝・販売を十分に行わない場合、ライセンサーは、許諾した分野及び地域で他の企業にライセンスができなくなってしまいます。このことから、独占ライセンスにするにしても、期間を区切ってライセンシーの選定の見直しができるようにしておくのがよいでしょう。また、独占ライセンスするときには、特定の分野及び特定の地域に限定してライセンスすることにより、ライセンシーが機能しないリスクを最小限に抑えると良いでしょう。

4 共同開発の際の知財面における注意点とは？

共同開発によって新しい技術を開発したいのだけど、知財面における注意点は？

注意する点は、秘密保持契約書、共同開発契約書、共同出願契約書の作成とそのタイミングだよ！

共同開発の活用

　特殊技術を持つ中小企業が事業を拡大するために、共同開発を積極的に活用することは有効な手段です。自社の技術と他社 (または大学) の技術をうまく融合することができれば、革新的な製品を作りだすことができる可能性があるからです。

　しかし、共同開発は組む相手によってさまざまなリスクがあることに注意が必要です。特に、開発の成果と得られる利益をどのようにシェアすべきかは大きな問題になります。共同開発を始める前に、当事者双方の立場を踏まえた上で、両者がウィンーウィン (WIN－WIN) の関係となるような合意事項を取り決め、その合意事項を含む共同開発契約を締結する必要があります。

7

　また、共同開発を進める前に、まず7-2節で説明したように秘密保持契約 (NDA) を結んだ上で重要な情報が外部に漏えいしないようにすることが重要です (図1)。また、実際に共同開発で発明が発生した段階で、当該発明を特許等により保護するために、共同出願契約を締結しましょう。共同出願契約では、当該発明の特定、発明者、出願人を定め、手続き主体・費用分担、当該発明の特許を受ける権利の帰属・持分を定めます。

▼図1 共同開発の流れ

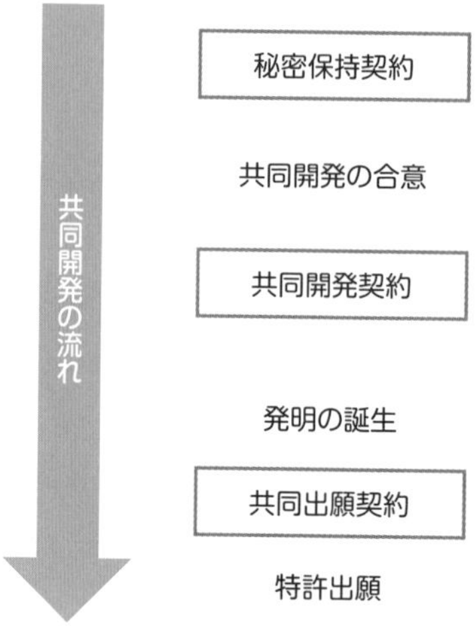

共同開発の流れ

秘密保持契約

共同開発の合意

共同開発契約

発明の誕生

共同出願契約

特許出願

●共同開発を進める場合の対応方法

　次の表1のように、共同開発をする際、相手によって対応すべき事項が異なりますので、相手によって対応方法を変える必要があります。

▼表1 共同開発を進める場合の対応方法

業種の組み合わせ	対応方法
甲：装置メーカ 乙：部品供給メーカ	甲の立場では、乙以外の部品メーカからも共同開発の対象部品の供給を受けられるようにしたい。一方、乙の立場では、共同開発の対象部品については、他の部品メーカによる製造 および甲への供給は好ましくなく、また共同開発の対象部品 を甲以外の装置メーカにも販売したい。よって、例えば、甲乙間で、「一定期間は、甲は乙から独占的に部品を購入する。一定期間経過後は甲乙共に自由に 各々の製品および部品の製造販売ができる」といった条件設定を検討する。
甲：自社で販売したいメーカ 乙：販売会社	共同開発のため、乙が独占販売を要求しても甲は拒否することは可能であるが、乙も共同開発者なので、独占期間の設定など条件設定を検討する。

甲：メーカ 乙：大学等の研究機関	乙は研究機関であり自ら製造・販売を行うことはないため、甲に実施をしない代わりに甲の製造販売による利益から対価を受ける補償（不実施補償）を求める場合があるが、甲は、不実施補償が将来の過度な負担とならない条件設定を検討する。なお、特許訴訟または無効審判がおきた場合を考慮して、乙の協力が得られるように、乙が特許訴訟及び無効審判に参画することを義務付けておくようにする。
甲：装置メーカ 乙：装置メーカ	基本的には、甲と乙がそれぞれ単独で完成させた発明は単独出願、共同でなした発明は共同出願（権利の持ち分は5分5分）であるが、当事者間で自由に取り決めが可能です。

共同開発時の事前取り決め事項

　共同開発後の当事者間の争いを未然に防ぐために、共同開発を始める前に、事前に下記の事項について取り決め、共同開発契約書にその事項を記載して、共同開発契約を締結しておく必要があります（表2）。特に、将来生じる研究成果（発明）の帰属・持分の割合を規定することが重要です。

▼表2　共同開発契約書に入れることを検討すべき条項

項目	内容
共同開発の対象	共同開発の対象を取り決める条項
共同開発の分担	共同開発における各当事者の役割分担を規定する条項
共同開発の実施の仕方（手続）についての規定	開発テーマやスケジュールの具体的な内容を定める手続きについて、話を進める上で最低限必要な程度に手続きの流れを規定する条項
バックグラウンド情報の定義	契約締結時に既に自己が保有している情報（バックグラウンド情報）であって相手方に開示する情報の定義を定める条項
秘密保持義務	バックグラウンド情報、及び共同開発による成果情報を秘密に保持する義務（秘密保持義務）を規定する条項
目的外使用禁止義務	バックグラウンド情報を本開発の実施以外の目的での使用の禁止を定める条項

7

出願禁止義務	バックグラウンド情報に関し特許等の出願の禁止を定める条項
分析禁止義務	バックグラウンド情報にサンプル等の有体物が含まれる場合には、サンプル等の分析やリバースエンジニアリングの禁止を定める条項
研究成果の帰属・持ち分の割合	研究によって得られた有体物及び知的財産権（主に特許権）の帰属・持ち分の 割合について規定する条項。帰属や持ち分は、契約当事者間でのパワーバランスによって変わりえます。
開発途中でできた改良技術の取り扱い	開発途中でできた改良技術の知的財産権（主に特許権）の帰属・持ち分の割合等について規定する条項
事業化の取り決め	事業化するときの役割分担 などについて 規定する条項（例えば、甲が所定の期間、乙から研究成果物である材料を購入しなければならず、乙は所定の期間、甲以外の第三者に対象製品の材料として販売してはならないなど、当事者間で研究成果物を利用した事業化の際に守るべき規定）
開発失敗時の責任負担	開発失敗時の金銭的な負担を規定する条項
競業避止規定	共同開発期間中は、少なくとも他の第三者との間で共同開発と同一の開発テーマ、及びこれと類似する開発テーマについて共同開発することを禁止する規定
契約の終了	契約の終了を、契約期間もしくは開発の進捗で定める条項
契約解除・終了後の取り扱い	契約解除・終了後においても、開発した技術、互いに提示した営業秘密についての秘密保持義務を規定する条項
紛争時の措置	紛争時の解決方法について規定する条項
損害賠償	共同開発の結果、相手方に損害を与えた場合の損害賠償金について規定する条項

共同出願時の事前取り決め事項

　共同開発で発明等の成果が発生した段階で、特許出願等する前に下記の事項について取り決め、共同出願契約書にその事項を記載して、共同出願契約を締結してお

く必要があります（表3）。特に、研究成果（発明）の帰属・持分の割合を規定することが重要です。

▼表3　共同出願契約書に入れることを検討すべき条項

項目	内容
権利の帰属・持分の割合	特許を受ける権利及び特許権の帰属・持分の割合を規定する条項
手続きの主体	手続きの主体、他方の当事者の関与権、通知・承諾等のプロセスを規定する条項
費用割合	費用負担を規定する条項
日本国以外の国に出願する場合の取り扱い	日本国以外の国に出願する場合の取り扱いについて定める条項
改良発明の取り扱い	改良発明の帰属もしくは一方当事者がした改良発明について他方当事者に対してライセンスすることなどを規定する条項
持分譲渡の取り扱い	競合他社への持分譲渡を制限する規定 （仮に持分の譲渡の同意を認める規定が入っている場合には、特許法73条1項の「他の共有者の同意」による持分譲渡と解釈される可能性があるので、そのような条項は削除することが望ましい）
第三者に対する実施権許諾	第三者に対する実施権許諾について規定する条項
不実施補償	共有特許において、実施主体（企業）が実施したときに、非実施主体（大学）に対して支払うべき金銭（不実施補償）について規定した条項

7

5 海外で販路を拡大するために代理店と付き合う際の知財面における注意点とは?

海外で販路を拡大するために代理店と取引しようと思うんだけど、知財面で注意する点は何かな?

代理店を活用することで生じる秘密情報の漏えいリスクに注意することが必要だよ!

海外で販路を拡大する際の代理店にまつわるリスク

海外で販路を拡大していくときに、自力のみで一から市場を開拓するのは極めて困難ですので、多くの中小企業は現地の代理店を活用することでしょう。またその要因として、現地の商慣習や法規、更に知的財産権の取り扱いについても、単独で情報を収集し対応するのが大変ということもあるでしょう。

一方、全ての現地代理店が信頼できるかというと、必ずしもそうでない場合もあります。例えば、現地の各種情報に思ったほど精通していなかったり、情報管理がずさんで重要な情報が漏えいしてしまったりすることがあります。また、契約条件が代理店に有利な設定で結ばれてしまい、思うような事業拡大につながらないこともあります。また、事前の調査不足から現地で、他社の知的財産権(例えば特許権、商標権)に抵触する旨の警告を受けることがあります。このような知的財産権の侵害事件では、初動を誤ると訴訟にまで発展するケースもあり、販売差止、設備処分、多額の訴訟費用、多額の損害賠償費用がかかり、最終的には撤退という事態を招く危険性があります。

代理店との付き合い方

代理店と付き合うためには、まず適切な代理店を見つける必要があります。どんな企業とパートナーを組むか、相手方の得意分野の製品群に自社製品が該当するか、販売力があるかということを検討するとともに、自社の技術や顧客情報等の秘密情

256

報を確実に守れるかどうかということについても確認しましょう。そういった実態を把握するには、直接訪問して、自身の目で確認する方がよいでしょう。代理店の経営陣に信頼性があるか、レスポンスが良いか、財務面でも健全であるかどうかといった面についても確認しましょう。

提携する代理店が決まったら、次に代理店にしっかり販売活動をしてもらう必要があります。その際のポイントは、代理店の販売意欲を高めることと、代理店の管理を徹底することです。それぞれの内容をまとめると次の表の通りです（表1）。

▼表1　代理店との付き合い方の注意点

ポイント	内容
代理店の販売意欲の向上	仕入れても必ず売れるという安心感と製品の品質についての自信 を持たせる。 （1）信頼情報の提供 （業界動向、製品優位性、知的財産、支援体制等） （2）付加情報の提供 （日本招待、工場見学、同行営業、定期的な会議等）
代理店に対する評価	販売努力を正当に評価する。 （1）事業環境に応じた評価の仕組みを構築 （2）報奨金等のインセンティブ制度の導入 （3）環境変化に即した販売目標の見直し
自社による代理店管理 の徹底	契約内容を整備する。 （1）独占販売権の設定可否を判断 　　設定する際は、実施範囲、最低販売条件、ペナルティ規定、協業避止義務、強制解除権、監査実施権等を契約で忘れずに規定する。 （2）営業秘密（事業活動に有用な技術上または営業上の情報で、公然と知られていないもの）を流出しないように徹底 （3）商標・ブランドの適切な使用、販売フォロー体制の整備

7

海外における商標権の取得

海外の場合には、他社が既に自社名または自社の商品名・サービス名で、商標権を取得している可能性があります。販売後に商標権侵害が発覚すると、商品名・サー

ビス名の変更を余儀なくされる場合があります。

　事前に海外において、他社の商標権に抵触しないか調査することが望まれます。それとともに、事前に、自社名及び商品名・サービス名の商標権の取得をすることが望ましいでしょう。

　また、海外において代理店が販売する場合であっても、代理店ではなく自社で商標権の取得をすることが推奨されます。

　将来、海外の代理店が十分な働きをしてくれず代理店を変更する事態になる場合、元の代理店が商標を保有していると、新たな代理店が商標権侵害になってしまうというリスクがあるからです。

6 生産委託する際の知財面における注意点とは？

海外の現地企業に生産委託するのだけど、知財面で注意する点は何かな？

まずは自社の技術やノウハウを提供する範囲を設定することだよ

海外現地企業への生産委託にまつわるリスク

　海外現地企業に生産委託をする目的は、コスト削減、現地市場に製品を提供する機能の確保などがあります。

　生産委託を行う際、まず自社の技術やノウハウを提供する必要がありますが、どの範囲まで提供するかを最初に決める必要があります。そして、技術指導を行う社員には教えてよい範囲を守らせることが重要です。つい指導をしていると範囲を超えて教えてしまうことがよくあります。細かな点かもしれませんが、海外での情報漏えいを予防するために技術やノウハウの管理を徹底しましょう。

　一方、自社工場で製造している部品と同じものを海外の現地企業に生産委託したところ、主要取引先からの発注が急に減り、よくよく調べてみたら海外の現地企業に直接発注を行っていたということもあり得ます。

　自社のコア技術をいかに漏えいさせないかを意識して取り組んで行く必要があります。

生産委託のポイント

● 1　チューニング技術

　現地生産していると、通常の生産委託以外に、チューニングが必要になることがあります。このチューニングについては係争を防止するために、チューニングの範囲

7

を明確にし正当な報酬を導入することが望ましいでしょう。

● 2　改良技術の取り扱い

　生産委託をしていると、委託先で改良技術が生まれることがあります。委託先がこの改良技術について特許を取得した場合、事前に何の契約もしておかないと権利を主張され、逆にライセンス料の請求を求められたり、他社への供与による技術流出が起こったりしてしまいます。そこで委託契約書の中で、改良技術の事前取り決め（新たな改良発明は共有とする、または無償の通常実施権を付与する等）を行っておくことが求められます。

● 3　委託先との間の技術に関する係争対策

　委託先との間で技術に関する係争が発生したときには、自社が委託先に対して技術指導をしたことを証明する必要があるので、指導内容を逐次記録しておくことが望ましいでしょう。その際には、技術指導の時期と内容は、その詳細を確認文書として両者押印の上、保存しておくと、後日、係争が生じたとしても技術指導の範囲を証明できるので、よいでしょう。

コア技術に係る部分は委託せずに自社内で製造する

　技術指導の前に、コア技術とそれ以外の技術を区分けし、コア技術については委託先には開示せず、コア技術に係る部分は委託せずに自社内（日本国内）で製造することが望ましいでしょう。そして製造した部品を現地で組み立てるといった方法を検討しましょう。また、依託先にコア部品に係る図面は一切提供しないことが望ましいでしょう。

　なお、取引先が他社へ発注することを防ぐために、取引先にも、コア部品及び製品全体の製図は一切提供しないことが望ましいでしょう。

7 海外で現地生産する際の知財面での注意点とは？

海外で現地生産するのだけど、知財面での注意点は何かな？

職務発明規定などの発明奨励制度を整備することだよ！

現地生産に係る知財面における取り決め

　中小企業であっても海外の自社工場を持つことは、現地及び周辺地域における事業展開を早める上で有効な手段です。

　現地生産において、現地社員を単なるオペレータとして位置付けるのではなく、彼らからも改善点やアイディアを引き出そうと、提案制度や職務発明に関する取り決めを整備することが推奨されます。このような活動により、現地社員の意欲を向上させ、優秀な社員の採用及び定着につながります。一方、現地生産を行う上では、情報管理を徹底する必要があります。

現地生産における発明奨励制度の重要性

　現地生産を進める企業の中には、現地社員を活用し、現地での改善活動や技術開発を積極的に展開している企業があります。そうした取り組みの中でよく検討されるのが発明奨励制度の導入です。社員のモラルや仕事の質の向上につなげるために、この制度を有効に機能させることが重要です。発明奨励制度を有効に機能させるためには、以下の事項が重要です。

● 1　明確な規定の整備と運用

　発明管理規定、発明表彰規定、**実績補償規定**等、明確な規定を制定して社内に公開することが重要です。また規定を作っただけでは不十分で、運用をしっかりしていく

7

必要があります。

2　現地社員の発明の適正な評価

　現地社員の発明に対して客観的な評価を行い、会社と社員の間で発明に対する評価に違いがないかどうかを都度確認していることが大切です。というのは、現地社員が非常に重要な発明をして実際に現地社員がその発明に対して高い評価をしているのに対して、会社の評価が低い場合には、その現地社員のモチベーションが下がってしまいますし、最悪の場合には正当な評価を得られていないことを理由に退職してしまうかもしれないからです。またこの評価の場は、社員と会社のコミュニケーションの場としても有効で、優秀な技術者の流出を防ぐことにもなりえます。

3　日本の技術者と現地社員の技術交流の促進

　日本の技術者と現地社員の技術交流会は、製品の品質や技術力向上に大きな効果があります。本社と現地との製品開発等に対する認識のずれをなくす意味でも定期的に開催することが望ましいです。但し、日本のみで管理すべき技術情報が流出しないように、日本の技術者が教えて良い範囲を明確に認識していることが必要です。

現地職務発明に関する取扱いについて

　職務上の発明に関する取扱いは、国によって法律が異なるため、事前の確認が必要です。

　中国では、契約がなされていない場合、会社が支払うべき奨励や報酬については、それぞれ特許法実施細則第77、78条の規定が適用されます。中国国内の地方都市によっては、特許法実施細則の規定よりも高い対価が規定されていることもあるため、事前に職務発明規定や労働契約に奨励や報酬の金額や支払い方法等について定めておくとよいでしょう。

用語の解説

実績補償規定：特許権により利益が出たときに支払うことを実績補償といい、その実績補償について定めた規定のこと。

8 海外展開時の情報管理における注意点とは?

海外展開時には、情報管理でどんな点に注意したら良いかな?

秘密情報の管理を徹底することだよ!

海外展開時の秘密情報管理の重要性

海外展開を進めるべく、代理店を活用して販路を開拓したり、現地企業に生産を委託したり、海外の自社工場で生産を行ったりする際には、自社の営業上の秘密情報や技術上の秘密情報が他社に漏えいしないように、情報管理に十分に気を付けましょう。

相手によって公開してよい情報はどこまでなのかを定義し、定期的に見直していくことが必要です。また現地の代理店、生産委託先、現地社員との間で秘密保持契約を結ぶことは必須です。

営業秘密や技術情報の保管や持ち出しルールを指導しましょう。また、資料を保管するために、電子データや紙ファイルなどへのアクセス制限、暗号化ソフトの導入、各種ルールの設定が必要でしょう。いざというときには不正競争防止法で争えるようにするべく、秘密情報の管理方法を整備していきましょう。

秘密情報管理の対応や考え方

国内でも海外でも自社の技術やノウハウを含む営業秘密は事業の成功を得るために重要であり、こうした秘密情報が流出してしまうのは、企業の存続に大きな影響を与えます。国内だけでなく、海外子会社でも秘密情報管理体制を整備しましょう。情報の流出、模倣品の発生等は、海外ではよくあるトラブルであり、そのトラブルを未

7

然に防止するためにも、海外現地での秘密管理体制の整備は非常に重要な事項です。

　海外子会社において、情報の開示に社員間で格差を設けると不満が募り、地域によってはストライキや暴動にもつながるため、社員間では同じ扱いをし、情報を開示するか、完全に非開示するか徹底することが望ましいでしょう。

　また、国によっては、退職予定者を長く自社のオフィスや工場内に留めておくことが危険な場合があります。秘密情報を在職中にできるだけ多く持ち出そうとする可能性があり、早急に退去させることを検討しましょう。

　技術情報や秘密情報を海外現地で保管する場合には、その情報がその海外現地国における不正競争防止法上の営業秘密に該当するように保管する必要がある点に注意しましょう。技術情報や秘密情報の漏えいを予防するには技術情報や秘密情報を海外現地で保管する量及び範囲は最小限に限定する方が望ましいでしょう。

秘密情報の管理方法の具体例

　秘密情報の管理方法の具体例を以下に説明します。

1　秘密情報にアクセスできる範囲・人を限定する
2　退職直前の情報管理ルールを徹底する
3　秘密情報の書類には、「秘密」を表すスタンプを押す
4　PCやUSBメモリにパスワードを設定する
5　入退室に関するルールを定める
6　秘密情報の書類は、鍵のかかるキャビネット等で管理し、鍵を開けられる人を限定する
7　USBメモリや外付けハードディスクに無断でファイルを保存できないようにする
8　オフィスや工場内で特に重要な場所には監視カメラを設置する

第8章

販売後の注意点を押さえよう

他社から特許権侵害の警告書を受領した場合の対処方法とは？

他社から特許権侵害の警告書を受領したのだけど、どう対処したら良いかな？

まずは、対象となる相手方の権利の存在を確認し、相手方が主張する侵害の有無を判断しよう！

警告書を受領した場合の初動の対応

　製品を販売するかまたはサービスを展開していると、知的財産権（特許権、意匠権、商標権など）を侵害している旨の警告書を他社から受領することがあり得ます。

　弁理士または弁護士といった専門家に相談しつつ、主体的且つ慎重に進める必要があります。通常、以下のように進めます。

● 1　差出人の確認

　差出人をまず確認します。差出人が競合企業であるか、競合関係にない事業会社からか、または対象特許を実施していない会社（NPE：Non Practicing Entity）かを判断しましょう。競合企業であれば、自社製品の製造・販売の停止もしくは賠償金またはその両方が目的になるでしょう。一方、競合関係にない事業会社もしくはNPEの場合、基本的には賠償金が目的になるでしょう。

● 2　警告書の内容の確認

　請求内容が、直ちに製品の販売を中止することを求めている場合、販売中止となれば事業に対する影響が非常に大きくなるので、緊急に対応が必要です。

　一方、ライセンスの可能性について誠実な協議を求めている場合、相手の目的はお金になり、事業に影響が出るものではないので、相手方の出方を見ながらじっくりと対応することができるでしょう。

●3 対象となる相手方の権利の存在の確認

対象となる相手の権利が存在しているか、権利が失効したり満了したりしていないか調べましょう。権利が失効していたり満了していたりすれば、それ以上の検討はいらなくなるからです。

●4 相手方が主張する侵害の有無の判断

まずは、相手方が主張する侵害の有無を社内で検討しましょう。特許侵害の警告であれば、①自社の製品の構成と、警告書で主張している相手の特許の請求項（クレーム）とを対比して、自社の製品が本当に相手方の特許に抵触しているかを検討しましょう。社内である程度、侵害の有無を検討した上で、専門家（弁理士または弁護士）に相談し、侵害の有無の鑑定を依頼しましょう。非侵害の鑑定結果が出れば、その鑑定結果に基づいて反論することによって交渉が有利になる可能性があります。また、故意に侵害していないことの主張立証にもつながる可能性があります。

日本では、商標権を故意に侵害していた場合、その侵害行為をしていた者（実行者）に対して、刑事責任（十年以下の懲役若しくは千万円以下の罰金、またはこれらの併科）が追及され（商標法78条）、商標権を侵害する行為とみなされる行為（いわゆる商標権侵害の準備行為）を行った者に対して、刑事責任（五年以下の懲役若しくは五百万円以下の罰金、またはこれらの併科）が追及され（商標法78条の2）、また法人などの組織による商標権侵害行為については、実行者の処罰と併せて3億円以下の罰金刑が科せられる場合があります（商標法82条）。そのため、故意に侵害したことにならないように慎重に対応する必要があります。

なお、日本では、特許権等を故意に侵害していた場合にも、事例は少ないですがその侵害行為をしていた法人の代表者または従業員に対して、刑事責任が追及され（特許法196条）、会社に対しても罰金刑を科される（特許法201条1項）可能性がありますので、故意に侵害したことにならないように慎重に対応する必要があります。

また、米国では、裁判において故意に特許権等を侵害したと認定された場合には、最大で、通常の3倍の損害賠償を支払わなくてはいけないという規定があります。専門家の鑑定で非侵害の鑑定結果を得ていれば、仮に米国の裁判で負けたとしても、故意の侵害ではないと理解され、懲罰的損害賠償の免責の可能性があります。

8

● 5 返答の検討

　警告書に返答期限が設けられている場合には、まずは期限までに返答することを考えましょう。通常、返答期限までに、侵害の有無について検討が終わっていることは稀ですから、まずは警告の内容を検討中であるので、しばらく待ってほしいという趣旨の返答をするとよいでしょう。

　但し、NPEの中には、警告を多数の企業に送って和解金を獲得することをビジネスとしている者（いわゆるパテントトロール）がいます。相手がパテントトロールの場合には、下手に検討中であることを返答してしまうと、付け入る隙があることを教えてしまうことになりかねないので、返答するか否かについては十分に検討しましょう。

⌐警告に対する対抗手段の検討

● 1　先使用権の確認

　特許権の場合、先使用権を主張できないか検討しましょう。先使用権は、他者がした特許出願の時点で、その特許出願に係る発明の実施である事業やその事業の準備をしていた者に認められる権利です（特許法79条）。

　先使用権は、次の①〜④の全ての要件を満たす者に対して与えられる無償の通常実施権です。

---

　①「特許出願に係る発明の内容を知らないで自らその発明をし、又は特許出願
　　に係る発明の内容を知らないで自らその発明をした者から知得して」、
　②「特許出願の際現に」、
　③「日本国内において」、
　④「その発明の実施である事業をしている者又はその事業の準備をしている者」
　　但し、その通常実施権は、
　⑤「その実施又は準備をしている発明及び事業の目的の範囲内に」限定されます。

　ここで、最高裁昭和61年10月3日判決（ウォーキングビーム事件最高裁判決）によれば、先使用権が認められる「事業の準備」とは、「その発明につき、いまだ事業の実施の段階には至らないものの、即時実施の意図を有しており、かつ、その即時実施の意図が客観的に認識される態様、程度において表明されていることを意味する」と

されています。即時実施の意図が客観的に認識される態様、程度において表明されている場合とは、例えば、製造設備の製造、金型の製造に着手している、製造のために原材料をすでに購入したりしていることが含まれます。

商標権の場合にも、先使用権の主張ができないか検討しましょう。商標権の場合、先使用権に該当するには、他社登録商標の出願時に自社商標が周知であるという高い条件を満たす必要があります。この周知か否かの判断は、高度な判断が必要になるので、専門家に相談しましょう。

● 2　無効理由の調査

相手の特許、実用新案、意匠、商標を無効にできないか自社で調査するか、専門家または調査会社に依頼しましょう。自社で調査するとしても最終的には専門家（弁理士または弁護士）から無効の鑑定書を取得することが好ましいです。専門家から無効であるという鑑定書が得られれば、その鑑定書を交渉で使用することによって交渉を優位に進められる可能性があります。

(1) 特許、実用新案、意匠の無効

特許権、実用新案権、意匠権は、無効理由がある場合には、権利行使ができませんので（特許法104条の3）、相手との交渉または侵害訴訟の中で無効を主張して、相手方の権利行使を妨げることができます。また、特許庁で無効審判を起こすことにより、特許を無効にすることができます。特許の無効が確定すれば、最初から登録されていなかったものとなりますので、製造販売停止リスク、損害賠償リスクの両方がなくなります。

無効理由としては、特許権または実用新案権では、新規性の欠如、進歩性の欠如、明確性違反、サポート要件違反、実施可能要件違反、**冒認出願**などがあります。

そのうち、無効理由としてよく主張されるのは新規性または進歩性の欠如ですが、この主張をするには、新規性または進歩性の欠如の根拠となる先行技術文献を探す必要があります。

一方、意匠権の場合、無効理由としては、新規性の欠如、創作非容易性の欠如、**冒認出願**などがあります。

そのうち、無効理由としてよく主張されるのは、新規性または創作非容易性の欠如ですが、この主張をするには、意匠登録を無効にできるような先行意匠を探す必要があります。

8

(2) 商標権の無効

　商標も無効理由がある場合には、権利行使ができませんので (商標法39条で準用する特許法104条の3)、相手との交渉または侵害訴訟の中で無効を主張して、相手方の権利行使を妨げることができます。また、特許庁で無効審判を起こすことにより、商標権を無効にすることができます。但し、商標は、権利の性質が特許等とは異なるため、無効理由は特許とは異なっています。

　商標には、更に取り消しという制度もあります。継続して3年以上「登録商標」が商標権者またはライセンシーが使用していない場合には、不使用取消審判を特許庁に請求することにより、商標を取り消すことができます。なお、ここでいう「登録商標」には、「書体のみに変更を加えた同一の文字からなる商標、平仮名、片仮名及びローマ字の文字の表示を相互に変更するものであって同一の称呼及び観念を生ずる商標、外観において同視される図形からなる商標その他の当該登録商標と社会通念上同一と認められる商標」が含まれます。

　商標取消の場合には、取消の審決が確定した時に商標が消滅したものと扱われますので(商標法54条)、無効の場合と違って、過去にさかのぼって消滅しません。よって、侵害訴訟の対抗手段として取消審判を請求して取消審決を得たとしても、将来の差止からは逃れられますが、過去の損害賠償義務からは逃れられない点に注意が必要です。

● 3　カウンター特許権、実用新案権、意匠権、商標権の調査

　相手方が侵害している自社の特許権、実用新案権、意匠権、商標権がないか調査します。例えば相手方が侵害している可能性がある自社特許権が見つかった場合、専門家に侵害の有無の鑑定を依頼してもよいでしょう。専門家から相手方が自社特許権侵害するとの鑑定結果が得られれば、相手方に提示することによって、クロスライセンス交渉に持ち込むことが可能です。また、相手方が自社に対抗する特許権 (カウンター特許権) 等があると知れば、相手方も容易に訴訟に打ってでることができなくなります。

警告に対して戦う材料がない場合の対応

● 1 侵害回避するための設計変更の検討

　先使用権がなく無効理由もなくカウンター特許もない場合（つまり相手方と戦う材料がない場合）には、自社製品を相手方の知的財産権を侵害しないように設計変更できないか検討しましょう。相手方の知的財産権の侵害リスクがある製品の販売を中止し且つ自社製品を相手方の知的財産権を侵害しない改良品に切り替えて販売してしまえば差止請求を恐れる必要がなくなり、改良前の過去の製品に関する損害賠償の話だけになるので、相手方との交渉が楽になります。この場合、設計変更により侵害がなくなるかどうかは事前に専門家に相談することをお勧めします。

● 2 ライセンスを受ける交渉

　先使用権がなく無効にできる余地もなくカウンター特許もなく設計変更によって侵害を回避することができない場合には、やむなくライセンスを受ける交渉をすることになります。ライセンス契約を結ぶ前に、ライセンス料の低減や契約期間の短縮など、なるべく自社にとって有利となる条件となるように交渉をして契約を結ぶべきです。この際にも、ライセンス契約が少しでも自社に有利となるように、外部の専門家に相談しながら進めるのが好ましいでしょう。

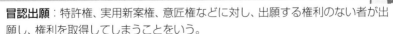

用語の解説

冒認出願：特許権、実用新案権、意匠権などに対し、出願する権利のない者が出願し、権利を取得してしまうことをいう。
カウンター特許権：特許権侵害を主張している相手方に対して対抗するために、相手方が侵害している自社保有の特許権のこと。

8

他社から特許権侵害の訴状を受領した場合の対処方法とは？

 他社から特許権侵害の訴状を受領したのだけど、どう対処したら良いかな？

 まずは、対象となる相手方の権利の存在を確認し、相手方が主張する侵害の有無を判断しよう！

侵害訴訟への対処方法

　8-1節の警告書を受領した場合と同じように、まずは、対象となる相手方の権利の存在を確認し、相手方が主張する侵害の有無を判断しましょう。

　次に、訴状を受領した場合には、通常は訴状を受領したときから30日以内に答弁書を提出するように、裁判所から指令されます。30日は短いですので、早急に代理人の弁護士、弁理士を決める必要があります。答弁書では、訴状で原告が主張していることについて、一つひとつ認めるのか、否認するか、争うのか、知らない（不知）のかを記載します。否認する理由、争う理由などの具体的事由については、後に提出する準備書面で明らかにしていきます。

　次に、訴訟が通常訴訟（本案訴訟）か、差し止めを求める仮処分申立か否かを確認しましょう。本案訴訟であっても仮処分であっても侵害か否かを審査する審理期間はそれほど変わらず、10か月くらいはかかります。

　通常訴訟（本案訴訟）の場合には、答弁書提出後に、第1回口頭弁論が公開の法廷で行われます。第1回口頭弁論では、訴状の陳述、答弁書の陳述、証拠の確認（証拠のうち原本がある場合には、その場で原本を提出して原本の確認）が行われます。ここで陳述は、陳述全文を読み上げるのではなく、訴状の全内容を陳述したものとみなすかと裁判長に問われるのに対して肯定すると、訴状の全内容が陳述されたことになります。その後に、次の弁論準備手続き期日の日程の調整が行われて終了します。第1回口頭弁論は、事務的なやり取りしか行われないので、通常5〜10分程度

で終了します。第1回口頭弁論後の弁論準備手続きの審理は、非公開の弁論準備手続きで行われます。

　一方、仮処分申立の場合には、最初から、非公開の審尋手続きで審理が行われます。

　日本において、差止と損害賠償の両方を請求する通常訴訟（本案訴訟）が提起された場合には、裁判所における審理は、特許権の侵害の有無を争う侵害論がまず行われます。侵害論において侵害という裁判所の判断がされた場合に始めて損害賠償額について論争する**損害論**が行われます。

侵害論?
損害論?
順番があるの?

侵害論とは？

　侵害論では、侵害の有無について争うと同時に、特許権の有効性についても争います。通常は、被告側は、侵害がないことをまずは主張し、その後に、特許が無効であること（このように特許権の無効に関して論争することを無効論ともいいます）を主張します。

　特許発明に含まれる構成要件について、1つでも構成要件を満たさなければ、非侵害になりますので、侵害論では、構成要件を満たさない点を見つけ、それを主張していくことになります。

　1つでも構成要件を満たさなければ文言上は非侵害となりますが、相手方から均等侵害の主張をされる場合があります。均等侵害とは、発明の本質的部分はそのままにして、発明の非本質的部分を一部変更した場合にまで特許権の侵害とみなすものです。

　なお、訴状で訴訟対象製品を商品名もしくは型番で特定している場合には、商品名もしくは型番を変更することを検討します。商品名もしくは型番を変更すれば、その変更後の商品名もしくは型番については訴訟対象から外れることから、万が一、裁判所で侵害が認められたとしても、変更後の商品名もしくは型番では販売を継続

8

することができるからです。

　無効論では、特許の無効理由として、新規性欠如、進歩性欠如、明確性違反、サポート要件違反、または実施可能要件違反を主張します。通常、主な無効論の争点は、新規性欠如、進歩性欠如になります。新規性欠如、進歩性欠如で特許無効との裁判所の判断を得るには、訴訟対象となっている特許発明と同一もしくは類似している技術の文献を見つけることが重要になってきます。

　ここで文献の調査には、日本の特許文献であれば1～2か月、外国の特許文献であれば2～3か月、日本の非特許文献であれば2～3か月、外国の非特許文献であれば2～4か月かかりますので、訴状を受け取ったら、すぐに文献調査に着手するのが好ましいでしょう。

　訴訟における無効論と並行して、特許庁に対して無効審判を請求することを検討しましょう。特許庁における無効審判を請求するメリットとしては、無効審判中では特許権者による請求項の訂正が無効審判中における訂正請求に限定され、訂正審判ができなくなることです。当該訂正の可否について訂正審判の場合には訴訟の被告側が訂正審判の審議の中で意見が言えないのに対して無効審判中の訂正請求では、訴訟の被告側が無効審判の審議の中で意見を言えるので、自社に不利な訂正がされた場合に、反論できるというメリットがあります。

　また、特許出願前から実施もしくは準備していた場合には、先使用権の主張をすることを検討しましょう。先使用権が認められれば、実施を継続できるからです。

　侵害の可能性が高く、特許権の無効の主張もあまり強くない場合、特許に係る発明の本質的部分について設計変更ができるか否かを検討しましょう。検討の結果、設計変更ができるのであれば、仮に現行製品が侵害と判断されたとしても、設計変更した製品については販売を継続することができる可能性があります。これにより、過去の販売分については損害賠償責任が残るかもしれませんが、設計変更した製品の販売を継続できるので、事業におけるリスクを低くすることができます。

損害論とは？

　損害論では、損害の額が議論されます。特許権者が特許発明を実施していれば、特許法101条1項または2項に基づいて特許権者が損害額を主張してくるので、損害額が高くなる傾向があります。一方、特許権者が特許発明を実施していなければ、特許法101条3項に基づくライセンス相当額しか主張できません。

3 自社製品に類似している他社の製品を取り締まるには？

自社製品に類似している他社の製品を取り締まりたいのだけど、どう対処したら良いかな？

まずは、他社の類似製品が自社の知的財産権を侵害していないか確認しよう！

他社類似製品に対する権利行使の準備

　日本国内において自社製品の売れ行きが好調の場合には、それに目を付けた他社が類似品を販売することがあります。

●（1）権利行使可能な権利の特定

　他社類似品を発見した場合には、自社のどの知的財産権を用いて、権利行使ができるか検討しましょう。

　例えば、電器製品の場合、その機構などについて特許権もしくは実用新案権を取得しており、他社類似品の機構が同じもしくは類似していれば、その権利を行使することが候補となります。あるいは電器製品の外観の形態について意匠権を取得しており、他社類似品の形態がその意匠権に係る形態と同じもしくは類似していれば、その意匠権の行使もしくは不正競争防止法に基づく形態模倣行為に対する差止請求が候補となります。

　あるいは、電器製品の商品名もしくはロゴについて商標権を取得しており、他社類似品の商品名もしくはロゴが同一もしくは類似していれば、その商標権の行使が候補となります。また、その商品名が商品もしくは営業を表示するものとして周知もしく著名となっていれば、不正競争防止法に基づく差止請求が候補になります。

　いずれの法律によっても差止請求及び損害賠償請求が可能ですので、どの権利が権利行使可能か、どの権利を行使するのが一番有効であるかを、十分に検討する必

8

要があります。

● (2) 相手方の製品の証拠収集

権利行使をするには、侵害の立証が必要になりますが、この侵害の立証には、相手方の製品の仕様もしくは形態についての証拠が必要になります。相手方の製品の仕様もしくは形態についての証拠 (例えば、製品のカタログ、製品のデータシート、製品写真、展示会の資料など) を収集しましょう。また、製品が入手できるのであれば、製品を入手しましょう。

また、相手方の販売価格やおおよその販売数量といった情報も収集しましょう。相手方の販売価格やおおよその販売数量が分かれば、原価は自社製品から類推できますので、相手方の1個あたりの限界利益が類推できます。損害賠償額については、相手方の利益 (限界利益に販売数量をかけた額) として推定することができますので (特許法102条2項)、損害賠償額がどのくらいになるか推定しておきましょう。

あまり損害賠償額が高くならない場合には、コストをかけすぎるのはよくないという判断ができますし、そもそも権利行使をすべきでないという判断もできます。もっとも、相手方を市場から排除するために、金銭収支がマイナスになっても差止を請求するという判断もありえます。

● (3) 侵害該当性の評価

実際に侵害しているか否かを評価します。特許もしくは実用新案では、請求項に含まれる構成要件毎に、その構成要件を、他社類似品が満たしているか否かを評価します。

この評価には、よくクレームチャートが使用されます。クレームチャートとは、特許の請求項に含まれる構成要件と、当該構成要件に対応する他社類似品の構成と、当該他社類似品の構成が当該構成要件を満たすか否かを評価した評価との組で構成される表です。

他社類似品が全ての構成要件を満たす場合には侵害であり、1つでも満たさない場合には非侵害となります。但し、例外的に、他社類似品が、請求項の発明と均等の範囲にある場合には、均等侵害となります。また、侵害品の生産にのみ用いる物など、間接的に権利を侵害する場合には、間接侵害になります。

この評価については、客観的な評価が求められますが、自社内で評価すると社内事情等によってバイアスがかかってしまうので、外部の弁理士、弁護士の意見を求めた方がよいでしょう。

●（4）権利の有効性の評価

権利の有効性についても調査しましょう。権利行使したが、相手方の無効の抗弁が認められて権利行使ができず、相手方から無効審判を提起されて権利が無効になってしまうという結果になってしまっては、かえってマイナスになってしまうからです。

特許、実用新案、意匠権もしくは商標権の場合には、自社が権利者であり、且つ現在も存続している権利であるかを調査しましょう。

また特許、実用新案もしくは意匠権の場合には、改めて先行技術・意匠を調査して、新規性・進歩性があることを再確認しておいた方がよいでしょう。また、新規性、進歩性、記載不備等の無効理由があり得る場合には、反論だけで有効性が認められる可能性があるかどうか検討しましょう。反論だけでは有効性が認められる可能性が低そうである場合には、権利行使をする前に訂正審判をして、特許請求の範囲を無効理由がない状態になるように訂正することを検討しましょう。その場合には、訂正後にあっても、他社類似品が権利範囲に収まるように細心の注意を払いましょう。

この有効性の評価については、客観的な評価が求められますが、自社内だけで評価すると社内事情等によってバイアスがかかってしまうので、外部の弁理士、弁護士の意見を求めた方がよいでしょう。

●（5）相手方の知的財産権の確認

相手方の特許・実用新案権、意匠権、商標権の数及びその内容について確認します。相手方に対して権利行使したところ、逆に相手から別の侵害訴訟を提起されて権利行使されてしまうということがありえます。例えば、他社類似品の販売を止めて、3000万円の損害賠償金を勝ち取ったとしても、逆に自社の主力製品の販売が止められて3億円の損害賠償金を支払うのでは目も当てられません。

このようなことにならないためにも、相手方の権利の数及び権利の内容を確認し、自社が相手方の権利に抵触していないことを確認しましょう。特に、自社の製品（特に主力製品）が相手方の権利に1つでも抵触しているような場合や、相手方の特許権の数が自社の特許権の数に比べて多い場合には、相手方に権利行使するのは危険が伴います。権利行使先として好ましい相手は、特許などの権利が自社に比べて少なく、且つ相手方の権利のいずれにも抵触している可能性が低い場合です。

また、自社が権利行使する特許が、1件だけだと無効論で権利が無効という判断で終わってしまう可能性があるので、少なくとも2、3件、理想的には5件以上の特許

8

で権利行使ができるといいでしょう。そのためには、自社の製品リリース前に、そのような事態にあらかじめ備えて5件以上の特許出願を行い、権利行使をする前に5件以上の特許権を成立させておくことが望ましいです。

他社類似製品に対する権利行使の手続

　ここまでの準備ができたら、次には警告書を準備して送付するか、訴状を準備していきなり提訴するかします。通常、警告書を送って相手の反応をみることが一般的です。訴訟せずにライセンス交渉がまとまれば、費用が抑えられるとともに解決までの時間を短縮することができるからです。

● 1　警告書の準備

　警告書においては類似製品が、自社の権利をどのように侵害しているのかを明確に説明する必要があります。この説明のために、特許・実用新案の場合にはクレームチャートを同封することが一般的です。この説明がしっかりされていないと、相手方から質問を受けて無駄に時間が経過してしまいます。またこちらの主張が弱いとみなされて、まともに取り合ってもらえないおそれがあります。警告書を読んだ相手方が、反論の余地がないと思うような、しっかりとした警告書を作ることが望ましいです。

　警告書で使用する特許権が1件だけだと、その特許権が無効であるという相手方から反論が想定され、それに対する反論などで無駄に時間が経過し、最悪の場合には相手方から先に無効審判を請求されて特許権が無効となり無駄な時間をかけただけで交渉が終わってしまう可能性がありえます。少なくとも2、3件、理想的には5件以上の特許で警告書を準備するといいでしょう。これにより、相手方も全ての特許権について非侵害もしくは無効にするのは困難という認識が生まれ、相手が話し合いの土俵に上がってくる可能性を高めることができます。

　また、警告書の中で、相手方にどのような対応を求めるのかを明示する必要があります。まずは話し合いを求めるのか、あるいは他社類似品の即時販売中止を求めるのか、あるいは損害賠償を求めるのか、あるいはその両方かを決めて、明示する必要があります。

● 2　ライセンス交渉

　一般的には、警告書を送付した後に、ライセンス交渉が行われます。その交渉で、

侵害該当性、権利の有効性について互いに議論を戦わせます。

その結果、訴訟費用及び訴訟に係る人的コストを避けるためなどで、和解し、ライセンス契約を締結することがあります。

● 3　法的手続き

ライセンス交渉がまとまらない場合には、法的手続き（通常訴訟、仮処分申立、税関差止）を検討します。近年では、ライセンス交渉の場に相手を引きずりこむために法的手続きをするというケースが増えています。

各法的手続きのメリットとデメリット

(1) 通常訴訟 (本案訴訟)

他社類似品の販売等の差し止め及び／または損害賠償を請求することができます。

【メリット】

仮処分と比べて損害賠償を請求でき、文章提出命令等で相手方から資料を提出させることができること。訴訟継続中に訂正審判もしくは訂正請求によって請求項を訂正した場合には、訂正後の請求項に基づいて侵害を主張できること。

【デメリット】

仮処分に比べて申立費用が高いことや、第一審で判決が出ても直ちに執行することはできず、上級審まで行って判決が確定するまで執行ができないこと。

8

(2) 仮処分申立

保全の必要性が要求されるので、権利者もしくは実施権者が権利に係ること（例えば特許発明）を実施しているか、実施予定である必要があります。

【メリット】

通常訴訟と比べて申立費用が極めて低額（貼付印紙額2000円）であり、仮処分命令が告知されれば、直ちに執行可能であり、上級審で争っている間であってもその効果が妨げられない。

【デメリット】

　損害賠償請求はできず、仮処分命令を得るには比較的多額の担保を積む必要がある。疎明資料が即時取り調べ可能な証拠に限定されること、暫定的な措置であって一定期間内に通常訴訟を行わなければ債務者の申立により決定が取り消されること、仮処分命令が執行された後、通常訴訟で逆の結論が出た場合には債務者から損害賠償を受けるおそれがあること。請求項を訂正をする場合には、再度、訂正後に申立が必要なこと。

(3) 税関差止

　他社類似品が輸入品もしくは輸出品でれば、税関に対して、水際差し止めを請求することができます。

【メリット】

　裁判所により侵害の結論が出る前に、迅速に輸出入を止められる。担保として供託すべき金銭が、仮処分で供託すべき担保の額より、一般的に低額である。

【デメリット】

　仮に税関で侵害判断が得られたとしても、後に裁判所において非侵害の判断が出た場合には、相手から逆に損害賠償請求を受けるおそれがある。

　典型的には、ブランド品などのデッドコピー品、意匠権侵害品、商標権侵害品、著作権侵害品（例えばキャラクター商品）を取り締まる場合のような、一見して明白な侵害に効果がある手続きです。

4　模倣品への対処方法とは？

模倣品が販売されているのだけど、どうしたら良いかな

状況に応じて対策を考えて対処しよう！

模倣品対策に対する基本的な考え方

　日本または海外において自社製品の売れ行きが好調の場合には、それに目を付けた他社が模倣品を販売することがあります。特に中国、台湾、韓国、東南アジアの新興国では、製品の模倣が行われる可能性が高くなります。海外展開をするのであれば模倣は起こり得るものとして進めましょう。模倣品への対処時には、状況を把握して自社にとってどのような対応をするが良いのかを判断していく姿勢が大切です。模倣品対策に100％正しいという正解はなく、ケースバイケースで対応を決めていくことになります。事前にある程度の想定をしておき、外部の専門家及び海外の場合には現地の専門家やJETROの相談窓口等と連携しながら実際の事案に応じて臨機応変に対処していくのが望ましいでしょう。

模倣品への対処方法

　模倣品に対して排除を試みるのが基本的な対応になります。その上で、模倣が生じている状況及び相手企業に応じて、以下の対策が考えられます（表1）。

8

状況例	状況概要	対策例
1	模倣品が多く出回り、風評被害が懸念される。 模倣品販売相手が特定の企業だと認識できている。	保有している権利を主張し、専門家(海外であれば現地の専門家やJETRO等)と共に警告・訴訟などの手続きをして徹底的に排除する。 権利がない場合には、専門家と相談の上対応する。
2	模倣品販売相手が特定されているが、相手の製品品質も一定水準を満たし、風評被害が懸念されない。	製造委託先や代理店として提携することを検討する。例えば製品・品質が異なるラインナップとして使い分けることを検討する。

知的財産権の行使について

　上記で対策を検討した結果、警告・訴訟などの手続きをして徹底的に排除するという方針に決定した場合のその後の対処の流れについて説明します。

1　自社が特許権を保有している場合

　自社が特許権を保有している場合には、模倣品が特許発明の技術的範囲におさまるかどうか検討しましょう。この検討は、高い専門性が必要なため、外部の専門家(弁理士または弁護士)に相談されることをお勧めします。次に特許権を侵害しているという確証が得られたら、模倣品販売相手に対して、自社の特許権を侵害しており、販売を停止するように警告する警告書を作成しましょう。警告書は通常は内容証明郵便で発送します。警告書では通常、自社が保有する特許権の情報(権利者、登録番号、登録日など)を提示した上で、相手方の製造・販売行為を特定し、当該行為が特許権侵害に該当することを記載します。また警告書では通常、回答期限を区切り、返答や対応がない場合には法的措置を取る旨を付言します。警告書の作成に当たっては、外部の専門家(弁理士または弁護士)に相談されることをお勧めします。

　警告をしても相手が自社の要求に全く応じなかった場合、または交渉したけれども合意に至らなかった場合には、法的手続きを検討しましょう。日本の裁判所への法的手続きとしては、特許権侵害の仮処分申立てと、本案訴訟(通常の訴訟)の2つがあります。法的手続きには、高い専門性が必要なため、外部の弁護士・弁理士に相談

して検討しましょう。

●2　自社が意匠権を保有している場合

　自社が意匠権を保有している場合にも、特許権の場合と同じような対処になります。

　但し、海外の工場で生産してから日本に輸入している商品の場合には、意匠権に基づいて税関における差し止めを請求することも有効です。税関による差し止めには、高い専門性が必要なため、外部の弁護士・弁理士に相談することをお勧めします。

●3　自社が商標権を保有している場合

　自社が商標権を保有している場合には、相手の商標が、自社登録商標と同一・類似であり、且つ相手の商品・サービスが登録商標の指定商品・役務と同一または類似であるか否かを検討しましょう。この検討は、高い専門性が必要なため、外部の専門家（弁理士または弁護士）に相談されることをお勧めします。次に商標権を侵害しているという確証が得られたら、模倣品販売相手に対して、自社の商標権を侵害しており、商標の使用の停止、在庫の廃棄を求めるように警告する警告書を作成しましょう。警告書は通常は内容証明郵便で発送します。警告書では通常、自社が保有する商標権の情報（権利者、登録番号、商標、指定商品・指定役務など）を提示した上で、相手方の使用行為を特定し、当該行為が商標権侵害に該当することを記載します。また警告書では通常、回答期限を区切り、返答や対応がない場合には法的措置を取る旨を付言します。警告書の作成に当たっては、外部の専門家（弁理士または弁護士）に相談されることをお勧めします。

　警告をしても相手から回答が得られなかったり、話し合いに応じなかったり、交渉したけれども合意に至らなかったりする場合には、法的手続きを検討しましょう。日本の裁判所への法的手続きとしては、商標権侵害の仮処分申立てと、本案訴訟（通常の訴訟）の2つがあります。法的手続きには、高い専門性が必要なため、外部の弁護士・弁理士に相談して進めましょう。

　また、海外の工場で生産してから日本に輸入している商品の場合には、商標権に基づいて税関における差し止めを請求することも有効です。税関による差し止めには、高い専門性が必要なため、外部の弁護士・弁理士に相談することをお勧めします。

8

第9章　知財戦略の基本を押さえよう

1 オープン・クローズ戦略とは、どんな戦略？

自社利益の拡大のためにどんな知財戦略を考えたらいいのかな？

オープン・クローズ戦略があるよ！

オープン・クローズ戦略の概要

オープン・クローズ戦略についての明確な定義はありませんが、概ね次のような意味で用いられています。

オープン・クローズ戦略とは、自社のコア技術などを自社で囲いこみ（「クローズ」化）しつつ、製品関連技術を広く普及させ（「オープン」化）、自社利益の拡大と市場の拡大とを同時に実現することを目的とする事業戦略です。

技術のオープン化として、以下の手法があります。

(1) 標準化、パテントプール化
(2) 無償実施によるデファクトスタンダード化
(3) 特許のライセンス（有償／無償）
(4) 特許のクロスライセンス

技術のクローズ化として、以下の手法があります。

(1) 秘匿化（ブラックボックス化）
(2) 知的財産権の独占実施（但し、知的財産権を取得することはその内容が公

開されてしまうので、クローズを秘匿化という意味で使う場合には、クローズに知的財産権の独占実施は含まれない)

アップルやインテルは、オープン・クローズ戦略を駆使して、市場や自社利益を急速に拡大しました。

オープン・クローズ戦略の具体例

● 1 アップル

アップルがオープン化したことは、スマートフォンの製造工程を**EMS**企業に開示したことです。これにより、アップルは工場をもたなくても、EMS企業がスマートフォンを大量に生産することができるようになったので、全世界でスマートフォンを販売できるようになり、米国だけではなく他の国の市場においてもシェアを獲得することに成功しました。

一方、アップルは、タッチパネル技術及びそれに関する特許を独占的に実施しています。また、アップルがクローズ化したものは、スマートフォンの外形のデザインを意匠権及び**トレードドレス**として保護し、独占的に実施しています。これらの独占実施により、競合のスマートフォンメーカとの間で差別化を図っています。

アメリカ合衆国では、製品のトレードドレスは一般の商標のように、連邦(制定)法であるランハム法により法的に保護されています。トレードドレスを保護することにより、他の製品を模倣するよう設計された製品の包装または外見から消費者を保護すること、及び消費者が別の製品であると誤信して製品を購入することを防止することが意図されています。例えば、子供服の陳列における生地の形、色、および配置(ただし、服それ自体のデザインはトレードドレスとして保護されない)、雑誌の表紙デザイン、レストランチェーンの外観と装飾(様式)、ワインショップにおける瓶の陳列方法が保護可能なトレードドレスと判断されたことがあります。

9

● 2 インテル

インテルがオープン化したことは、PC周辺機器(マザーボード)の製造技術をアジア企業に開示したことです。これにより、アジア企業は、マザーボードを大量に生産することができるようになり、マザーボードの市場を拡大することに成功しました。また、インテルはMPUのインタフェースを公開して、全てのマザーボードメー

カが、インテルのMPUを搭載できるようにしました。

　インテルがクローズ化したことは、MPUの中身を秘匿化したことです。これにより、他社は高性能のMPUを開発することができず、インテルは高性能のMPUの価格をコントロールすることができました。その結果、MPUの価格を高くしたままにすることができ、大きな利益を上げることに成功しました。

オープンにする対象

　このように、自社のコア技術については、クローズ（秘匿化または知的財産権の独占実施）することによって、他社の追従を許さないようにすることが大切です。その上で、自社の利益を最大化するために、市場自体を大きくしたり、外国の市場に参入したりするために、コア技術でない製造工程または製造技術のうちパートナー企業に対して開示する範囲を決めていくことが大切になります。

用語の解説

トレードドレス：製品の出どころを識別し、他社の製品と自らを区別できる、製品の非機能的で物理的な細部およびデザインのこと。一般に、消費者にその製品の出所を表示する、製品あるいはその包装（建物のデザインすらも該当しうる）の視覚的な外観の特徴を示すものである。ランハム法43条(a)により、製品のトレードドレスは米国特許商標局(USPTO)の公的な登録を受けなくとも保護されうる。

EMS：Electronics Manufacturing Serviceの略。電子機器の受託生産を行うサービスのこと。

MPU：Micro Processing Unit（マイクロ・プロセシング・ユニット）の略。CPU(Central Processing Unit、シーピーユー)のことで、コンピュータでは不可欠な中心的な処理装置として働く電子回路。

2 規格標準化を用いたオープン・クローズ戦略とは?

スタートアップや中小企業が取れるオープン・クローズ戦略ってどんなもの?

規格標準化を用いたオープン・クローズ戦略があるよ!

規格標準化する対象

　知財の権利化、技術ノウハウの秘匿化、国内外における技術の標準化などを適切に選択する戦略は、大企業だけでなくスタートアップや中小企業にとっても、競争力を確保しながら自社技術を普及させ、事業で成功するための有効な手段です。

　国際標準規格 (ISO もしくは IEC) または国内標準規格 JIS などの標準化を行うことによって、自社製品の品質保証に用いることができるとともに、市場拡大に利用することができます。

● 1　インタフェース部分の仕様の標準化

　自社特許／秘匿化技術の周辺のインタフェース部分の仕様を標準化するものです（図1）。

9

▼図1　「インタフェース部分の仕様の標準化」の概念図

例えば、単三電池が入るボックス（インタフェース）の大きさや端子などの仕様を標準化すれば、単三電池があらゆる製品について格納することができ、単三電池の売り先が増え、単三電池の売り上げが向上します。

● 2　性能基準・評価方法の標準化

　自社特許／秘匿化技術を含む製品の性能基準・評価方法を標準化するものです（図2）。

▼図2　「性能基準・評価方法の標準化」の概念図

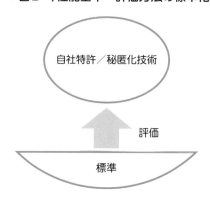

　自社の評価方法を標準化すれば、ある製品についてその評価方法で計測された数値がよければ、その製品の特性がよいということが保証されます。つまり、評価方法を標準化することにより、自社製品の品質を保証することができるようになるのです。

　例えば、接着力について自社の評価方法がABC評価方法であるとすると、ABC評価方法を標準化することが考えられます。その際には、標準化する前に出願する特許出願の明細書に、ABC評価方法について計測した場合の製品の接着力の数値範囲〇〜□kg/mm²を記載しておきます。

　そして、標準化に成功した場合に、特許出願の請求項に、「評価方法Aに測定した場合に、接着力が〇〜□kg/mm²である」という数値範囲で限定した請求項を追加して、特許を権利化することが考えられます。つまり、従来、評価方法がなかったために、接着物質の改良発明についてその接着力を評価できなかったのに対して、評価方法Aを特許明細書中に記載しつつ評価方法Aについて標準化することによって、標準化後に、評価方法Aによって計測された場合の接着力を限定した請求項を作成して権利化することが考えられます。このように、評価方法を標準化することによって、自社

技術を特許化した場合にその性能の高さを客観的に証明することができます。

性能基準・評価方法の標準化の具体例

1　性能基準・評価方法のJIS標準化の具体例

　国内の企業に製品を採用してもらうには、性能基準・評価方法のJISの策定が効力を発揮します。日本規格協会における「新市場創造型標準化制度」を利用することにより、次のようにJISまでの期間を短縮することができます（図3）。

▼図3　「新市場創造型標準化制度」を利用した場合の国内標準化の期間短縮

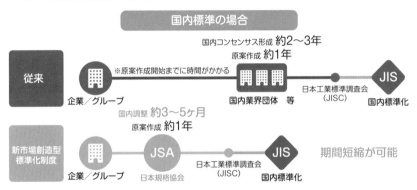

出典：一般財団法人日本規格協会「新市場創造型標準化制度」をもとに作成
https://webdesk.jsa.or.jp/pdf/dev/md_4616.pdf

　続いて、日本規格協会における「新市場創造型標準化制度」を利用したJIS規格の取得例について説明します（図4、図5）。

▼図4　「新市場創造型標準化制度」を利用した場合のJIS規格の取得例

9

包装一液体用高機能容器 株式会社 悠心 （新潟県、従業員12人）	自動車用緊急脱出支援用具 株式会社 ワイビーシステム （埼玉県、従業員25人）	蛍光式酸素濃度計 株式会社 オートマチック システムリサーチ （東京都、従業員9人）
開封後も液体内容物が高い鮮度を保つことが可能な逆止弁を用いた液体用高機能容器の評価方法を標準化。	交通事故などで自動車に閉じ込められた時に使用されるガラス破砕・シートベルト切断ツールに関する破砕・切断性能を標準化。	耐久性、測定性能に優れる蛍光式の酸素濃度計の評価方法を標準化。
平成28年 10月20日付 JIS Z 1717 として公示済	平成28年 9月20日付 JIS D 5716 として公示済	平成28年 12月20日付 JIS B 7921 として公示済

出典：一般財団法人日本規格協会「新市場創造型標準化制度」をもとに作成
https://webdesk.jsa.or.jp/pdf/dev/md_4616.pdf

自動車用緊急脱出ツール：株式会社 ワイピーシステム　（埼玉県、従業員25人）

JIS D 5716（自動車用緊急脱出支援用具）として平成25年9月に公示された以降、自動車用品の生産販売業者等からJISマーク表示・認証取得の問い合わせが多数あり、市場における不良品排除につながることが期待される。

液体用高機能容器：株式会社 悠心　（新潟県、従業員12人）

JIS Z 1717（包装―液体用高機能容器）として平成28年10月に公示された以降、大手食品業界等への認知度が高まり、新規販路の拡大に繋がった。

出典：一般財団法人日本規格協会「新市場創造型標準化制度」をもとに作成
https://webdesk.jsa.or.jp/pdf/dev/md_4403.pdf

● 2　性能基準・評価方法の国際標準化

　続いて、外国の企業に製品を採用してもらうには、JISではなく国際標準化（ISO、IEC）が効力を発揮します。

　日本規格協会における「新市場創造型標準化制度」を利用することにより、次のように国際標準化までの期間を短縮することができます（図6）。

▼図6　「新市場創造型標準化制度」を利用した場合の国際標準化の期間短縮

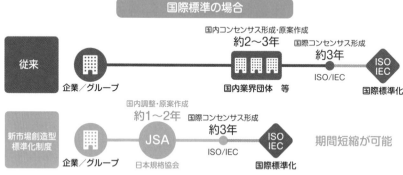

出典：一般財団法人日本規格協会「新市場創造型標準化制度」をもとに作成
https://webdesk.jsa.or.jp/pdf/dev/md_4403.pdf

　評価方法のISO標準化の具体例として、大成プラス（株）の例について以下説明します。

　大成プラス（株）は、極めて高い接合強度を得ることができる金属と樹脂部品の一

体成形の革新的技術を有しており、締結部品を使わない軽量な接合方法として、自動車部品や電子部品への応用が期待されていました。しかし、企業独自の評価方法により取得したデータ等では、取引先の信頼を十分に得ることが難しい状況にありました。

　そこで、大成プラス（株）は、東ソー（株）、東レ（株）及び三井化学（株）とともに、「トップスタンダード制度（現在の新市場創造型標準化制度）」を活用し、2013年4月に4件のISO規格の新規提案を行いました。その後、ISOの技術委員会（Technical Committee 61：プラスチック）での審議を経て各国の承認が得られ、2015年7月15日にISO規格として発行されました。

　この件は、民間企業が、迅速な国際標準化提案を実現するために2012年に導入した「トップスタンダード制度（現在の新市場創造型標準化制度）」の活用によりISO規格の発行に成功した初めてのケースです。

　大成プラス（株）は、接合部分の強度や耐久性を適切に評価するため、樹脂‐金属複合体の接合部分の特性を評価する際の試験装置や評価項目、試験片の形状や寸法等、接合強さ等の試験方法、耐久性評価の試験方法を国際標準化しました。

　これにより、大成プラス（株）の金属と樹脂部品の一体成形の革新的技術が、この国際標準に基づいて客観的に優れていることを証明することができるようになりました。その結果、海外の企業が大成プラス（株）の技術を信頼することができ、海外の企業における大成プラス（株）の技術の採用が促進されました。また、大成プラス（株）は、予め金属と樹脂部品の一体成形の革新的技術について特許化しており、他社の参入を防ぐことができ、市場を一定程度、占有することに成功しています。

● 3 「新市場創造型標準化制度」の概要

　新市場創造型標準化制度とは、中堅・中小企業等が開発した優れた技術や製品を国内外に売り込む際の市場での信頼性向上や差別化などの有力な手段となる、性能の評価方法等の標準化を支援する制度です。

　とがった（優れた）技術であり新市場の創造又は拡大が見込まれるものの、既存の規格ではその適切な評価が難しく普及が進まない技術・製品について、新たに国際標準（ISO/IEC）又はJISを制定しようとする際、

①制定しようとする規格の内容を扱う業界団体が存在しない場合
②制定しようとする規格の内容を扱う業界団体が存在するものの、その規格作成の

9

検討が行われていない、あるいはその規格作成の検討が行われる予定がない場合
③制定しようとする規格の内容が複数の業界団体にまたがるため調整が困難な場合

のいずれかに該当するものを対象として、従来の業界団体による原案作成を経ずに、迅速な規格原案の作成等を可能とする制度です。これにより、従来のように業界団体でのコンセンサス形成を経ずに、迅速な国内標準化 (JIS化) や国際標準 (ISO/IEC) 提案が可能になります。

標準規格を用いた特許権利化戦略

● 1　競合を自社特許の網にひっかける

　標準化技術を用いて実際に製品を開発する場合、他の企業も製品として実現しようとすると通常であれば使用するであろう技術について、他社に先駆けて特許出願をしておき特許権利化しましょう。ここで重要なことは、権利化の優先度が最も高い特許は、標準規格に必須の特許 (標準必須特許) ではなく、「標準必須ではないが実装するときに必須の特許 (実装必須特許)」にすることです。標準必須特許であれば、日本では他社に対して差止請求ができないという裁判例があるので、原則、差止請求できないですが、「標準必須でないが実装するときに必須の特許 (実装必須特許)」であれば、他社に対して差止請求ができるからです。

　これによって、標準規格に合致する製品を他社が製品化しようとすると、自社の特許権を侵害することになるので、他社が同様に実装必須特許をもっていない限り、他社製品を排除することができます。

● 2　競合の特許の威力を弱体化させる

　標準に必須の特許を収集したパテントプールを創出し、競合をパテントプールに参加させ且つ競合の技術を標準に採用するように誘導することによって、競合は標準必須特許を**FRAND条件**に沿って、リーズナブルな金額で自社にライセンスせざるを得なくなります。これによって、日本では標準必須特許に基づいて差止請求できないと判断された裁判例[*1]がありますので、日本国内であればリーズナブルなライセンス料を払いさえすれば、自社の実施が確保されます。これにより、競合の特許の威力を弱体化させることができます。

[*1]　いわゆるアップルvsサムスンの知財高裁大合議判決 (平成25年 (ネ) 第10043号　債務不存在確認請求控訴事件、平成25年 (ラ) 第10007号　特許権仮処分命令申立却下決定に対する抗告申立事件、平成25年 (ラ) 第10008号　特許権仮処分命令申立却下決定に対する抗告申立事件)

FRAND条件：FRANDとは、Fair, Reasonable And Non-Discriminatory の略。ある企業の特許が標準技術として採択される場合、他企業がその特許を使用する時、特許権利者は「公平で、合理的、かつ非差別的」に協議しなければならないという義務。

9

3 サービスを対象とする標準化を用いたオープン・クローズ戦略とは？

製品については標準化を用いたオープン・クローズ戦略が有効であることが分かったけど、サービスについてはどうなのかな？

JIS法の改正により、サービスを対象とする標準化を用いたオープン・クローズ戦略ができるようになるよ！

JIS法の改正について

● 1 JIS対象のデータ・サービス等への拡大

　JIS（日本工業規格）は、これまで、鉱工業品等は標準化することができましたが、データ・サービス等は標準化することができませんでした。

　しかし、工業標準化法（JIS法）が平成30年に改正され、2019年7月1日から、標準化の対象が、鉱工業品等に限らずデータ・サービス、経営管理等にも拡大されました。これに伴い、「日本工業規格（JIS）」が「日本産業規格（JIS）」に、法律名が産業標準化法に改められます（図1）。

▼図1　JIS対象のデータ・サービス等への拡大

出典：経済産業省「JIS法改正」をもとに作成
https://www.meti.go.jp/policy/economy/hyojun-kijun/jisho/jis.html

● 2 JIS制定の民間主導による迅速化

日本工業標準調査会（JISC）を経ずに規格承認するルートが新設されました。具体的には、JIS制定手続きについて、専門知識等を有する民間機関を認定し、その機関が作成したJIS案について、審議会の審議を経ずに制定するスキームを追加します（図2）。

▼図2　JIS規格承認するルートの新設

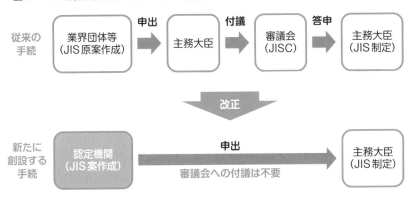

出典：経済産業省「JIS法改正」をもとに作成
https://www.meti.go.jp/policy/economy/hyojun-kijun/jisho/jis.html

この新設ルートにより、「新市場創造型標準化制度」を利用した場合よりも更に国内標準化までの期間を短縮できる可能性があります。

サービス標準の具体例

● 1 ヤマト運輸の「小口保冷配送サービス」の標準化

アジアを中心に世界中で、小口保冷配送サービスの需要が急激に高まっています。日本ではヤマト運輸の「クール宅急便」をはじめ、宅配事業者の小口保冷配送サービスは広く認知され、安心して利用されています。その一方で、東アジアやASEANでは市場が立ち上がったばかりで、温度管理などの品質が不十分という現状がありました。コールドチェーンは豊かな社会の実現には欠かせないインフラであり、一定の水準が保たれなければ、将来的な市場の成長を妨げることになります。

これまでは、JISは、データ・サービスを標準の対象としていなかったので、JISで「小口保冷配送サービス」を標準化することができませんでした。

そこで、ヤマト運輸は、小口保冷配送市場の今後の発展には、客観的な「基準」、つまり国際規格が必要と考え、「PAS 1018」の規格づくりを英国規格協会 (BSI) の日本法人であるBSIグループジャパンと連携し、PAS 1018の認証を取得しました。また、2020年5月28日には、国際標準化機構 (ISO) において、日本からの提案により、「小口保冷配送サービス」に関する国際規格が発行されました[※1]。

PAS規格が国際的に広く活用された実績をもとに、BSIが国際規格とすることをISOに提案することで、PAS規格からISO化された規格がこれまでに多く存在します。このように、これまではPAS規格策定からISO化という標準化の流れがありました。

※1 https://www.meti.go.jp/press/2020/06/20200603002/20200603002.html

● 2 これからのサービス標準の流れ

各規格の影響力・普及力を比較すると、次のようになります (図3)。

▼図3 規格の影響力・普及力の比較

規格名	規格の説明
ISO	国際標準化機構が発行した規格
地域規格	地域が共同で作成した規格
国家規格	各国で作成した規格
公開仕様書 (PAS)	国際規格策定機関が策定した規格
民間規格	民間団体や業界団体が作成した規格
社内規格	企業が自社内で作成した規格

影響力・普及力

PASよりも国家規格であるJISの方が影響力・普及力が高く且つJISの認定期間が短縮されたことから、今後は、JIS策定からISO策定に標準化の流れが変わっていくでしょう (図4)。

従来の標準化の流れ　　　PAS策定　➡　ISO策定

これからの標準化の流れ　　JIS策定　➡　ISO策定

JISによるサービスの標準化とビジネスモデル特許による独占

　JISによってサービスを標準化しておき、そのサービスを実装するときに必須になる特許（実施必須特許）またはサービスを実装する場合にユーザの利便性が向上する特許について取得しておくことが考えられます。

　例えば、フィンテック分野におけるブロックチェーンを用いた仮想通貨の取引についてのサービスをJISで標準化するとともに、この標準化によってサービスを実装するときに必須になる**ビジネスモデル特許**またはサービスを実装する場合にユーザの利便性が向上するビジネスもモデル特許を取得するという戦略が考えられます。

用語の解説

ビジネスモデル特許：コンピュータ・ソフトウエアを使ったビジネス方法に係る発明に与えられる特許
PAS：「Publicly Available Specification」の略であり、日本語では「公開仕様書」です。「一般に公開されて誰でも使用できる規格」であることを意味します。

9

4 新規材料を開発したスタートアップ企業の知財戦略とは？

ディスプレイに使用できる新たな材料を開発したんだけと、どのような知財戦略をとればよいかな？

その材料に係る特許が基本特許になるかもしれないから、まずは発明に漏れがないように洗いだそう！

基本特許の検討

　新規材料を開発した場合の知財戦略について、ディスプレイに使用できる新たな材料を開発した場合を例に説明します。ここでは、大学で生まれた斬新的な発明を用いてスタートアップ企業を立ち上げることを念頭に説明します。

　ディスプレイに使用できる新たな材料を開発した場合、その材料の特許は、ディスプレイの基本特許になる可能性があります。特許権利化する際には、発明に漏れがないように、一部の元素を変えた材料や、骨格を少し変えた材料についても、同じ特性が得られないか検討する必要があります。

　具体的には、ディスプレイに使用できる新たな材料（化合物）について、ある元素Aに特徴がある場合には、別の元素に置換した材料について同じような結果が得られないか検討する必要があります。

　別の元素Bを含む材料について、ディスプレイの実現にとって、元素Aを含む材料よりも好ましい実験結果が得られた場合には、元素Aを含む材料だけでなく、元素Bを含む材料も、公表前に出願し、日本だけでなく、外国（特にディスプレイの市場規模が大きい国）においても、特許化することが好ましいでしょう。その際に、元素Aを含む材料の特許出願に対して、1年以内に優先権を主張して元素Bを含む材料を追記して特許出願することによって、1つの出願で、元素Aを含む材料と元素Bを含む材料の両方について権利を取得することができるからです。

　ディスプレイに使用できる新たな材料（化合物）について、化合物の骨格Xに特徴

がある場合には、別の骨格について同じような結果が得られないか検討する必要があります。

　別の化合物の骨格Ｙについて、ディスプレイの実現にとって、化合物の骨格Ｘよりも好ましい実験結果が得られた場合には、化合物の骨格Ｘを含む材料だけでなく、別の化合物の骨格Ｙを含む材料も、公表前に出願し、日本だけでなく、外国（特にディスプレイの市場規模が大きい国）においても、特許化することが好ましいでしょう。その際に、骨格Ｘと骨格Ｙが共通する特徴がある場合には、骨格Ｘを含む材料の特許出願に対して、1年以内に優先権を主張して骨格Ｙを含む材料を追記して特許出願することによって、1つの出願で、骨格Ｘを含む材料と骨格Ｙを含む材料を含む上位概念の請求項で権利を取得することを検討しましょう。

第2の基本特許の検討

　上記の新たな材料については、今後、他の競合会社が更によい性能をもつ材料（化合物）を開発する可能性があります。仮に、他の競合会社が、更によい性能をもつ材料を開発してしまった場合には、自社開発の材料（化合物）は、競争に勝てずに終わってしまう可能性があります。

　仮に、材料（化合物）の新規な特性がディスプレイに利用されているとすると、材料（化合物）の組成が変わったとしても、同じ特性が利用できる可能性が高いです。

　その特性を用いてディスプレイを実現するために、必須な技術について新たに日本を含む各国で特許化するとよいでしょう。必須な技術として例えば、その特性を用いてどのように映像を表示するか（駆動方式）について特許化することが考えられます。その際には、映像を表示する方法については、考えられる全てのパターンを出し、その全てのパターンをまとめて特許出願して特許権利化を行うことをお勧めします。

　以下のような、特許戦略が考えられます。

(1) 材料を用いたディスプレイを実現するために必須な技術（例えば、その特性を用いてどのように映像を表示するか（駆動方式）の技術）について、考えられる全てのパターンを考え、構想ができた段階で、一早く日本特許出願をする（最先の出願日確保のためです）

(2) 1年以内に、上記の構想を実証する、シミュレーション結果または実際の実験結果を追加して先の日本出願に対して、優先権を主張して国際出願

9

（PCT出願）し、その後、日本出願から2年半以内にその技術の製品搭載の実現性を検証し、製品搭載の実現性が高いならば、日本出願から2年半以内にディプレイの市場規模が大きい国に移行して特許権を取得する。

(3) この国際出願（PCT出願）が完了するまで、公表しない（当然、学会、論文発表もNG）（出願する前に公表してしまうと、欧州、中国などで特許を取得できないからです。）

ベンチャー企業の知財戦略

　大学で発明された技術であれば、事業化にあたり、ビジネスモデルの確立が急務です。ビジネスモデルによって利益を上げるポイントが変わってきます。当然、その利益を守るために知財で保護すべき対象及び優先順位が変わってくるので、ビジネスモデルに応じて知財戦略も変わってきます。よって、ビジネスモデルをまずは確立し、そのビジネスモデルに応じて知財戦略を検討しましょう。また、ビジネスモデルは事業の進展に応じて変わってきますが、それに応じて知財戦略も変えていく必要がありますので、定期的な見直しが必要です。

　例えば、ベンチャー企業として、ディスプレイの事業を拡大するためには、自社内に量産するための大規模な生産ラインがなく販路もないため、大手企業との提携が必要になってくるでしょう。

　ベンチャー企業の事業内容としては、ディスプレイの素材またはディスプレイのコア部品（例えば、ディスプレイのフィルムなど）について日本国内の自社内で生産し、その素材またはそのコア部品（例えば、ディスプレイのフィルムなど）を大手企業に提供することが考えられます。ここでは、コア部品を何にするかを決定することが重要になります。

　そして、このコア部品についての競争力を高めるために、インテルのようにコア部品の仕様（例えば、インテルの場合、プロセッサの入出力端子の仕様だけ公開した）だけ、公表（できれば特許化）しつつ、できれば標準化し、コア部品の生産方法については、公表せず（当然特許化もしない）、営業秘密として秘匿化して社内でアクセスできるものを制限しておき不正競争法防止法の営業秘密としての要件を満たすようにするとともに、社外に漏洩しないようにしておくことが重要です。

　また、大手会社と共同開発をする際には、当然、情報を開示する前に事前にNDA（秘密保持契約）を結び、NDAを結んだ後であっても、当該素材または当該コア部品

の生産方法については一切開示しないようにすることが必要です。当該素材または当該コア部品の特性を示すデータシートだけの開示に留めることが望ましいです。

　また、大手会社から寄付を受けるときにおいても、他の企業へのライセンスを可能にするように、特許については大学または大学発のベンチャー企業が単独で権利を持つことをお勧めします。

9

5 オンリーワンを目指すスモール企業がとる知財戦略とは？

オンリーワンを目指すスモール企業がとる知財戦略とは？

ニッチな領域においてナンバーワンになるためにその製品を作るのに絶対実施しなければならない必須な特許を必ず押さえるということが基本的な戦略になるよ！

ニッチな領域を基本とする事業戦略

　ここでは、スタートアップのように急成長して短期間でのIPO（株式公開）を目指すのではなく、長期間かけて持続的に成長する技術開発型の中小企業（いわゆるスモール企業）を対象にして説明します。スモール企業の場合、ニッチな領域においてナンバーワンになることが生き抜くコツです。

（1）世界市場規模が1000億円以下
市場規模は大手が参入しない規模であることが望ましく、大手が参入しない規模が、世界市場規模で1000億以下の市場になります。

（2）大手と競争しない商品を作る
大手とはリソースが違うので、負ける可能性が高く、あえて負け戦を挑まないようにする。

（3）特許を必ず押さえる
他社の模倣防止及び技術優位性確保のためです。

仮に他社から特許侵害で警告を受けても、逆に特許侵害で警告でき、クロスライセンス交渉に持ち込めるようにしておくことが重要です。

またライセンシングビジネスで収益化を目指す方法もあります。

(4) 利益を高くしすぎない

他の中小企業が参入するのを防ぐためです。利益が高すぎれば他の中小企業から見れば後発で参入しても価格を自社よりも低くすれば製品が売れそうであり、価格を低くしても利益が十分に得られるので魅力的な市場に見えます。このことから、利益は適度にしておくことが肝要です。

(5) 寿命の短い商品は出さない

寿命の短い（ライフサイクルの短い）商品であれば、常に早いサイクルで商品を出し続けなければいけませんが、スモール企業はマンパワーがないため、いつか疲弊してしまいます。疲弊しないためにも寿命の短い商品は出さず、寿命の長い商品を出すようにしましょう。

(6) 1市場でNo.1商品を1つもち複数の異なる市場でNo.1商品を持つ

1市場でNo.1商品を1つもち、多くの異なる市場でNo.1商品を持てば、柱が増え安定し、スモール企業であっても、売り上げ・知名度・信用度も上昇し、長期永続が可能になります。

コア技術を基軸とする知財戦略

　コア技術について、その分野において他社が必ず実施しなければいけないような必須特許を取得することが考えられます。必須特許を取得していれば、他社から特許侵害の警告を受けたとしても、その必須特許でカウンターで特許侵害を警告することができ、クロスライセンス交渉に持ち込むことができます。これにより、自社が法外なライセンス料を一方的に払うことを避けられますので、経営リスクを低減することができます。また、必須特許を持っていれば、他社からライセンス料収入を得ることができます。

　コア技術（例えば、材料メーカであればコア材料）を軸として様々な分野（電気・機械・医・食・住・環境・エネルギー・美容など）において自社のコア技術を活用できるアプリケーションのアイデアを発想し、分野ごとの技術を産学連携にて大学から取り込み、自社のコア技術と融合させて商品を開発する方法があります。

　完成した商品の多くは全て自社で製造販売するのではなく、生産を他社に委託するファブレス生産を検討しましょう。それとともに、特許ライセンスして他社に製造販売を任せるビジネスを展開することも検討しましょう。

9

産学連携を成功させるには

産学連携を成功させるには、大学の先生との有効なパートナーシップを作ることが必要です。有効なパートナーシップを作るためには、以下の点が大切です。

● 1　先生を見極める

大学でも、真剣に協力してくれる先生は少数です。先生を見極めるのが重要です。

● 2　自社でやりたいことをまず明確化する

大学と共同開発する場合でも、最初にある程度の技術開発の方向性を、自社でつくって、明確にやりたいことを先生に提示することが重要です（丸投げはNG）。

また、実際に手を動かすのは、先生ではなく、先生の研究室の学生になるため、学生が興味を持つように提案することが重要です。

● 3　頻繁なコミュニケーションの重要性

先生に任せきりにするのではなく、頻繁にコミュニケーションを十分にとってやることが重要です。例えば、月に1、2回のミーティングを開き、進捗を管理するとともに、問題が起こったら即座に対応したり開発の方向性を軌道修正したりすることが大切です。これにより、無駄な時間を削減することができます。

● 4　期間を切る

商品化を見据えて、共同開発の期間を限ってやることが重要です。期限を切って、その期限の時点で当初想定していたもの（例えば試作機など）ができていなければ、一旦共同開発を中止しましょう。その際には、他の民間企業の方が技術開発が進んでいることもあるので、他の民間企業との共同研究を検討しましょう。常に、いかに商品化を早くするかを考えることが重要です。

6 別の分野への市場参入可否を決定する際に考えるべき特許戦略とは?

別の分野への市場参入可否を決定する際に考えるべき特許戦略とはどういうものなのかな?

その別の分野において競合他社も必ず実施しなければ製品を製造できない必須特許を取得できるか否かを検討することだよ!

必須特許とは

ある分野の製品を製造する際に、自社だけでなく他の競合会社も必ず実施しなければその分野の製品を製造できない特許を必須特許と呼びます。ここでは、弁護士の鮫島正洋先生が提唱されている、必須特許ポートフォリオ論の第1理論について紹介します(詳細については、その著書「技術法務のススメ」(日本加除出版株式会社)を参照してください)。

例えば、この製品を「青色LED」であるとします。その場合には、青色LEDを生産するために不可避的に実施せざるを得ない特許、すなわち回避不能な特許のことを必須特許と呼びます。青色LEDには、かつて中村修二氏が開発した基本発明に係る特許を含めて、複数の必須特許が存在することでしょう。

市場参入時のケーススタディ

例えば、ある製品X(例えば、青色LED)において、A社、B社が必須特許を保有していることを想定します。

ここで、画期的な輝度と寿命を両立させた青色LEDを開発したベンチャー企業C社が登場したとします。C社はベンチャーキャピタルからの出資を得て、本格的な量産工場を完成されて、市場参入を始めました。C社の青色LEDの性能がA社、B社よりも良く、価格はA社、B社と同じである場合、当然C社製品の売り上げは上がっ

9

ていきます。そうすると、先行するＡ社、Ｂ社は、Ｃ社に対して、シェアをこれ以上
奪われることを防止するために、当然のように必須特許権に基づいて青色LEDの販
売の差止を求める訴訟を提起するでしょう。そうなると、Ｃ社の製品がいかに画期的
であったとしても、青色LEDである以上、Ａ社、Ｂ社の必須特許を実施して生産せ
ざるを得ないので、必然的にＡ社、Ｂ社の必須特許を侵害してしまうことになってし
まいます。

　この場合、Ｃ社が必須特許を保有していれば、Ａ社、Ｂ社に対して、反撃として、Ａ
社、Ｂ社の青色LEDの販売の差止を求める訴訟を提起することができるでしょう。
これにより、Ａ社、Ｂ社がＣ社の必須特許を侵害していれば、もしくは侵害している
蓋然性が高ければ、クロスライセンス交渉に持ち込むことができ、和解ができれば、
事業を継続することができます。

　但し、Ｃ社の必須特許が１件であれば、Ａ社、Ｂ社は必死に当該特許を無効にしよ
うとするでしょうし、裁判の過程で無効と判断されれば、権利侵害が認められず、ク
ロスライセンス交渉に持ち込めないので、Ｃ社は必須特許は最低２、３件、望ましく
は５件以上保有することがよいでしょう。

　一方、Ｃ社が必須特許を保有していない場合、Ａ社、Ｂ社とのクロスライセンス交
渉に持ち込めず、特許侵害であると認定されて市場撤退の道を選ばざるを得ないで
しょう。

　このように、必須特許なくしては市場参入しない方がよいので、別の分野への市
場参入可否を決定する際には、必須特許を取得できるのか否かという点を検討する
必要があります。

新規参入者が市場参入する方法

　新規参入者が市場参入する方法は、主に四つあります

● 1　特許出願して必須特許を取得する

　1つは、自前で開発した発明を特許出願して必須特許を取得することによって、市
場参入するという方法があります。新しい市場ニーズを真っ先にとらえて、開発投資
を行い、特許を取得すれば、そのようなニーズに基づいたアイデアはなかったので、
必須特許になりえる可能性があります。

● 2 必須特許を購入する

　例えば、市場参入したい製品について、誰が必須特許を保有しているかを調べて、その特許を購入するという方法があります。仮に現在はＡ社、Ｂ社しか市場のプレーヤーがいなかったとしても、以前には、Ａ社、Ｂ社以外にも、その製品を研究していた大学、企業は存在する可能性があります。特許データ分析によって、これらの大学、企業が保有する特許を特定し、交渉を仕掛けて、特許買収ができれば、短期間で必須特許権者の仲間入りができ、市場への参入切符が手に入ります。

● 3 必須特許を保有する企業を買収する

　別の方法として、必須特許を保有する企業を丸ごと買収するという方法があります。一見、この方法は現実的でないように思うかもしれませんが、Google 社によるモトローラ子会社買収は、まさに買収により必須特許を取得して、企業の特許リスクを下げる動きであったものと推測されます。

● 4 必須特許権者から実施許諾を受ける

　上記３つのいずれもかなわない場合、必須特許を保有しない者が特許侵害による事業撤退リスクなくビジネスを継続するためには、必須特許権者のそれぞれ（すなわちＡ社及びＢ社の両方）からライセンスを受けなければなりません。しかし、必須特許権者がライセンスをしてくれるほど親切かどうかは保証のかぎりではありませんし、必須特許権者であるＡ社がライセンスをしてくれたとしても、もう一方の必須特許権者であるＢ社がライセンスをしてくれなければ、事業撤退リスクが残ります。仮に、Ａ社、Ｂ社ともにライセンスをしてくれたとしても、Ａ社、Ｂ社へのロイヤリティ料が製品に付加されるため、利益率は低下してしまいます。Ａ社、Ｂ社へのロイヤリティ料を支払ったとしても、十分な利益率が取れる場合には、市場参入ができるでしょう。

9

ビジネスモデル特許を用いた知財戦略とは？

ビジネスモデル特許を用いた知財戦略とはどういうものなのかな？

ビジネスモデルを実現する際に不可欠な特許またはビジネスモデルにおいてユーザに訴求力がある機能の特許を取得することだよ！

ビジネスモデル特許とは

近年、ビジネスモデル特許の出願が増加傾向にあり、注目を浴びています。ビジネスモデル特許は、ビジネス方法において用いられるコンピュータシステムまたはコンピュータプログラムに関する特許です。ビジネスモデル自体に特許が付与されるのではなく、あくまでもビジネスモデルを実現する際に利用されるコンピュータシステムまたはコンピュータプログラムに対して特許が付与されます。したがって、コンピュータシステムまたはプログラムを用いないようなビジネスモデルにおいては、ビジネスモデル特許を基本的には、取得することができません。

近年、ベンチャー企業・スタートアップのファイナンス（資金調達、M＆A）やアライアンスの場合に、特許を取得していることが加点要素となり、IT系のベンチャー企業・スタートアップによるビジネスモデル特許の出願が後押しされています。また、特許は権利として取得した場合に限らず、出願中であっても一定の牽制効果があり、他社による市場参入を思い止まらせたり、遅らせたりする効果があるので、その観点からもビジネスモデル特許の出願が推奨されます。

以下、弁護士の杉尾雄一先生の論文「新規事業における競争力に資するための『ビジネスモデル特許』を活用した知財戦略」（ビジネス法務）の内容に基づいて、ビジネスモデル特許を用いた知財戦略について説明します。

ビジネスモデル特許の価値

コンピュータシステムの特許は、システムの構成を変更することにより、容易に回避することができるという意見や、特許を取得してもビジネスに寄与しないという意見も聞かれます。確かに容易に回避することができる特許も存在しますが、それは特許の取得の仕方が悪い場合があります。また、特許を取得してもビジネスに寄与しないというのは、顧客に訴求するような機能について特許を取得できていないためであると思われます。

● 1　ある機能を実現する場合に回避困難な特許は絶大な価値がある

コンピュータシステムの特許の場合、ある目的を実現するために、様々な処理方法が存在することから、回避されない特許を取得することは難しい面があります。

しかし、不要な構成要件を含まないで必要最小限の構成要件で成立したビジネスモデル特許は回避することが困難です。ビジネスモデル特許の代表例であるAmazonのワンクリック特許は、以下の内容で成立していました。

Amazonのワンクリック特許 US5960411の請求項1の和訳
「商品の注文を行う方法であって、
クライアントシステムの制御下で、商品を識別する情報を表示するステップと、
単一アクションのみが実行されていることに応答して、商品の購入者の識別子と共に商品を注文する要求をサーバシステムに送信するステップと、
サーバシステムの単一アクション注文要素の制御下で、リクエストを受信するステップと、
受信した要求内の識別子によって識別される購入者に関して以前に記憶された追加情報を検索するステップと、
取得された追加情報を使用して、受信された要求内の識別子によって識別される購入者のために要求された商品を購入するための注文を生成するステップと、
生成された注文を履行して商品の購入を完了し、これにより、商品はショッピングカートの注文モデルを使用せずに注文されるステップと、
を有する。」

事前に保存されたクレジットカードなどの追加情報を用いて、「単一アクションのみが実行されていることに応答して」、「商品を注文する要求」を送信することにより、購入が完了するという内容は、ワンクリックで商品を購入する際の最小限の処理

9

であり、回避することは困難です。このことは、当時のアップルコンピューター（現在のApple Inc.）がこの特許のライセンスを受諾していることからも裏付けられます。

このようにある機能を実現する場合に回避困難なビジネスモデル特許は絶大な価値があります。

● 2　ユーザに対する訴求力がある機能を実現する特許は、ユーザの獲得に寄与するという観点から価値がある

Amazonは初期からワンクリック機能をはじめとするショッピングサイトの様々機能を開発し、特許の取得を継続しています。ワンクリック機能は、ユーザが最小限の労力で商品を購入できる機能として、ユーザへの訴求力がある機能です。

Amazonは、初期のころから、ワンクリック特許をはじめとするユーザに対する訴求力がある機能を独占的に実装できたからこそ、早い段階でユーザを獲得でき、且つその利便性の高さから一度獲得したユーザが離れるのを防止できたと考えられます。その結果、Amazonが現在のようなEコマースにおけるプラットフォーマーの地位の確立に特許が寄与したと考えられます。

ビジネスモデル特許を用いた知財戦略

● 1　まずはビジネスモデルを実現する際に必須の特許を取得すべき

新しいビジネスモデルを考案した場合、まずは、ビジネスモデルを実現する際に不可欠なコンピュータシステムの特許（必須特許ともいう）を取得することを目指すべきです。

しかし、実際には、ビジネスモデル特許において、必須特許を取得することは難しい場合があります。特許を取得するためには、新規性、進歩性の要件を満たさなければいけませんが、ビジネスモデルが新規であった場合、新規性の要件は満たしても、進歩性の要件を満たさない場合があるからです。

例えば、Amazonのようにオンライン書店のビジネスモデルが新規であったとしても、その時に既に、他の商品のオンライン販売ビジネスがあった場合、そのコンピュータシステムの違いが、扱う商品の違いだけだった場合には、進歩性を有さず、特許を取得することはできないでしょう。

● 2 次にユーザに対する訴求力がある機能に関する特許を取得すべき

一方、ビジネスモデルにおいてユーザに対する訴求力がある機能を実装したコンピュータシステムの特許を取得することができれば、他社サービスに対して機能上の差別化を図り事業活動を優位に進めることができます。

次の図1に示すように、自社のビジネスモデルのコンピュータシステムに実装されるA～C機能のうち、B機能をカバーする特許及びC機能をカバーする特許を取得すれば、他社は、B機能及びC機能を実装できなくなるので機能Aのみしか実装することができなくなります。この場合、B、C機能の利便性が高いものでありユーザに対する訴求力があれば、ユーザは利便性が高い自社サービスを選択すると思われます。このように事業活動を優位に進めるために、ユーザに対する訴求力がある機能に関する特許を取得することが推奨されます。

▼図1　特許ポートフォリオ構築のイメージ図 （破線は特許の権利範囲を表す）

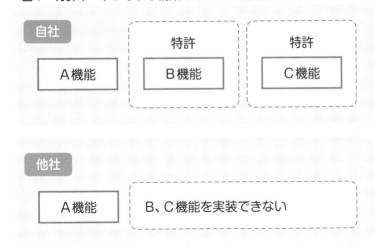

出典：「新規事業における競争力に資するための『ビジネスモデル特許』を活用した知財戦略」ビジネ
ス法務 Vol.19 No.4 2019をもとに作成

9

8 意匠権の保護対象拡充を踏まえたSaaSの知財戦略のポイントとは？

今度、SaaS（Software as a Service）系サービスを提供する予定なんだけど、知財戦略においてどのような点を検討しておけばよいかな？

サーバ側の処理の特許、端末側の処理の特許、画面画像の意匠の取得について検討するとよいよ！

サーバ側の処理の特許保護

　SaaS系サービスは多くの場合、サーバで処理をした結果を、ユーザ端末のWebブラウザやアプリ画面に表示することによって提供されますが、新規な点はサーバの処理自体にある可能性が高く、サーバの処理を特許権利化することがよく行われています。しかし、サーバ内の処理は外部からは見えないため、競合他社が同じような処理を開発しても、特許権の侵害を立証することは容易ではありません。

　SaaSサービスでの特許係争事例としては、2017年のFreee株式会社と株式会社マネーフォワードの特許侵害訴訟が有名です。このケースは、Freee側のもつ勘定科目の自動仕訳に関する特許権を侵害しているとしてFreeeがマネーフォワードを提訴したものですが、サーバ側の処理内容が異なるとしてFreee側の請求は棄却され、Freee側が敗訴しています（東京地裁平成29年7月27日判決・平成28年ワ第35763号）。

　このように見た目はよく似た機能であっても、サーバの詳細な処理としては様々な方法を取り得るため、サーバの具体的な処理を特許権利化しても回避されやすく、競合他社を排除することは難しいのです。一方、サーバの詳細な処理に踏み込まずに特許権利化できれば回避が難しくなるので、まずは、サーバの詳細の処理は記載せずに、その機能を実現する際には必ず実行する処理のみを権利範囲とする特許の取得を目指すのがよいでしょう。

端末側の処理の特許保護

一方、同じ分野で既に先行して他社が類似のサービスを提供している場合において、これから自社が後発でサービスを提供する場合などの状況では、先行技術との関係で、その機能を実現する際には必ず実行する処理のみで特許を取得することが難しい場合もあります。

ここでSaaS系サービスは、基本的にはサーバが処理をしているのですが、ユーザ側のアプリやWeb画面でも特徴のある画面遷移、特徴的な入出力処理に関しては特許を取得できる可能性があります。新しいビジネスモデルであれば、ユーザ端末側のアプリやWeb画面でも新しい操作や画面遷移があるはずです。アプリやWeb画面の画面遷移は既存の画面遷移と似通ってしまう傾向があるかもしれませんが、新しいビジネスモデルの特徴に対応する新規な操作や新規な画面遷移を見出すことで特許取得は可能です。

このように、サーバ側の処理だけではなく、ユーザの端末側の処理の特徴的な部分について画面表示にも絡めて特許権を押さえることが推奨されます。このような特許権を取得しておけば、競合他社による回避が難しい上、競合他社の侵害の立証が容易であるというメリットがあります。もしユーザ端末側の処理に特徴が見出せなければ、何か特徴が出せないかを検討して、特許取得につなげていきましょう。

特定のビジネス領域に特化した特徴的な処理の特許は、競合による模倣を未然に防止する効果があります。競合他社が似たサービスをアプリで提供する場合を想定して、アプリの利便性を確保するために行わざるを得ない特徴的なステップを抽出して、その特徴的なステップについて特許権利化するとよいでしょう。具体的には、ボタンやメニューなどのユーザインタフェース (UI) 部分に対するユーザの選択や操作またはユーザの入力によって、どのような結果が表示されるのかということについて、その特徴を発明として抽出して特許権利化するとよいでしょう。

例えば、会計処理のアプリで特徴的な仕訳処理の機能であれば、ユーザの取引項目の入力から仕訳結果が表示される部分を抽出して特許権利化することが挙げられます。つまり、サーバの処理方法に関わらず、そのアプリ側の処理を検証するだけで特許権の侵害であるか否かがわかるような特許を取得するわけです。

このような特許は、競合による模倣から守ると同時に、自社サービスの処理が競合とは差別化されており、特許取得により競合がこの処理を真似できないことを顧客にアピールすることにも使えます。

9

特徴の探し方のヒントとしては、Webブラウザ版で提供していたサービスのモバイルアプリ版を出す場合、小さな画面やタッチ操作に適したユーザインタフェース（UI）に変更します。ここに特許化できるネタが出てくることがあるので、意識してみましょう。

画面画像の意匠保護

SaaS系サービスの場合、ユーザに対して、スマートフォンのアプリと連動してサービスを提供するものがあります。その際、機能と連動した画像が画面の一部に表示されることがありますが、この画面の一部に表示される画像について部分意匠として意匠権を取得することが考えられます。例えばヤフー株式会社は、意匠に係る物品を「経路案内機能付き電子計算機」とする下記の図の意匠権（意匠登録第1655444号）を取得しています（図1）。図1で、点線で表示された部分以外の部分が、部分意匠として意匠登録を受けようとする部分です。この意匠権では、画面の一部に表示された画像を保護するもので、その画像は、経路案内機能を発揮する際に、経路を再設定するために必要な操作に用いられる画像です。

▼図1　意匠登録第1655444号より抜粋

出典：意匠登録第1655444号より抜粋（https://www.j-platpat.inpit.go.jp/c1800/DE/JP-2019-010634/FCC366589A9D437307AEB73EFF21D5C5FDC5C423AEC77870A7B54E25487B8EDF/30/ja）

経路探索サービスについては、いくつものサービスがありますが、ヤフー社は、使い勝手を向上させる独自の画像について意匠権を取得し、他社が類似の画像を使用できなくすることで、他社アプリとの差別化を図っていると推測されます。

　このように、SaaS系サービスの場合には、いくつも似たようなサービスが乱立することがあります。そのときに、ユーザに自社のサービスが選ばれて残っていくには、使い勝手やデザインがよいものであることが必要です。この使い勝手とデザインの良さに貢献している画像について、部分意匠として意匠権を取得していくことによって、他社の模倣画像または類似画像を排除することができ、使い勝手やデザインの良さで、ユーザに選ばれるサービスになることができます。

　また2020年4月から改正意匠法が施行され、サーバから提供された画像（以下、サーバ提供画像）についても意匠権の保護対象になりました（意匠法2条1項）。つまりアプリのプログラムで表示される画像だけでなく、サーバから提供される画像であっても、「ユーザが操作をするための画像」または「操作の結果の画像」に該当する場合、意匠権の保護対象になりました。このことから、SaaS系サービスにおいては、競合の模倣の抑止として意匠権の重要性が増しています。今後は、ユーザ端末側の処理について特許権を押さえるとともに、Webサービスやアプリ画面に表示される特徴的な画像について意匠権を押さえていくといいでしょう。

　なお、すでに運用しているサービスであっても「新規性喪失の例外」という制度（意匠法4条）を利用して、過去1年前までさかのぼって意匠権を取れる可能性があります。直近1年以内にリリースしたアプリには限られてしまいますが、他社に真似をされたくない画面画像については意匠権を取っておいた方がいいので、一度、精査してみましょう。

9

　SaaS系サービスの知財戦略としては、ビジネス全体の特徴的な処理形態について広く特許を取っていく戦略と、機能ごとに特許化する戦略の2つがあります。新しいビジネスとはいえ、ビジネスモデル全体をカバーする特許を取るのは難しい場合がありますが、個々の機能を権利化するのは比較的容易です。SaaS系サービスは、徐々に機能をアップデートしていくことが多いので、新しい機能をリリースする毎に、そのリリース前に、特許出願及び意匠出願を検討するとよいでしょう。

9 商標権を用いたブランド保護戦略とは？

商標権を用いたブランド保護戦略とはどういうものがあるかな？

ロゴの全体だけでなく、パーツや一部分も商標権を取得することで、多面的にロゴを保護する方法があるよ！

ルイ・ヴィトンから学ぶブランド保護戦略

　2018年11月7日、ルイ・ヴィトンは、ニューヨーク南部地区でi-Fe Apparel、Yongun Jungらに対して訴状を提出しました。ルイ・ヴィトンは、訴状において商標の偽造、商標の侵害、および商標の希薄化等を主張しています。

　原告であるルイ・ヴィトンの洋服と、被告の洋服は次の通りです (図1)。

▼図1　原告ルイ・ヴィトンの洋服と被告の洋服の比較
出典：Louis Vuitton Malletier, S.A. v. i-Fe Apparel, et. al., 1:18-cv-10352 (SDNY) の訴状をもとに引用

ルイ・ヴィトンの洋服

被告の洋服

ルイ・ヴィトンの登録商標

　ルイ・ヴィトンは、モノグラムデザインを長年にわたり使用しており、そのデザインについて多面的に9つの登録商標を米国で取得しています。ルイ・ヴィトンは上記の訴状において、単一の商標の侵害を主張しているのではなく、9つの別々に登録された商標の侵害を主張しています。

　訴状では、4つの別々のモノグラム商標、2つの別々のLVデザイン商標、および3つの別々のフラワーデザイン商標の侵害を主張しています。注目すべきことに、図2に示す上2つのモノグラム商標は、1つは、白地に中心がLVのデザインを有するモノグラムについての商標であり、もう1つは、白地に中心にフラワーのデザインを有するモノグラムについての商標です。すなわち、同じモノグラムのデザインでも、部分、部分について商標を取得しています。更に、モノグラムを構成するLVデザイン商標及びフラワーデザイン商標も取得しています。

　このように、ルイ・ヴィトンはモノグラムという複雑なデザインに含まれる特徴部分と、このモノグラムを構成するデザイン要素それぞれについて商標として登録しているので、このようにグループごとに侵害を主張できるのです。このため、商標侵害に対する柔軟性が増し、取り締まりの対象になりうる偽物の対象が増えることになります。また、上記の3つの商標グループすべてにおいて侵害が認められれば、1つの商標に対する侵害を主張した場合よりも、多くの損害賠償金が見込めます。

▼図2　訴訟で用いられたルイ・ヴィトンの登録商標

出典：Louis Vuitton Malletier, S.A. v. i-Fe Apparel, et. al., 1:18-cv-10352 (SDNY) の訴状をもとに引用

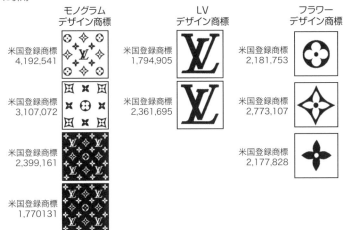

9

商標権を用いたブランド保護戦略

　商標権を用いて、ブランドを保護するためには、ブランドのロゴについて、その全体だけではなく、特徴的な部分 (ルイ・ヴィトンでいえば、モノグラムデザイン商標)、及びそのブランドのロゴを構成するデザイン要素 (ルイ・ヴィトンでいれば、モノグラムを構成するLVデザイン、フラワーデザイン) についても商標登録をすべきです。これにより、ライバル会社が、類似のブランドのロゴを模倣して使用した場合であっても、ブランドのロゴの商標の権利侵害だけでなく、特徴的な部分の商標やデザイン要素の商標についても権利侵害で訴えることができます。これにより1つでも商標権侵害が認められれば、その商品の販売差し止めをすることができるので、模倣商品を駆逐することができます。このように、1つのロゴについて、多面的に商標を取得することによって、確実に模倣商品を駆逐することができます。

　また、部分的に模倣されている場合 (ルイ・ヴィトンでいえば例えば、LVデザインだけ、またはフラワーデザインだけが模倣されている場合) であっても、商標権侵害を主張できるというメリットもあります。

10 査証制度に対応した特許出願戦略及び他社特許に対する防衛策のポイントとは？

査証制度が導入されたことによって気を付けることはあるかな？

特許出願戦略及び他社特許に対する防衛策を見直しましょう！

査証制度の概要

　令和元年の特許法改正によって新たな証拠収集手続きである査証制度（特許法105条の2〜105条の2の10）が導入されました。この査証制度は、特許権の侵害の可能性がある場合、中立な査証人が、被疑侵害者の工場等に立ち入り、特許権の侵害立証に必要な調査を行い、裁判所に報告書を提出し、この報告書を特許権侵害の証拠として利用できる制度です。

　査証制度の導入によって、被疑侵害者の社内で管理されていることで、これまで証拠として入手できなかったもの（例：工場内の製造装置の設計図、写真もしくは動画、マニュアル、製造装置の動作検証結果、B to B製品で市場に流通しない製品、プログラムのソースコード、プログラムの動作検証結果、計測結果、実験結果など）が入手できるようになります。そのため、この査証制度に対応して特許出願戦略及び他社特許に対する防衛策を見直す必要があります。

9

● 1　立法趣旨

　令和元年特許法改正前において、文章提出命令や検証物提出命令といった証拠収集手続きがあったが、これらの証拠収集手続の課題として主に以下の2つの課題がありました。

(1) 製造方法等に関する特許については、その侵害の有無等を書類や製造機械や製品といった検証物を調べるだけで判断することが容易ではないこと

(2) ソフトウェア特許を巡る侵害訴訟においては、ソースコードは改変が容易な上、膨大な量に上ることが多く、単にこれが証拠として任意に又は文書提出命令の結果として提出されたとしても、特許権侵害の有無等を裁判官が判断することは容易ではないこと

　そこで令和元年の特許法改正による査証制度の導入によって、中立な査証人が被告の製造現場または開発現場に立ち入って調査することができ、原告は、この調査内容をまとめた調査報告書を、特許権侵害の証拠として利用することができるようになりました（図1）。

　例えば、製造方法に関する特許については、中立な査証人が被告の工場等に立ち入り、製造機械の作動、計測、実験等を行って製造方法を調査することができるようになりました。またソフトウェア特許については、査証人が被告の開発現場に立ち入り、ソースコードを確認して実行することにより、ソフトウェアの動作を確認することができるようになりました。

▼図1　既存の証拠収集手続きとの比較

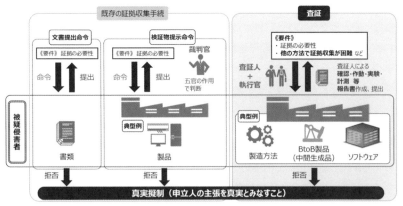

出典：特許庁「令和元年改正説明会資料「令和元年特許法等の一部を改正する法律」令和元年度 特許庁 総務部 総務課 制度審議室　9頁より抜粋 (https://www.jpo.go.jp/news/shinchaku/event/seminer/text/document/2019_houkaisei/resume.pdf)

査証命令の申立ては、訴え提起後に行うことができますが、訴え提起前に行うことができません。すなわち査証制度を利用して証拠を入手することを想定する場合には、侵害訴訟提起が必要になります。

査証命令の発令は、以下の四つの要件が課されます（新105条の2第1項）。

(1) 必要性

立証されるべき事実（特許権侵害の事実）等の有無を判断するため、相手方が所持し、又は管理する書類又は装置その他の物（書類等）について、確認、作動、計測、実験その他の措置をとることによる証拠の収集が必要であること

(2) 侵害の蓋然性

特許権等を相手方が侵害したことを疑うに足りる相当な理由があること

(3) 補充性

申立人が自ら又は他の手段によっては、証拠の収集を行うことができないと見込まれること

(4) 相当性

証拠の収集に要すべき時間又は査証を受けるべき当事者の負担が不相当なものとなることその他の事情により、相当でないと認められる場合でないこと

上記（1）～（3）の要件は特許権者に立証責任があり、上記（4）の要件は被疑侵害者に立証責任があります。

9

査証制度の利用を想定した特許出願戦略と権利行使

自社が特許権者の立場であることを想定すると、査証制度によってこれまで得ることができなかった他社の製造方法やソフトウェアの中身について証拠を収集できるので、特許出願戦略を見直すことが必要になります。

査証制度の施行前までは、工場など他社内のみで実施している製造方法、製造装置または内部処理が不明なソフトウェアについては、自社の特許に仮に抵触していたとしても、その証拠を入手することが難しかったので、特許権を行使できる可能性は低かったです。

　一方、査証制度の施行後においては、工場など他社社内のみで使用している製造方法、製造装置または内部処理が不明なソフトウェアであっても、自社は侵害訴訟において、査証制度を利用して侵害の証拠を入手することが可能になったため、特許権を行使できる可能性があります。

　そのため、製造方法、製造装置、BtoB製品など市場に流通しない物や方法（以下、「非流通物等」という）やソフトウェアの内部処理について、査証制度で入手可能な証拠で侵害立証が可能な範囲で、特許出願を検討することが好ましいです。また、上記非流通物等やソフトウェアの内部処理の技術について自社で特許出願せず且つ外部に発表していないと、仮に他社の開発自体が自社の後であったとしても、他社の出願前に公知の技術ではないので、他社が特許権利化してしまう恐れがあります。特に、製造方法、製造装置、ソフトウェアなどについて、これまで対象の業界で特許出願がされてこなかったのであれば、先行特許文献があまりないので、出願した場合に審査で技術的に近い先行特許文献が見つからず、広い権利範囲で特許になる可能性が高まります。このため、他社が広い権利範囲で特許を取得する事態に陥らないために、他社に特許出願される前に特許出願をしておくことが好ましいです。このように他社に特許出願される前に特許出願をしておくことで、他社の権利化を阻む効果も期待できます。

● 1　製造方法

　続いて製造方法について、想定される査証制度の利用態様について説明します。

　次の図2のように「半導体レーザ素子の製造方法」について、「機械研磨の後、基板の裏面を除去することで、機械研磨で発生したひび割れを取り除く」という工程を有する特許発明を想定します。

　この場合において、査証人が行う査察内容としては例えば以下の通りです。まず製造工程の資料の提示を求めるとともに、工場長などに製造用の機器の操作を指示し、機械研磨の後、基板の裏面を除去しているかを確認します。そして、①機械研磨前の基板と、機器を動作させ、②機械研磨後の基板及び③基板の裏面の除去後の基板について、顕微鏡で観察してそれぞれの基板のひび割れの状況を確認し、機械研

磨で発生したひび割れがとり除かれているかを確認し、確認結果について査証報告書にまとめます。

▼図2　製造方法の特許技術の例

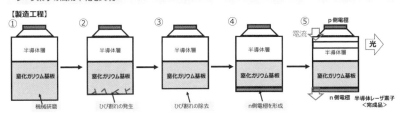

特許技術：半導体レーザ素子の製造方法
機械研磨の後、基盤の裏面を除去することで、機械研磨で発生したひび割れを取り除き、レーザ素子の高効率化を実現

出典：特許庁「知財紛争処理システムの見直しの方向性」平成30年12月11日の7頁より抜粋
(https://www.jpo.go.jp/resources/shingikai/sangyo-kouzou/shousai/tokkyo_shoi/
document/27-shiryou/03.pdf)

(1) 特許出願戦略

　これまでの知財実務の定石では、製造方法は侵害の立証が困難であるため、原則、秘匿化していました。しかし、査証制度の施行後には、査証人によって製造方法についての証拠が入手可能になるので、査証人が工場等に立ち入って、質問をし、書面等の提示を要求し、または製造装置の作動、計測、実験等を行うことにより、立証可能な範囲で出願権利化を行うことが考えられます。

　例えば、以下の要件を満たす製造方法の発明については、特許権利化を検討することが好ましいでしょう。

(i) 自社製造工程で実施するもの（もしくは実施予定）であり、

(ii) 他社に特許権を取られると抵触の恐れがあり、

(iii) 査証人が、工場等で質問をし、書面等の提示を要求し、または製造装置の作動、計測、実験等を行うことで特許発明の製造方法の侵害立証の可能性がある

　もっとも、製造方法の特許権利化を進める場合でも、不必要に出願内容が公開されることを避けるため、以下の2つの戦略が考えられます。

9

＜戦略１＞

　特許出願の内容は、その出願日（または優先日）から１年６か月後に特許庁から公開されるので、製造方法について特許出願しても特許登録できないのであれば、製造方法のノウハウを開示するだけになってしまうという問題があります。そこで、出願公開前までに出願を取り下げると特許出願の内容が公開されないという制度を利用することが考えられます。すなわち一つ目の戦略は、早期審査（場合によってはスーパー早期審査）では約２か月後に審査結果が得られることを利用して、公開前に最初の審査結果（拒絶理由通知の場合が多い）を得ておき、最初の審査結果を受けて、欲しい権利範囲で権利化できる場合にはそのまま権利化し、欲しい権利範囲で権利化できない場合には、出願公開前まで（特許庁の運用上は、出願日（または優先日）から１年４か月後まで）に出願を取り下げることで公開を免れて秘匿化するというものです。また出願から公開までの間は、出願内容が公開されないことで他社が情報提供をすることができないので他社によって権利化を邪魔される恐れがないという点において特許権利化に有利に働きます。

　但し、早期に特許登録されると特許公報が発行されることで、出願内容が公開されてしまうというデメリットがあるので、公開を遅らせたい場合には、拒絶理由通知に対する応答期間の延長や分割出願をして権利化を遅らせることが考えられます。

＜戦略２＞

　二つ目の戦略は、特許出願から公開されるまでの期間が１年６か月ありますが、特許登録になると特許公報として出願内容が公開されてしまうので、出願から16か月の間は審査請求せずに、公開時期を最大限に遅らせるという戦略です。また、出願内容が公開されると、新規性及び進歩性の引用文献となり得るだけでなく、特許法第29条の２の後願排除効が得られるので、対象出願より後に出願した他社がいたとしても、対象出願に記載の製造方法と同じ製造方法では特許権利化ができなくなるというメリットがあります。この戦略によって必ずしも自社実施の製造方法について権利非侵害が確保されるわけではありませんが、業界において売り上げシェア１位やそれに準じる企業が、シェアが低い他の企業に特許の製造方法の権利を取得されて権利侵害で訴えられるリスクを減らすのに一定の効果があります。

　なお、両戦略に共通して、製造装置の形態や構造に特徴があり、特許権利化できる可能性があるのであれば、製造装置について特許権利化を目指すことが好ましいで

しょう。製造装置の構造で特許が登録されれば、査証人が、工場に立ち入って製造装置の構造をみれば、侵害か否かが容易に判明するからです。製造機械の外観の形態に特徴がある場合には、意匠登録出願も検討しましょう。

(2) 権利行使

被疑侵害者に対してクレームチャートをつけた警告書を送付して、相手方の製造方法についてクレームに対応するレベルでの開示を要求することが考えられます。開示要求に応じない場合、もしくは合理的に特許侵害を否定する理由がない場合に、査証制度を利用して証拠入手することを前提として、特許侵害訴訟を提起することが考えられます。

● 2 ソフトウェア

続いてソフトウェアについて、想定される査証制度の利用態様について説明します。

次の図3のように「会計処理装置」について、「取引内容等の記載に基づき、データベース内の対応表を参照して勘定科目を判断し、仕訳データを作成する」という構成を有する特許発明を想定します。

▼図3 ソフトウェアの特許技術の例

出典：特許庁「知財紛争処理システムの見直しの方向性」平成30年12月11日の8頁より抜粋
(https://www.jpo.go.jp/resources/shingikai/sangyo-kouzou/shousai/tokkyo_shoi/document/27-shiryou/03.pdf)

この場合において、査証人が行う査察内容としては、ウェブサーバのソースコードを確認しつつ、ソースコードに対応するプログラムの動作を確認することが考えら

9

れます。

　以下、具体的な事例として「○○タクシー」について仕訳処理をする例で想定される査察内容を説明します。査証人は、ソースコードの中で、データベースで取引内容「○○タクシー」に該当する箇所を探す処理のコード（a）を見つけその動作を確認します。コード（a）を確認して、コード（a）で参照するデータベースの対応表（テーブル）を見つけ、この対応表（テーブル）が「取引内容」と「勘定科目」との対応を示すデータであることを確認し、その対応表（テーブル）において、「取引内容」に「○○」と「タクシー」があることを確認します。続いて、「○○」と「タクシー」のいずれが支配的であるか判定するコード（b）を見つけその動作を確認します。そして「タクシー」が支配的と判定した場合に、「○○タクシー」の「勘定科目」を、対応表（テーブル）で「タクシー」に関連付けられた勘定科目である「旅費交通費」を出力するコード（c）を見つけその動作を確認します。

　以下、ソフトウェアについて、特許権者の立場から特許出願戦略及び権利行使について製造方法とは異なる点について説明します。

(1) 特許出願戦略

　査証制度の施行前は、プログラムの内部処理で権利化できても、相手方のプログラムのソースプログラムを入手することが困難であったので、プログラムの内部処理についての証拠が得られなかった。一方、査証制度の施行後は、プログラムの内部処理についても、証拠が得られる可能性があります。但し、特許発明が複雑な処理であると、査証人が査察現場での検証ができない恐れもあるため、査証人が査察現場で検証可能な範囲で請求項を作ることが望ましいです。

(2) 権利行使

　製造方法の場合と同様に、被疑侵害者に対してクレームチャートをつけた警告書を送付して、相手方のソフトウェアについてクレームに対応するレベルでの開示を要求することが考えられます。開示要求に応じない場合、もしくは合理的に特許侵害を否定する理由がない場合に、査証制度を利用してプログラムの内部処理についての証拠を入手することを前提として、特許侵害訴訟を提起することが考えられます。この場合、プログラムに精通する査証人ばかりとは限らないので、査察する際にどのように査証人に検証してもらうかについて細かな指示が必要になるでしょう。

被疑侵害者になる場合に備えて取るべき他社特許に対する防衛策

　一方、自社が被疑侵害者の立場になった場合を想定すると、査証人が自社の工場等に立ち入って、自社の製造方法やソフトウェアの中身について査証報告書が作成され、特許権者に開示されるおそれがあります。このため、そういった事態を想定して他社特許に対する防衛策を見直すことが必要になります。

　査証制度の施行後においては、非流通物等やソフトウェアの内部処理であっても、他社は侵害訴訟において、査証制度を利用して侵害の証拠を入手することが可能になったため、他社から特許権を行使される可能性があります。

　その対策として、他社権利を無力化する防衛策と、先使用による通常実施権（いわゆる先使用権、特許法79条）を用いた防衛策の二つが考えられます。

● 1　他社権利を無力化する防衛策

　他社権利を無力化する防衛策としては、出願権利化段階での情報提供（特許法施行規則13条の2）、特許異議申立て（特許法113条）、無効審判（同123条）が考えられます。いずれの方法をとるにしろ、非流通物等やソフトウェアについても他社の特許出願及び特許権の定期的な監視（ウオッチング）が望まれます。例えば他社が製造方法で特許出願中の場合において、権利化された場合に抵触のおそれがある場合は、情報提供を検討することが好ましいです。情報提供は匿名でできる利点があり、審査官は基本的に情報提供の内容を確認するので、積極的に活用することが望ましいです。また、他社特許が特許権利化された場合には、特許異議申立てを検討することが好ましいです。特許異議申立てで完全に無効になる特許は少ないが、特許発明の技術的範囲が狭まって、自社実施が他社権利範囲に入らないようにすることができれば意義があります。

9

● 2　先使用権を用いた防衛策

　他社から特許侵害で訴えられ、査証制度を利用されて侵害が立証された場合に備えて、先使用権を立証できる証拠を蓄積することが考えられます。例えば、自社で生まれた発明について実施の準備をしていることを示す資料（例えば、設計図、部品の発注伝票）について保管し、発明の実施もしくは準備を開始した日付を立証できるように、定期的に（3か月毎、4半期決算毎など）、発明の内容を記載した書面について確定日付印もしくはタイムスタンプを得ておくことが望ましいでしょう。このよう

な活動をルーチンとして開発部署と連携した知財活動に落としこむことが望ましいでしょう。

　発明について実施の準備をしていることを示す資料として蓄積すべき資料として、製造方法の場合には、例えば製造工程を動画で撮影した記憶媒体を封入した封筒などに確定日付印を受けることが考えられます。製造方法については、不正競争防止法上の営業秘密に該当するよう、秘密管理性を満たすように管理することが望ましいでしょう。

　一方、製造装置の場合、製造装置の生産の準備をしている資料（例えば、設計図、部品の発注伝票）や、完成した製造装置の静止画もしくは動画について定期的に、確定日付印またはタイムスタンプを得ておくことが望ましいでしょう。

　ソフトウェアの場合には、例えばソフトウェアの設計書もしくはソースファイルについて定期的に、確定日付印またはタイムスタンプを得ておくことが望ましいでしょう。またソフトウェアのソースファイルが不正競争防止法上の営業秘密に該当するよう、秘密管理性を満たすように管理することが望ましいでしょう。

おわりに

　本書をお読みくださいまして、ありがとうございました。

　本書が、これから技術開発型の企業を起業する方、IT系を含む技術開発型のスタートアップ・ベンチャー企業の経営者・技術者、知的財産部がない中小企業の経営者・技術者、大学の研究者・学生の方などにお役に立ったならば、幸いです。

　知財は、事業における利益を最大化するための手段（ツール）の1つです。

　みなさんは、企業がマーケティング・広告に経費をかけるのは、販売量を向上させて、利益を向上させるためなのはよくご存じのことでしょう。

　一方、企業が知財に経費をかけるのは、他社の参入を抑制することによって、シェアを維持・向上しつつ価格競争になるのを予防して、利益を維持・向上させるためなのです。

　このことを理解することができれば、知財を経営における手段の1つとして活用することに目覚めることができるでしょう。

　本書を通じて、知財を経営における手段の1つとして活用できる企業が増えることを願っています。

　更に第2版では、令和元年の特許法・意匠法改正を踏まえた知財活動の留意点について加筆しました。本書が知財活動を見直す契機になれば幸いです。

　最後になりましたが、三浦大さんには1章から7章までをレビュー頂き、大変感謝申し上げます。高井良克己さんには、4章をレビュー頂き、法律的な観点で問題がないか確認頂きまして、大変感謝申し上げます。

　本書が技術開発型企業の一層の飛躍に貢献することを願って、筆をおきます。

2021年9月

弁理士　酒谷　誠一

索引

著者略歴

弁理士

酒谷　誠一 （さかたに　せいいち）

東京大学に現役合格後、東京大学大学院在学中に、ベンチャー企業でデータベースと連携したホームページの作成業務に従事する。IT 系の博士号を取得後、理化学研究所で研究に従事する。研究成果を基にベンチャー企業を将来起業することを夢見るも、シーズとなる研究成果を生み出す困難に直面する。その後、ベンチャー企業を支援する知財専門家を目指して特許事務所へ転職。仕事と並行して、弁理士試験の勉強を 1 年半、集中して行うことにより、弁理士試験 1 発合格。高い技術理解力に基づいて技術内容を根本原理から理解して発明の本質を抽出する方法を習得し、有益な特許取得を多数サポートする。

その後、親類が経営するベンチャー企業の特許製品を、競合企業が模倣するという問題が発生する。その親類の会社を助けるために、その競合企業を特許侵害で訴え、代理人として 1 億円の損害賠償金の勝訴判決を勝ち取る。この経験を含む数々の訴訟経験から、発明の模倣を有効に排除する特許権の取得ノウハウを得る。

現在、ベンチャー企業向けに知財の啓蒙活動、知財戦略の提案及び特許の取得支援をしており、製品の改良アイディア出し及び発明の抽出から特許権の取得、活用まで一貫してサポートしている。

模倣を排除する観点からの特許戦略の提案が、「他社による模倣を防げてありがたい」と、ベンチャー企業から圧倒的な支持を得る。

「革新的な発明を事業化する技術開発型ベンチャー企業はイノベーションの源泉となる存在。技術開発型ベンチャー企業の知財支援がイノベーションに繋がる」との信念で、日々奔走中。

カバーデザイン・イラスト　mammoth.

知財実務のツボとコツが
ゼッタイにわかる本[第2版]

| 発行日 | 2021年 11月 4日 | 第1版第1刷 |

著　者　酒谷 誠一

発行者　斉藤　和邦
発行所　株式会社　秀和システム
　　　　〒135-0016
　　　　東京都江東区東陽2-4-2　新宮ビル2F
　　　　Tel 03-6264-3105（販売）　Fax 03-6264-3094
印刷所　三松堂印刷株式会社　　　　Printed in Japan

ISBN978-4-7980-6569-4 C2034